中日關係史研究論集

(十四)

鄭樑生著

文史哲學集成

文史哲出版社印行

國家圖書館出版品預行編目資料

中日關係史研究論集.十四 / 鄭樑生著. --初版 -- 臺北市：文史哲, 民 98. 3:
頁: 公分. --（文史哲學集成；564）
含參考書目
ISBN 978-957-549-840-5 (平裝)

1. 中日關係 2. 外交史 3. 明清史 4.朱子學 5.文集

643.128　　98005449

文史哲學集成 564

中日關係史研究論集(十四)

著　者：鄭　樑　生
出版者：文　史　哲　出　版　社
http:// www.lapen.com.tw
e-mail：lapen@ms74.hinet.net
登記證字號：行政院新聞局版臺業字五三三七號
發行人：彭　正　雄
發行所：文　史　哲　出　版　社
印刷者：文　史　哲　出　版　社
臺北市羅斯福路一段七十二巷四號
郵政劃撥帳號：一六一八〇一七五
電話886-2-23511028・傳真886-2-23965656

實價新臺幣四四〇元

中華民國九十八年（2009）三月初版

ISBN 978-957-549-840-5

中日關係史研究論集㈩四

目次

松浦章著《清代中國琉球貿易史研究》……一二一

靖倭將軍戚繼光

提要

戚繼光是明代著名的軍人，也是軍事學家，他在世宗嘉靖三、四十年代的抗倭戰役中，保衛了東南沿海人民的生命財產，終使寇亂平息。在北方則抗擊蒙古部族的內犯，使中國北疆安全無虞。

戚繼光生平事蹟之值得探討者甚多，一時難於盡述。因此，本文所欲探討者，主要根據其所著《紀效新書》、《練兵實紀》、《止止堂集》，及其子祚國彙纂之《戚少保年譜耆編》來論述其傳略、靖倭經緯、靖倭策略，及其治軍方式，以就教於方家。所據版本則爲高揚文、陶琦、范中義、張德信等所標點、校釋，北京中華書局刊行之戚繼光研究叢書。

至於其他問題，則因受篇幅的限制，容於他日再作考察。

關鍵詞：戚繼光　中國　明代　嘉靖　倭寇

一、前　言

戚繼光是明代眾多靖倭將領之一，與劉榮、張經、任環、曹邦輔、俞大猷、胡宗憲等在討伐倭寇的許多戰役裏俱有卓越的貢獻，其功績永垂不朽。

戚繼光曾於明世宗嘉靖三十年代以後的十餘年間，征剿了肆虐中國東南沿海一帶的倭寇，使當地人民得以安堵。

戚繼光不僅在疆場上有優異的表現，對於兵學方面的造詣也很深，寫下了十四卷本《紀效新書》，與十八卷本《紀效新書》，及《練兵實紀》十四卷等著名兵書。此外，尚有彙集其在不同時期呈報朝廷之奏疏與條議之《戚少保奏議》，與詩文集《止止堂集》。這些兵書和奏議、詩文集，闡述了他的軍事學說。他的軍事學說博大精深，乃冷兵器與火器並用時代有關軍隊建設與戰爭指導之軍事理論。這些理論，乃是他總結他實戰後所創立者，內容豐富而充滿辨證思維，所以它充實了中國古代的相關學說。[一]

戚繼光不僅在軍事理論上有高人一等的見解，實際上他也製作各種新式兵器與建造軍事工程，例如：他改造、發明了各種火攻武器，使中國由過去的使用冷兵器轉向火器的過渡，

一　高揚文、陶琦，《戚繼光研究叢書》（北京，中華書局，二〇〇一年六月），〈總序〉。

改變了以往的作戰方式。而他所建造的大小兵船、戰車，使明軍的水、陸裝備優於敵人，從而獲得戰勝敵人的先機。至於他所修築的空心敵臺，則是進可攻，退可守的極具特色的軍事工程，至今仍爲軍事家們樂於研究的對象。[二]

戚繼光畢生南征北討，爲捍衛國家，造福人民而努力，這使得幾百年來許多人在懷念他，尊崇他。戚繼光之生平事蹟之值得書寫者甚多，在此則僅論述有關討伐倭寇方面的，其餘則容於他日再進行探討。

二、傳略

戚繼光，字元敬，號南塘，晚號孟諸。其先爲衛之大夫，封邑於河東，食采於戚。始祖詳，當元末時，從外氏避亂於濠梁，居定遠之昌義鄉。會韓山童倡亂，徐壽輝等兵起，其太祖乃略地至定遠，遂首先歸附，選充小旗，戮力三十年，始除應天衛中所百戶，後從征雲南而沒於陣。太祖朱元璋念其對國家有功，乃授其子斌爲明威將軍，世僉登州衛指揮事。[三]

斌至登州衛後，即督修郡城，以加強防禦措施。斌有子珪，倜儻有俠義之風，擅長詩賦，曾著《家訓》以教導子弟。珪子曰諫，有膂力。諫有兩子，長子曰宣，無嗣；次子名甯，娶

二 同前註。

三 明，戚祚國彙纂，李克、郝教蘇點校，《戚少保年譜耆編》（北京，中華書局，二〇〇三年六月），頁一。

郡守閻琮之姊。閻氏生子景通。景通六歲喪父，由母閻氏撫養。閻氏以節孝著稱，故曾蒙詔旌表。[四]因宣早卒，故由姪景通繼承伯職爲指揮僉事。景通賦性剛毅好學，居官有守，以孝廉聞於遠近。武宗正德六年（一五一一），劉賊橫行山東，景通奉檄防守鄒邑，乃提師一旅往禦。賊平，則以軍政掌印。十五年（一五二〇），陞江南漕運把總，以裁費太多忤於時，回衛有年。其間，當道屢薦其可用，皆不置。直至嘉靖八年（一五二九），始奉詔復起，進官督備倭於海上。四年後，遷掌大寧都司篆，父寧獲贈「昭勇將軍、都指揮僉事」，母閻氏獲贈「太淑人」封號。十四年（一五三五），陞爲神機營副將，三年後告歸。[五]景通有子名繼光。

繼光在嘉靖七年（一五二八）閏十月一日子時，誕生於距濟南六十里之魯橋，母王氏。王氏爲本衛百戶王公女，賦性端莊，敬事姑張氏，相得甚歡。

繼光狀貌莊嚴，豐神朗潤，隆準方頤，聲音洪亮，秉性沉毅，有大度，具文武全才。家貧，好讀書，尤長於詩翰古文。私淑王陽明，大闡良知之說。嘉靖二十三年（一五四四）十七歲時，其父罹疾，促繼光襲官北上。因父「素以清慎爲守，貧乏資斧，乃鬻隴右別墅以給經費」，並囑「毋輕用之」！同年八月，「父病劇，甚念乃子，呼其名不絕，如有所欲言者，無何而逝，時仲秋二日也」。逝世時，家徒四壁，唯遺川扇一把，臥內一榻猶不能存，而喪

四　同前註。

五　戚祚國，《戚少保年譜耆編》，頁三—四。

葬所需之一切，皆出於稱貸云。[六]十月，繼光既得襲父職，乃返梓。然歸而孤，人生憾恨，莫大於是者。

嘉靖二十四年（一五四五）十八歲時，奉母命娶妻主中饋。《戚少保年譜耆編》卷一云：

> 家慈既歸，後同寅相顧者留飲無資，家嚴方計窘無措，俄而盤飧具暨。客去，入問其由，乃家慈撤簪珥質辦者也。嘗市一魚，三斬待飪。朝進首，午進尾，問有餘，曰：「亡矣」。則以臑在腹而陰自奉，心嗛之。暮以魚腹羞，家嚴色沮，曰：「子枵腹以果吾腹，甘苦可無同乎」？家慈曰：「妾佚君勞，君良妾苦，禮也」。家嚴心德之，方諸孟光，深相敬讓。

可見繼光娶了一位能體恤丈夫辛勞的賢妻，這對他日後的軍旅生活應產生了正面影響。

嘉靖二十七年（一五四八），軍政會推繼光部六郡良家子衛戍薊門，明年正月赴戍。越明年九月，軍政雖推署衛篆，因適逢考試時節，乃辭之北上。既至北京，不久以後，俺答擁眾由古北口長驅入犯密雲、順義、通州等處，尋進逼都城，屠掠村落甚慘。京師戒嚴，詔簡材官戍城守，入試者亦選登陴。繼光乃總旗牌，督防九門，復條陳禦虜方略十餘事而悉爲勝算。兵部以其議爲當，乃以國士聞，隨奏命刊播中外，使將士習法，用以退寇，如持左劵，

六 同前註所舉書，頁四。

明廷遂將其紀錄爲將才云。七

嘉靖三十年（一五五一）正月，繼光復戍薊門。赴戍途次，於金嶺驛有所感懷而賦七絕一首曰：

楚雀聲中感慨深，郵亭午夢苦相侵。嬌啼不識彎弓客，飛過槐陰復柳陰。八

又云：

南北驅馳報主情，江花邊月笑平生。一年三百六十日，多是横戈戎馬行。九

可見他是爲保國衛民，經常在軍中而難得與家人相處在一起的。

嘉靖三十二年（一五五三）繼光二十六歲。本年六月，他進署都指揮僉事，督山東備倭，亦即他於本年官拜十萬戶，總督三營二十四衛所，正式加入剿倭行列。不久以後，有詢問將材於繼光者，對曰：

君所問何將也？若夫偉幹鼎力，容止言辭，是處有人，不過匹夫之勇，色莊之流耳。必任真任怨，以國事為家事，謀兵如謀身，明紀律，持清操，千人之敵，萬人之勇，

七同前註所舉書，頁一二。如據同書嘉靖二十九年條的記載，山東方面的指揮官劉瑤曾上〈疏〉舉薦戚繼光曰：「青年而資性敏慧，壯志而騎射優長。扣衷富有甲兵，投筆深通章句。允閑軍旅之事，卓有乃父之風」。

八　明，戚繼光著，王熹校釋，《止止堂集》（北京，中華書局，二〇〇一年六月）〈横槊稿〉，上，「金嶺驛」。

九　戚繼光，《止止堂集》〈横槊稿〉，上，「馬上作」。

誠未見其人也。一〇

亦即繼光認爲：身爲將官者，必需忘卻一切私事，公忠體國，以國事爲己事，並且要潔身自愛，如此方能竭盡力量爲國家爲人民做事。

嘉靖三十四年（一五五五）七月，繼光奉詔赴浙，任浙江都司僉書，職司屯局事。將前往江南擔任新職時，對胞弟柳塘說：

「吾世東牟，今七葉矣。始見棠棣之華，將謂壎篪永和。乃吾以君命出，弟以儒生羈。懷汝者，衷乎？遠汝者，勢乎？且貧，無以為產，奈何？幸有先人之敝廬，足翳風雨」。遂舉世俸授之，俾佐饘粥之資。一一

繼光任職山東時，與其弟同住，一二可予照顧，如今卻因奉君命而必須遠赴浙江，故擔憂其生活發生問題而將世俸給他，可見繼光充滿了友愛之心。明年七月，倭寇肆虐兩浙地方，而桐鄉被圍，勢甚危急。朝議以定海位居要衝，須添設將官。繼光因得總督胡宗憲之舉薦，陞爲分守寧、紹、台地方參將備倭。倭寇圍桐鄉事，詳於采九德《倭變事略》，卷四，嘉靖三十五年四月二十日、二十三日、二十四日、二十五日、二十六日各條，及二十六日條文字後所附

一〇 戚祚國，《戚少保年譜耆編》，頁一五。
一一 前註所舉書，頁一六。
一二 戚少保年譜耆編》，卷之一，嘉靖三十四年條有「（繼光）公餘常與叔（繼光弟柳塘）稽古竟日。叔問曰……。」之句，故可知繼光與其弟同住。

阮鶚〈致胡宗憲書〉。[一三]次月，倭寇龍山，繼光戰勝於高家樓。又次月，與賊戰於縉雲而再告捷。

繼光至浙後，深感東南雖爲財賦之區，卻因「承平日久，民不知兵。近日因奸商勾倭人犯順，一時變起倉促，浙、直騷然。而兵乏訓練，當事者悉從權宜之計，遠調諸省勁卒及土、夷諸兵，雖微有成功，而狼子野心終難控馭，且沿途剽掠甚於盜賊。萬里衍期，兵來寇去，緩急不濟。繩之以法，則怨而犯上；寵之以恩，則玩而殃民。」故乃條上〈練兵議〉，請練浙人以從事。[一四]

前此徽州歙縣人王直利用海禁漸弛之機會，與葉宗滿等人於廣東私造巨舟，私運硝黃等

一三　《戚少保年譜耆編》雖將徐海圍桐鄉事繫於嘉靖三十五年七月，但采九德《倭變事略》（明，天啓三年，海鹽原刊本，鹽邑志林之一）卷四，及《明世宗實錄》等，均繫於同年四月，故此七月可能爲明廷接到疏報的日期。

一四　戚祚國，《戚少保年譜耆編》，卷一所錄〈練兵議〉云：「守不忘戰，將之任也；訓練有備，兵之事也。乃今軍書警報，將士憂惶，徒將流寄雜兵應敵，更取福、廣舟師驅而陸戰，兵無節制，卒鮮經練，士心不附，軍令不知。況又赤體赴敵，身無甲冑之蔽而當慣戰必死之寇，手無素習之藝而較精銛巧熟之技，且行無齎裹，食無炊爨，戰無號令，守無營壁，其何以禦寇？爲今之計，必器壘而進可相持，餱糧備而退有宿飽，此所謂蓄艾於豫，而後無患於病者也。至於身先士卒，援枹忘身，是職所素講。乃若臨敵制變，防險設奇，是又在職自出，難以逆計。惟茲簡戎兵，詰器具，明部伍，肅營陣，教藝有成，而能隨其指示發縱者，則一得之愚，殉國之誠也。況十室之邑，必有忠信，堂堂全浙，豈無材勇？誠得浙士三千，親行訓練，比及三年，足堪禦敵，可省客兵歲費數倍矣」。

違禁物品前往日本、暹羅等國交易，經五六年後致富不貲，夷人信服而稱之為「五峰船主」。嘉靖三十一年（一五五二），直使人叩關求市，不許。遂率眾頻入東南沿海地區，肆行寇掠，且以扁舟據泊舟山之岑港，為參將俞大猷等所圍攻，乃突圍而去，而怨中國越深，但也認為官軍不足懼。之後，直以日本九州西北部之松浦地方為據點發號施令，不時遣人寇掠祖國。迄至三十四年（一五五五）十二月，總督胡宗憲遣生員蔣洲、陳可願等赴日說直歸降。幾經波折後，直於三十六年（一五五七）十月初始抵岑港。[一五]舟山人心震駭，咸思逃避。當此之時，繼光有意使其妻徙居郡城避難，俾免戰鬥之際為賊所辱。但其妻卻言：「君能為忠臣，妾獨不能為烈婦乎？」[一六]而不肯遷徙。

三十七年（一五五八）四月，倭夷寇溫州，繼光督兵往援，捷於烏牛。五月復來寇，又破之於烏牛之小崎。明年三月，剿倭於金墩，次月，擊之於連盤、肯埠、章安、乍浦、桃渚等處而皆獲勝。[一七]八月，繼光鑒於往日所練紹興府臨山衛、觀海衛之兵，軍容雖整，卻怯於短兵相接。雖其習使然，亦因兵皆出身市井，性頗狡猾，故乃上〈練烏傷兵議〉，其略曰：

> 無兵而議戰，亦猶無臂指而格干將。乃今烏合者不張，徵調者不戢，吾不知其可也。

一五　《明史》（百衲本），卷三二二，〈日本傳〉。
一六　戚祚國，《戚少保年譜耆編》，卷一，頁二〇。
一七　戚祚國，《戚少保年譜耆編》，卷一，頁二四—二五。《明世宗實錄》、《明史》〈日本傳〉俱無相關記載。

聞義烏露金穴括徒[18]遞陳兵于疆邑，人奮荊棘禦之，暴骨盈野。其氣敵愾，其習慓而自輕。其俗力本無他，宜可鼓舞。及今簡練訓習，即一旅可當三軍，何患無兵也。[19]

九月，募義烏兵訓練之，以擊倭。

由於繼光先後在台州、溫州等處的靖倭之役中屢有戰功，故總督胡宗憲乃於所上〈捷疏〉曰：

臣惟蠢爾倭奴，惟利是圖，頻年入犯東南地方，罹禍已極。乃今浙東、江北之寇，前後踵至者幾千，據險為巢者數處，乘勢流突，勢甚猖狂。幸而處處有備，隨到隨擊，威聲大振，所向成功。台、溫之人，以為自有倭患以來，未有若邇來數捷之痛快人心者。此皆寧紹參將戚繼光，宿抱忠猷，深嫻將略，冒險以全垂破之城，奮勇而收敵愾之績，威名懋著，勞効獨多。勇冠三軍。身經百戰，累解桃渚之厄，屢扶海門之危。其布師隨擊，則一破於章安，再破於金清，而群兇落膽；其督兵合戰，則既平於南灣，復平於海寧，而黨惡潛踪，渠魁計獲，地方底定。

一八　括徒，即礦徒。

一九　戚繼光著，張德信校釋，《戚少保奏議》（北京，中華書局，二〇〇一年六月）〈練烏傷兵議〉。烏傷，即義烏，縣名。秦置烏山縣，唐改義烏縣。《戚少保年譜耆編》作〈議練義烏兵〉，繫於嘉靖三十八年秋八月條。

> 此一臣者，所當首論而優錄者也。〔二〇〕

兵部對此〈疏〉所作答覆是：

> 逆犯王直成擒，〔二一〕地方文武各奮忠勇，而戚參將之功捷獨多，計其擒獲八百有奇。論其勞績，亦近日所僅有者。〔二二〕

因此，世宗乃下令予以紀錄。

如據《戚少保年譜耆編》卷一的記載，戚繼光於嘉靖三十九年（一五六〇）正月，創鴛鴦陣，著《紀效新書》十四卷本。該書卷一頁三四又言：

> 家嚴嘗備胡編塞，習知西北地利，坦夷無險阻，獲以方列並驅。江南地多沮澤，行者不得比肩，而行陣與西北同，何以戰？乃間長短兵夾隊而進，創為鴛鴦陣。

三月，浙江總督胡宗憲，鑒於浙江台、金等府係沿海要害之處，當添設將領整兵防禦，因此繼光遂奉詔命，改爲分守台、金、嚴參將，駐節松江沿海地帶。繼光到任後，乃建議有關單位，以寧、台沿海廣闊，聲援不及，設備兵台、金僉事，兼督海防。結果，宗憲命唐堯臣佐理其軍務。九月，宗憲又上〈疏〉謂：

二〇　戚祚國，《戚少保年譜耆編》，卷一，頁三一。

二一　如據釆九德，《倭變事略》，卷四的記載，王直於嘉靖三十六年十一月，爲浙江總督胡宗憲所誘擒。

二二　戚祚國，《戚少保年譜耆編》，卷一，頁三一—三二。

台、金參將戚繼光，謀勇可當乎八面，膽氣獨勇於萬夫。紀律嚴明而師行不擾，素優統禦之才；恩威並施而士卒歸心，屢收斬獲之績；此誠以武將而兼通文事者。故去年浙東屢捷，實彼一臣之功。況兵情土俗，久已相安；道里險夷，彼皆洞悉，且任勞任怨，挺身幹事，誠無出其左右者。合無飭部，免其別陞，專候浙直總兵員缺推用，務令久任，以便責成。二三

可見繼光才華為其上級所重視之一斑。

在倭寇猖獗的嘉靖三十年代，明廷曾大肆徵兵，如：湖廣土兵、廣東傜兵、廣西狼兵、四川苗兵、福建賴兵、崇明沙兵、邵林僧兵，北調山東鎗手、河南毛民、田州瓦氏兵、北邊騎兵、北平射手等，凡稱勝兵者無不徵調。當此之時，戚繼光創授，親自督造之戰船四十餘艘已工竣，於是將其分布沿海以防倭。

嘉靖四十年（一五六一）四月，倭夷二千餘肆掠台州，繼光以新練之兵予以擊退。次月復來寇，亦為繼光所敗。七月，因江西兵叛寇亂，勢甚猖獗，世宗乃命繼光往援。繼光除率本部兵三千人外，復會同紹興府通判吳成器，再募新兵八百名赴援。因上〈兵機要略〉，條陳：謀必勝、請監軍、明調度、鼓募兵、議兵數、明賞罰、代信地、議主兵、議進止、期調

二三　前註所舉書，同卷，頁四〇。

發等十事。總督胡宗憲以爲所論各事均甚善，即以浙江兵備僉事徐栻監軍，以佐調度，別駕吳某督軍以贊進止機宜云。[二四]

當渠魁王直爲胡宗憲所獲，將之繫於浙江按察司獄以後，其餘黨遂從舟山南徙至福建浯嶼，肆虐閩、廣。先後陷福清、福安、福寧、永寧、寧德等處，致沿海地區，更有奸民反爲賊間，而山寇又乘機作亂，遂致北自福寧，南及漳、泉，沿海千里，盡爲賊窟。但官軍歷年坐守，竟莫敢進，閩殆岌岌矣。在此情勢之下，巡撫福建都御史游震得遂條上禦倭三事，其一謂：

> 浙江溫、處，與福寧州接壤（壞），實倭夷出沒之地，而一時將官莫賢於參將戚繼光，宜進繼光為副總兵，兼守其地。而於福寧州添設守備一員，隸繼光節制，仍令募兵三千，以備戰守。[二五]

繼光至閩後，於九月破倭於牛田、林墩等處而盡殲之。十月則再敗新倭於牛田，然後班師還浙江。十二月，詔陞繼光爲分守台、溫、福、興、福寧中路等處副總兵。然當時因倭陷興化府城及壽寧、政和等處，巡按御史李邦珍乃題奏，調兵往援。因此，明廷乃命繼光督所募婺兵，馳閩建功，以副委任。繼光奉命後，於四十二年（一五六三）三月入閩境。四月，與總

二四　前註所舉書，卷二，頁六八－七二。

二五　《明世宗實錄》，卷五一七，嘉靖四十二年正月庚辰朔壬辰條。

兵劉顯、俞大猷等併力平倭，自是福州以南諸寇以次平。[二六]六月，李邦珍題〈敘上年橫嶼四捷功次〉，言繼光「智兼萬敵，勇冠三軍，秋毫無犯，士卒爭獻以壺漿」。因而詔陞爲都督僉事，賞銀三十兩。復因福建巡撫都御史譚綸題〈敘興化、平海大捷功次疏〉，言其「鞠躬盡瘁，用兵如神」、「全師凱旋，兵不留行；一戰成功，賊無噍類」、「實爲振古之名將」。經兵部覆勘以後，陞爲署都督同知，蔭一子原衛正千戶，仍賜銀三十兩，綺絲二表裏。[二七]八月，娶宜人沈氏。十一月，詔陞總兵，鎮守福建全省並浙江金、溫二府地方，都督水陸諸軍務。繼光時年三十六。

嘉靖四十三年（一五六四）二月當時，閩中舊倭雖略平，餘黨復糾新倭萬餘攻仙遊城，圍之三月。繼光乃引兵馳赴，追之於王倉坪，斬首數百級；餘衆數千奔漳浦縣之蔡丕嶺，復爲繼光所敗，於是閩寇悉平。[二八]十月，娶淑人陳氏。明年四月，征剿勾倭流劫廣、潮之漳民吳平，復擊敗大潭澳、釣澳、曲鼻澳諸倭，並進攻龍頭寨山寇。至十月，大敗吳平於宰豬澳；十二月，追吳平於廣東綿羊寨，大敗之，次月，復督所部追剿吳平。又明年二月，追吳平入

二六　《明世宗實錄》，卷五一八，嘉靖四十二年二月戊申朔丁卯條。

二七　戚祚國，《戚少保年譜耆編》，卷四。《明世宗實錄》，卷五五二，嘉靖四十二年六月丁未朔庚戌條；卷五二三，同年七月丁丑朔壬辰條。

二八　《明世宗實錄》，卷五三〇，嘉靖四十三年二月甲辰朔戊午條。

安南國。[二九]

隆慶二年（一五六八）二月，以署都督同知入副神機營戎務。三月，因諸縉紳以邊疆事詢問，乃著〈請兵辯論〉以言破虜之法。五月，穆宗以繼光素有威名，故特命其總理薊、昌、遼、保軍務，自總兵以下，俱聽其節制，其餘文武大小官員，俱不許干預阻撓。越明年二月，因竭力督促構築邊防工事四百七十二座，獲賜銀二十兩。[三〇]

隆慶五年（一五七一）八月，以建敵臺之功，蔭一子百戶，賞銀三十兩，紵絲二表裏。[三一]繼光乃議立車營。車一輛用四人推輓，戰則結方陣，而馬步軍處其中。又製拒馬器，體輕便利，可遏寇騎衝突。[三二]

萬曆元年（一五七三）春，土蠻、俺答董狐狸二寇謀入犯。馳往喜峰口索賞，不得，則肆殺掠，獵傍塞，以誘官軍。繼光掩擊，幾獲狐狸。之後，此二寇雖屢有進犯之舉，終因繼光在鎮，不敢犯薊門。繼光尋以守邊之勞，陞爲左都督。不久以後，因拒退土蠻犯遼東之功，加太子太保，錄功加少保。[三三]

二九 戚祚國，《戚少保年譜耆編》，卷五—六。
三〇 前註所舉書，卷九。
三一 同前註。《明史》，卷二一二，〈戚繼光傳〉。
三二 《明史》〈戚繼光傳〉。
三三 同前註。

繼光在鎭十六年，邊備修飭，薊門因得平安無事。繼之者，踵其成法，亦數十年得無事。惟至後來，給事中張鼒思言繼光不宜在北方，當國者竟聽其言而將他遽改派廣東。繼光因此挹鬱不得志，踰年即謝病。給事中張希皋復劾之，繼光因此罷歸。三年後，御史傅光宅疏薦，卻反而被奪俸，繼光也因此與世長辭，享年六十。

三、靖倭經緯

明代在世宗以前，雖有倭寇擾邊之事實，但其害尚不嚴重。至嘉靖二年（一五二三）四月，因市舶太監賴恩對日本兩造貢使的處置不公，引起轟動中外的寧波事件以後，明廷不僅嚴格要求日本嚴守貢期與其相關規定，及加強執行海禁，更於二十六年（一五四七）聽從巡按御史楊九澤的疏請，議設巡撫，兼轄福建福、興、漳、泉等處提督軍務，並命朱紈擔任斯職。[三四]

朱紈就任浙江巡撫當時，既有中國奸民勾結倭人及佛郎機國人至中國從事走私，復有閩人李光頭，歙人許棟踞寧波之雙嶼爲之主，司其職契，更有勢家爲其護持。[三五]或與通婚姻，

三四　朱紈，《甓餘雜集》（明，萬曆間刊本），卷一，〈自序〉。《明世宗實錄》，卷三二四，嘉靖二十六年六月庚辰朔癸卯條。《明史》，卷二〇五，〈朱紈傳〉。

三五　《明史》〈朱紈傳〉。

或假濟渡爲名，建造雙桅大船，載運違禁貨物。[三六]因此，紈乃採僉事項高及士民之言，革渡船，嚴保甲，搜捕奸民，便宜行戮。由於他執行海禁的手段嚴厲，致引起勢家、貴官家之勾倭者之不安忌恨而排斥他，誣陷他，而御史陳九德更劾他擅殺。結果，紈落職，世宗命兵科都給事中杜汝禎按問。紈聞之，遂製〈壙志〉、〈絕命詞〉，服毒死。紈死後，不僅罷巡視大臣，更撤備弛禁。[三七]在此情形之下，海寇大作，進入所謂大倭寇時代。

戚繼光之加入靖倭行列，係在倭寇猖獗的嘉靖三十二年（一五五三）二十六歲時。這年六月，他陞爲署都指揮僉事，總督三營二十四衛所，備倭海上。由於他在總督備倭任上頗有成績，所以在河道御史何熙，御史雍焯等人的推薦下，於三十四年七月，改任浙江都司僉書。[三八]此一時期正是浙江總督張經及浙江巡撫李天寵在王江涇大捷後，因受督察工部右侍郎趙文華之誣陷被逮繫至北京之際。

張經失位後，由周琉繼其職。但琉任職只三十四天，也因文華之彈劾而落職，以楊宜代之。當時倭勢猶盛，宜爲總督，文華督察軍務，威出宜上，易置文武大吏，全憑其愛憎。宜

三六 朱紈，《甓餘雜集》，卷二，嘉靖二十六年十二月二十六日〈閱視海防事疏〉。
三七 《明史》〈朱紈傳〉。
三八 《明世宗實錄》，卷四二四，嘉靖三十四年七月癸巳朔丙辰條。戚祚國，《戚少保年譜耆編》，卷一。

懲張經、李天寵之被誣陷，乃曲意奉承文華。[三九]另一方面，蘇松巡撫曹邦輔，僉事董邦政，把總婁宇等，以沙兵合擊來自宜興，奔往蘇州之倭寇。會柘林倭賊爲風飄旋者三百餘，進據陶宅港，邦輔乃親督各部兵盡殪其眾。[四〇]文華原欲攘其功，而邦輔之奏捷書已上，故以爲恨。文華見從各地徵調之兵集結，謂陶宅寇爲柘林餘孽，可取。遂悉簡浙兵精鋭四千人，因約曹邦輔以直隸兵會剿，結果大敗。[四一]自是文華方知倭賊不易平，欲委責離去。會川兵破周浦之賊，俞大猷破賊於海洋，遂言水陸成功，江南清晏，請還朝。然他返京後，敗報踵至，世宗疑其妄，而再三詰問嚴嵩，欲再派大臣至江南督理軍務。嚴嵩恐其劣跡敗露，乃再次推薦文華前往江南。[四二]文華至江南後，劾罷楊宜，由浙江巡撫胡宗憲代楊宜爲總督。

戚繼光於嘉靖三十四年（一五五五）七月被任命爲浙江都指揮使司僉書後，在十月以後赴任，負責管理屯田與軍器局等事務。當時胡宗憲任浙江巡撫，於三十五年二月陞爲浙江總督。當原爲浙江虎跑寺和尚的渠魁徐海進攻桐鄉時，繼光曾爲宗憲解桐鄉之圍，提出若干建議，這使宗憲認識這位年輕人頗有才幹，於是提議由繼光擔任寧紹台參將之職。七月，被正

三九 《明史》，卷二〇五，〈李天寵、周珫、楊宜、彭黯等傳〉。
四〇 《明世宗實錄》，卷四二五，嘉靖三十四年八月癸亥朔壬辰條。
四一 《明世宗實錄》，卷四二六，嘉靖三十四年九月癸巳朔乙未條。
四二 《明史》，卷三〇五，奸臣傳〈趙文華傳〉。

式任命後，繼光即負責寧波、紹興、台州三府的抗倭任務。[四三]宗憲用反間計於本年八月殲滅徐海[四四]之際，另有倭賊八百餘流竄至慈谿，進攻龍山守禦千戶所。龍山爲繼光負責之防區，他雖剛到任，一聞倭賊侵犯的消息，即率兵至高家樓拒敵。當時官軍十數倍於倭賊，卻遇敵四散逃走，潰不成軍。在此情勢之下，繼光不慌不忙地挽弓射箭，射殺了寇賊頭目，穩住了軍心，敵人方纔退走。[四五]

前此宗憲請遣使諭日本國王，禁戢倭寇，招還通番奸商，許立功免罪。既得旨，遂遣寧波諸生蔣洲、陳可願前往。經一波三折以後，渠魁王直於三十五年（一五五六）十月表示願受招撫，回到岑港，然後被繫於浙江按察司獄。[四六]三十六年（一五五八）二月，宗憲決定殲滅岑港倭，乃兵分五路，即水師分二路，陸兵分三路進攻。水路由把總任錦，都指揮李經等所率領，陸兵則分別由指揮楊伯橋、周官，參將戚繼光等負責。繼光所部三千人。三月，戰鬥開始。當時官軍雖環守賊寇，卻不能克。[四七]

四三　范中義，《戚繼光傳》（北京，中華書局，二〇〇三年四月），頁八二—八三。

四四　有關徐海被殲滅的經緯，請參看鄭樑生，〈私販引起之倭亂與徐海之滅亡〉，見於鄭著《中日關係史研究論集》，十三（臺北，文史哲出版社，民國九十三年四月），頁一四三—一九六。

四五　范中義，《戚繼光傳》，頁八三—八四。

四六　《明史》〈日本傳〉。

四七　《明世宗實錄》，卷四四五，嘉靖三十六年三月甲辰朔戊午條。

嘉靖三十七年七月，以浙江岑港海寇未平，詔奪總兵俞大猷，參將戚繼光，把總劉英職級，期一個月蕩平，如逾限無功，各逮繫至京問；並奪兵備副使陳元珂、曹金俸給，令胡宗憲督之剿賊，若失事者連坐。四八 戚繼光雖受處分，但他當時被調往溫州剿倭，並未參加岑港之役，故其受罰有點冤枉。尤其俞大猷，他雖是總兵，但他並不負責整個戰役的指揮，負責作戰總指揮的中軍都司反而未受任何處分。

不久以後，他倭焚掠台州。給事中羅嘉賓等劾繼光無功，且通番。方按問，旋以平王直功復官，改守台、金、嚴三郡。四九

繼光至浙時，見衛所軍不習戰，而金華、義烏俗稱慓悍，乃請召募三千人，教以擊刺法，長短兵迭用，因此，繼光一軍特精。又以南方多藪澤，不利馳逐，乃因地形制陣法，審步法便利，一切戰艦、火器、兵械，精求而予以更置，於是戚家軍名聞天下。五〇

渠魁徐海、王直等被殲後，直之餘黨毛海峰等從岑港徙往柯梅，總督胡宗憲一再督兵征討，不能克。於是南京御史李瑚，劾宗憲私誘王直啓釁。巡按浙江御史王本固，南京給事中

四八《明世宗實錄》，卷四六一，嘉靖三十七年七月丙午朔丙辰條。《明史》〈戚繼光傳〉。
四九《明世宗實錄》，卷四八一，嘉靖三十九年二月丁酉朔丁未條。《明史》〈戚繼光傳〉。
五〇《明史》〈戚繼光傳〉。

劉堯誨，亦劾其老師縱寇，濫叨功賞，但爲世宗所有。[五一]迄至十一月，柯梅倭駕舟出海。總兵俞大猷等，自沈家門引舟師橫擊之，沉其末艘，稍有斬獲，各賊舟趨洋南去福州浯嶼，因此福建與湖廣間便紛紛以倭警聞。[五二]於是李瑚遂劾參宗憲，數其三大罪，宗憲懷疑大猷將海峰等南移福建之消息漏言於瑚，乃諉罪大猷以自飾曰：

> 舟山殘孽，移住柯梅，即其焚巢夜徙，力已窮蹙。小船浮海，勢易成擒。而總兵俞大猷，參將黎鵬舉，防禦不早，邀擊不力，縱之南奔，播害閩、廣，失機殃民，宜加重治。[五三]

世宗覽〈疏〉後，命巡按御史逮大猷、鵬舉至京師訊治。如據《明世宗實錄》的記載，柯梅倭之出海，實爲宗憲所陰縱，故不督諸將腰擊。及倭既出舟山，即駕舟南泛，泊於浯嶼，焚掠居民。因此福建人大譟，言宗憲嫁禍南道。由於瑚與大猷俱爲福建人，方纔作如此懷疑而誣陷大猷。[五四]

三十八年（一五六〇）三月二十二日，龍山諜報：倭夷三百餘徒犯寧波之金墩。繼光親

五一《明世宗實錄》，卷四六五，嘉靖三十《明世宗實錄》，卷四六六，嘉靖三十七年十一月甲戌朔丙戌條。七
年十月甲辰朔辛亥條。

五二《明世宗實錄》，卷四六六，嘉靖三十七年十一月甲戌朔丙戌條。

五三《明世宗實錄》，卷四七〇，嘉靖三十八年三月癸酉朔甲子條。

五四 同前註。

自督率戰士毛廣宏等爲前鋒，手刃一巨賊。餘賊退走奉化，抵蔣家舖。官軍鼓隊衝擊，賊不能擋，急遁松海。二十五日，繼光督百戶胡守仁等部兵追至鑑溪，一鼓成功，斬馘殆盡。[五五]四月，繼光奉檄援台州，乃於五日自寧波啓行。七日，道經桑州路口，突遇群寇，即督壯士黃汝忠等首挫賊峰，一麾盡滅。十三日，繼光等抵湧泉，賊聞先聲，南遁桃渚。時桃渚被圍月餘，危在旦夕，四面皆賊，道路阻絕。十六日，乘雨登兵四枝，設伏以待。復命鳥銃手數十人潛計入城，廣張旗幟以爲疑兵。次日，賊攻城，官軍鳥銃齊發，彈死甚眾。而堞上旌旗蔽日，賊以爲大兵且入，遂互相怨悔而退。[五六]

二十三日，把總任錦，武舉褚應宿及繼光弟柳塘於柵浦搜斬賊首三級。當時繼光條上方略謂：今年島夷大至，三分其眾以襲溫、台，然攻桃渚者勢最急，而流柵浦、賈子者亦眾，在溫州者次之。議以分巡僉事曹天佑，都指揮祈雲龍，百戶徐堂等屯黃巖；仍以知縣張師善部鄉兵，以牽制柵浦之勢；以海道副使譚綸，都司戴沖霄，贊畫許崇教，武舉徐平胡等，部諸客兵屯海門，以當二賊之衝。繼光自督處州義兵趨桃渚，以解攻城之急。制府是其議。次日黎明，繼光督兵於桃渚，懸賊三十里。賊見官軍勢勇，即時解奔，移巢於菖埠，據山港爲險。二十六日，繼光率親兵一旅，潛由北鑑至梅澳，察看地勢。忽遇流寇一夥，即併力齊攻。

五五　戚祚國，《戚少保年譜耆編》，卷一，頁二四。
五六　前註所舉書，同卷，頁二四－二五。

官軍勢勇莫當，賊奔港，聚眾復出拒戰，不勝，遂回巢據穴自守。繼光復鼓舞樓南、丁邦彥等部兵浮水先登，隊長楊貴執入其巢，盧錡等受計燃賊西南之一巢，賊大敗奔入舟，官軍斬賊首六級，生擒六賊，焚溺甚眾。是夜，大雨如注，殘寇冒雨乘夜開洋，居民俱得返回桃渚。此一戰役，連戰連捷，共擒斬九十餘級，歸還被掠男婦千餘人云。[五七]

桃渚逃倭，乘虛襲台州。繼光手殲其魁，蹙餘賊至瓜陵江，盡死。而圻頭倭復趨台州，繼光邀擊之於仙居，中途無得脫者。先後九戰皆捷，俘馘千餘，焚溺死者不勝枚舉。總兵官盧鏜，參將牛天錫，又破賊於寧波、溫州。浙東獲得平靜，繼光因此進秩三等。[五八] 此次作戰，繼光採伏擊戰法，而在伏擊中又首先攻擊賊寇薄弱的中部，從而一舉獲勝。由此勝利，顯示了他的軍事才華，同時也證明了他的練兵是卓越有成效的。[五九]

浙東倭被殲後，閩、廣賊流入江西。總督胡宗憲檄繼光馳援。繼光擊破之於上坊巢，賊奔竄建寧。繼光乃還浙江。

四十一年（一五六二），倭寇大舉犯福建。《明世宗實錄》云：

二月乙卯朔，壬戌，福建同安倭寇，夜襲破永寧衛城，脅指揮王國瑞、鍾塤，千戶蔡

五七 前註所舉書，同卷，頁二六。《明史》〈戚繼光傳〉。范中義，《戚繼光傳》，頁一三一。

五八 《明史》〈戚繼光傳〉。

五九 范中義，《戚繼光傳》，頁一三七—一四三。

朝陽降之。

五月甲申朔，丙戌，巡按福建御史李廷龍類奏：「二月中，三衛兵亂，永寧失守，及尤溪、永安、古田、惠安、南安、同安諸縣，各被新舊倭寇抄掠狀。部復（覆）：指揮王國瑞、鍾塤，千戶蔡朝陽，身為降虜，宜重論。興泉兵備僉事萬民英，疎於防守；福州兵備副使汪道昆，不能御眾，宜並罰。」得旨：民英、道昆，各奪俸三月，國瑞等下御史奏聞。

此言倭賊襲破永寧衛城，守城諸將之降倭及相關武官受罰之情形，但這只言部分地區之被災情況，尚有寇掠其他地方者。《明史》卷二一二〈戚繼光傳〉云：

倭大舉入犯福建。自溫州來者，合福寧、連江諸倭攻陷壽寧、政和、寧德。自廣東來南澳者，合福清、長樂諸倭攻陷玄鍾所，延及龍巖、松溪、大田、莆田。是時寧德已陷。距城十里有橫嶼，四面皆水路險隘，賊結大營其中。官軍不敢擊，相守踰年。其新至者營牛田，而酋長營興化，東南互為聲援。閩中告急。

因此，胡宗憲乃檄繼光剿之。繼光奉檄於七月下旬率所部兵乘船赴閩，八月一日抵福寧州，福建監軍副使汪道昆特意至此迎接。同日，道昆召集文武官員共商作戰方略。因久議不決，遂由繼光草擬方略，並議定立功受賞，不許爭功誤事；前鋒隊伍只管向前殺敵，由後隊割取首級，戰後按兵員數均分等注意事項。[六〇]七日，到寧德，先招降漳灣一帶之勾結倭寇者，去敵耳目。九日晨，乘退潮之機，以稻草舖泥濘，徒涉進攻橫嶼。倭於山前列陣，戚家軍奮勇直前，並以一部迂回夾擊，鏖戰六小時，消滅了島上倭寇，活捉九十餘人，斬首二千六百餘級，救出被俘男婦三千七百餘人。[六一]

按胡宗憲的指示，戚家軍本應在橫嶼戰後回浙，但監軍王春澤係福建人，希望以戚家軍保衛其家鄉；另一監軍汪道昆也希望他蕩平倭寇，以保衛他爲官的這片土地；而繼光在戰鬥中與二監軍配合之默契十足，建立了深厚友誼，尤其與道昆建立了知己之交，深知他們倆的願望，故亦不忍離去。[六二]因此，戚家軍隨即南下進剿牛田。屯駐牛田之倭寇萬餘人，分守上薛、西林、目嶺、葛塘、新塘、聞讀等地，絡繹十餘公里。繼光於二十九日抵福清，次日，邑令及父老請師期，繼光聲稱吾兵疲且休矣，俟緩圖之。[六三]倭探得訊回報，倭酋不以爲備。繼光即於是夜分三路進剿，黎明突破倭巢。繼光連破牛田、上薛、聞讀諸穴，追至新塘。因扼守上原嶺之福建南路參將未有準備，致使殘倭四千餘逃出莆田、惠安。此一戰役，斬倭六

六〇　前註所舉書，頁一五〇。
六一　《福建省志》（福州，福建省軍事志編纂委員會，出版年月不詳）〈軍事志〉。
六二　同前註。范中義，《戚繼光傳》，頁一五七。
六三　《福建省志》〈軍事志〉。民國《福建省志》，卷九，「抗倭戰爭」條。

百八十八，脇從棄械投降任其散去數千人，救出被擄男婦九百六十四人。[六四]

九月十三日，繼光南移至峰頭、江口。四日後，繼光令把總張踪守海寧橋，自率主力入興化府。是夜，地方官設宴招待戚家軍將領，繼光從容宴飲，以示不即進兵。深夜，繼光即率兵乘月色出城，經陽城、西洪，拂曉抵林墩。林墩四面溝海相通，路橋狹窄。戚家軍魚貫而進，縱隊攻擊，與倭血戰多時，三退三進，陣亡九十餘人，方纔將橋上倭寇擊退。[六五]此時偏師張謙所部亦從海寧橋南進，兩面夾擊，倭敗退入巢。戚家軍當即衝進倭巢，與敵短兵相接，倭眾落水淹死千餘人。因嚮導所誤，林墩通黃石之大橋未作事先防堵，殘倭遂向黃石南竄，逃入窑兜鄉，戚家軍跟縱追擊。賊徒漫山四散，真倭躲入磚窯內，官軍遂用火攻，將其消滅。此役共斬倭二千餘，救出被擄男婦二千一百餘，[六六]繼光蕩平三大倭巢後，即凱旋還浙。抵福清時，遇新倭從東營澳登陸，又擊斬倭賊二百餘人。而劉顯亦屢破賊，閩地宿寇幾盡。於是繼光至福州，將此役之始末勒石於平遠臺。繼光因功陞副總兵。[六七]

繼光走後，又有大批倭寇來犯福建。初至，先犯邵武，殺指揮齊天祥；轉掠羅源、連江等縣，殺遊擊倪祿；遂攻玄鍾所城及寧德縣，入之。乘勝，直抵興化府城。攻之不克，乃合

六四 《福建省志》〈軍事志〉。

六五 同前註。

六六 同前註。

六七 《興化府志》（萬曆三年刊），卷二一，〈輿地志〉，「戚公生祠」條。《明史》〈戚繼光傳〉。

兵薄城下，圍之且一月。至此，守城卒勞疲，賊乘其怠弛，於黑夜以布梯傳城進入，開門放火，城中方知賊至，民眾惟擾。參將畢高，參政翁時器，均縋城霄遁；同知吳世亮爲賊所殺，賊遂入據之。總兵劉顯，當時在會城，聞變來援，至則城已陷。顯雖擁有大兵，卻留於江西剿寇，故所提八閩部卒不及七百人，且疲於屢戰。倭賊新至，勢眾且銳，顯知不敵，乃逼城爲營，以伺賊隙。初，顯至興化，人以爲旦夕可破賊，而相持日久，疑其養寇，遂懷以爲恨。[六八]事聞，上（世宗）嗟悼，急起復正在丁憂之譚綸，陞爲僉都御史，提督軍務，仍以繼光統兵。

> 繼光遂同汪道昆，募義烏兵萬二千，倍道至閩省。越四月十有九日，駐兵我莆之後渚林，距賊遷塘許營僅四里。于時譚公發令，獨任繼光衝鋒。二十有二日，五鼓進營，鳥銃飆發，賊旁皇拊心曰：「戚虎來矣！」蓋戚將軍先聲丕振，賊畏如虎，故以名之。相率跪以待刃。未崇朝，賊又平。[六九]

此一戰役，譚綸令將中軍，顯左，大猷右，合攻於平海。繼光先登，左右軍繼之，斬級二千二百，還被掠者三千人。譚綸疏報戰功，繼光居首，顯、大猷次之。世宗爲告謝郊廟，大行

六八 明，涂山編，《新刻明政統宗》（明萬曆四十三年原刊本），卷二八，嘉靖四十一年十一月條。
六九 萬曆《興化府志》，卷二，〈輿地志〉，「戚公生祠」條。

敘獎。繼光先以橫嶼功，進署都督僉事，及是進都督同知，世廕千戶，遂代大猷爲總兵官。[七〇]

四十二年（一五六三）二月，倭賊餘黨復糾新倭萬餘，自青山四澳而上，合圍仙遊縣城三日。當時募兵已遣回。繼光度彼眾我寡，乃沿山谷列柵固守，杜其返莆田之路。譚綸則星夜檄召冬季義烏兵，於二十三日隨繼光潛集山後。是夜，賊戒徒晨入城中炊。黎明方登車，不覺繼光引兵至，遂驚遁。繼光躡其後，擊敗之於城下，又敗之於王倉坪，斬首數百級，餘多墜崖谷死，存者數千奔據蔡丕嶺。[七一] 繼光分五哨，身持短兵緣崖上，俘斬數百人，餘眾遂掠漁舟出海去。[七二]

上年攻陷政和、壽寧的倭寇一股四百餘人，南下擬與平海的倭寇合夥，得知平海倭寇覆滅後，遂退踞連江東北三十公里之馬鼻。繼光於平海戰鬥結束後，即揮師北上，水陸並進，一舉將其殲滅。另一股倭寇則盤踞於寧德漳灣，聞戚家軍將至，即移屯於龜山寺。爲防其北竄，繼光先以少數兵力迂回側後佯動。五月二十五日，倭南移至小石鎭。戚家軍分三路將其圍殲，擒斬一〇八人，餘倭四十餘人投火自盡。[七三]

十月，俞大猷調任廣東，繼光除任福建總兵外，兼守浙江金華、溫州二府。十一月，倭

七〇　《明史》〈戚繼光傳〉。
七一　參看鄭若曾，《籌海圖編》（四庫全書本），卷三，〈福建倭變紀〉。
七二　《明史》〈戚繼光傳〉。
七三　《福建省志》〈軍事志〉。

寇同時侵掠福寧、連江、莆田、惠安、晉江等地。其中從日本新到之百餘艘倭船，從莆田、仙遊交界的東沙登陸，會同原彌綱之殘倭共萬餘人，於七日進圍仙遊城，蜂聚四門營塞。知縣陳大有，典史陳賢，帶領兵民固守。譚綸、戚繼光即率師前往解圍。綸與繼光俱認爲倭從且方堅銳，未可輕戰。[七四]爲防倭陷城及四出剽掠，即派部分兵力攜帶火器，夜縋入城，協助守禦，並分兵扼阻要衝，其餘兵員屯駐距城十餘公里之俞譚浦及沙園，俟輪換的浙兵到後，並力殲敵。賊寇連日攻城不克，於十四日編竹爲牌，以之遮身突入子城木柵。內城矢石齊下，火銃齊發，數百名倭賊大都被擊斃。迄至十二月六日，倭賊又強運機梯環倚城四壁，諸黠酋奮力先登，直至垛口，兵民爭死力迎擊之。[七五]倭死百餘人，再次潰退。未幾，倭寇構大木爲衝車，中藏兵械，架危梯於上，晝夜攻城，致城岌岌可危。所幸輪調之浙兵趕至，綸與繼光遂於二十六日揮師從東、南兩方直搗倭寨。賊向西、北奔竄。官軍乘勢掩殺，擒斬千餘人，奪回被擄男婦三十餘人。餘倭萬餘南竄惠安、晉江等地。[七六]

之後，倭自浙犯福寧，繼光督參將李超等予以擊敗。乘勝追永寧賊，斬馘三百餘。四十四年（一五六五）九月，與大猷擊吳平於南澳，共擒斬倭賊一千五百餘，焚溺死者五千餘，

七四 康熙《仙遊縣志》，卷一四，〈崇勛祠〉「解圍功德碑記」。
七五 同前註。
七六 《福建省志》〈軍事志〉。

解救被擄南婦一千八百餘人。七七

南澳戰後，繼光駐守南澳。吳平逃至饒平之鳳凰山，大猷部將湯克寬，與繼光部將李超再三攻之，皆不利。吳平乘機奪民船逃入大海，復走潮州。繼光親率所部將士進入深山追擊。吳平大敗，逃往雷、廉。大猷又命克寬追之，吳平遂出廣東。四十五年（一五六六），吳平率船三十艘逃入安南境，爲明軍所追擊。

此後，俞大猷、戚繼光分別統領部隊橫掃流竄閩、廣沿海之殘倭，所以東南沿海之倭患至此已大致被消除。

四、靖倭策略

前文已說，繼光富於才華，這在他年輕時已顯露無遺。如據《戚少保年譜耆編》卷一的記載，他在嘉靖二十八年（一五四九）二十二歲時，中式山東武舉鄉試。次年九月會試都門之際，適逢俺答由古北長驅入犯密雲、順義、通州等處，尋進薄都城而條上〈禦虜方略〉十餘事。兵部認爲其議可用，乃以國士聞，並隨即奏命刊播中外，使將士習法，用以退寇。十月，山東指揮官劉瑤疏薦繼光曰：

七七 《明史》〈戚繼光傳〉。范中義，《戚繼光傳》，頁二〇五。

> 青年而資性敏慧，壯志而騎射優長。扣衷富有甲兵，投筆深通章句。允閑軍旅之事，卓有乃父之風。[七八]

認爲繼光是位允文允武的年輕人。三十年（一五五一）二月，則有三官員舉薦他。兵科給事中王德疏薦之曰：

> 屢式武魁，尤精騎射。究心雲鳥之陣，唾手汗馬之勞。臂力方剛，早已恥同流俗；志向堅定，今尤迥出尋常。[七九]

兵部主事計士元則疏薦之曰：

> 留心韜略，奮跡武闈。管屯而俗弊悉除，奉職而操持不苟。才猷虎變，當收儒將之功；意氣鷹揚，可望干城之寄。[八〇]

山東指揮官項延吉亦疏薦之曰：

> 年資英銳，騎射優長。有慷慨不羈之懷，負勇往直前之氣。志存武舉而韜略素明，職理屯田而積弊盡革。即其施為之勇，可覘樹立之功。[八一]

山東中丞王績更推薦之曰：

七八 戚祚國，《戚少保年譜耆編》，卷一，頁一二。
七九 前註所舉書，同卷，頁一三。
八〇 同前註。
八一 同前注。

才猷出眾，騎射兼人。應武闈而每多中式，領民兵而頗服眾心。勇略獨冠群英，志節更超流俗。八一

對一位出社會不久的年輕人而言，有這麼多的官員舉薦他，這表示他不僅才華洋溢，爲人所賞識，也表示他在待人處世方面有良好的表現，所以人家樂意推薦。而他們所說的話，當非溢美之辭。除上舉諸人外，河道御史何熙，御史雍焯，浙江巡撫阮鶚等人也都曾向朝廷舉薦他。

繼光之參加靖倭工作，始自嘉靖三十二年（一五五三）二十六歲時，當時的職銜是山東署都指揮僉事。三年後陞爲分守寧、紹、台參將。因目睹當時軍隊之弊，遂上〈練浙兵議〉，其略曰：

守不忘戰，將之任也；訓練有備，兵之事也。乃今軍書警報，將士尤惶，徒將流寄雜兵應敵，更取福、廣舟師驅而陸戰，兵無節制，卒鮮經練，士心不附，軍令不知。況又赤體赴敵，身無甲冑之蔽，而當慣戰必死之寇；手無素習之藝，而較精銛巧熟之技。且行無居賚裹，食無炊爨，戰無號令，守無營壁，其何以戰？為今之計，必器壘具而進可相持，餱糧備而退有宿飽，此所謂「蓄艾于豫，而後無患于病」者也。至于身先

八二 同前註。

> 士卒，援枹忘身，是職少所素講。乃若臨敵制變，防險設奇，是又在職自出，難以逆計。惟茲簡戎兵，詰器具，明部伍，肅營陣，教藝有成，而能隨其指示發縱者，則一得之愚，殉國之誠也。況十室之邑，必有忠信，堂堂全浙，豈無材勇？誠得浙士三千，親行訓練，比及三年，足堪禦敵，可省客兵歲費數倍矣。[八三]

同年九月當時的給事中楊允繩也在其所上〈禦倭之策〉裏說：

> 海寇為患，巳（已）及三載，破邑殺官，猖獗日甚，而迄無定期者，在將習不振，而弊源不革。夫為將之道，曰制，曰法，曰謀，江南諸將，全不知此。故用兵之際，絕無紀律，不鳴金鼓，不別旗幟，聚如兒戲，渙若搏沙。前者伏而不見，後有賊而不知。浸率為兵，浪與賊戰，自相蹂躪，全軍覆沒，此其咎端在不知三者。……[八四]

此乃鑒於當時東南沿海軍政不舉，武備盡弛，海禁亦懈，奸商猾民，因而勾引番船，剽掠海中，俱託貴官勢豪之家，有司莫敢過問。賊遂乘間破黃巖、崇德、桐鄉、乍浦、昌國、臨山、慈谿等處，官宇廨舍，焚燒殆盡；擄男婦，掠貨財，兵士吏民，戰沒逃亡者不知幾許。於是南調湖廣土兵、廣東傜兵、廣西狼兵、四川苗兵、福建賴兵、崇明沙兵、邵林僧兵，北調山東槍手、河南毛民、田州瓦氏、北邊騎兵、北平射手，凡稱勝兵者皆調至東南沿海。然皆臨

八三　戚繼光，《戚少保奏議》（北京，中華書局，二〇〇一年六月），頁六六。

八四　明，涂山編，《新刻明政統宗》，卷二六，嘉靖三十四年九月〈給事中楊允繩疏條禦倭之策〉條。

敵馳檄，遠者萬里，近亦數千里，至必經年，至時賊寇早已遠去。即使能夠應時而至，也輒敗去，徒擾地方而已。繼光有鑒於此，方纔主張在當地練當地子弟，使之成爲勁旅，以備倭寇，以省客兵歲費。

由《紀效新書》可以看出，繼光所訓練的部隊，分爲營、總、官、哨、隊五級。即十二人爲一隊，四隊爲一哨，四哨爲一官，四官爲一總，四總爲一營，一營的將士共三千零七十二人。不過在實踐時，係視敵人的多寡或強弱，隨時作適當的調整，有時是四級，有時則爲三級，以適應戰時的需要，故其編隊富於機動性。這在東南沿海剿倭時雖如此，後來他在北方禦虜時，則改編成爲營、司、哨、旗的所謂「明活法」，亦即每一級統御三至五個下級單位，以適應北疆戰場的實際需要。

鴛鴦陣的隊形是針對江南多沼澤而創，由於在沼澤地帶作戰時，士兵們往往無法並駕齊驅。大家無法同時衝上前去，當然會使戰鬥力減弱。戰鬥力如受影響，自然會影響到戰果。爲要克服這種缺點，繼光所創的戰鬥隊形是：每一戰鬥隊形爲十二人，隊長居前，隊長之後排成兩個縱列，即：隊長之後的兩人持盾，次二人持枝兵，次四人持長矛，次二人持短兵，火兵殿後。火兵負責各該隊的伙食問題。戚繼光謂：

凡鴛鴦陣，乃殺賊必勝屢效者，此是緊要束伍第一戰法。今開式于後：二牌並列，狼筅各跟一牌，以防拿牌人後身，長鎗每二枝，各分管一牌、一筅。二鎲居後為短兵，

> 防長鎗進的老了，[八五]即便殺上。伍長執挨牌在前，餘兵照鴛鴦陣緊跟隨牌後。其挨牌手低頭執牌前進，如已聞鼓聲而遲疑不進，即以軍法斬首。其餘兵杖牌刀，遮底于後，緊隨牌進。交鋒筅以救牌，長鎗救筅，短兵救長鎗。牌手陣亡，伍下兵通斬。[八六]

如據《紀效新書》的記載，鴛鴦陣可變化成為兩儀陣，即：隊長在前，隊長之後排成左右兩個縱隊，各成為一種戰鬥隊形。其次序為：牌、筅在前，其後為二長槍，各一牌一筅，短兵殿後。這種隊形，亦為適應戰時需要。這種隊形，其攻防面較鴛鴦陣大。[八七]

　該書又記載：除鴛鴦陣、兩儀陣外，又有從鴛鴦陣演變成的所謂小三才陣與大三才陣。前者係鴛鴦陣左、右兩

鴛鴦陣左右分變二伍之圖

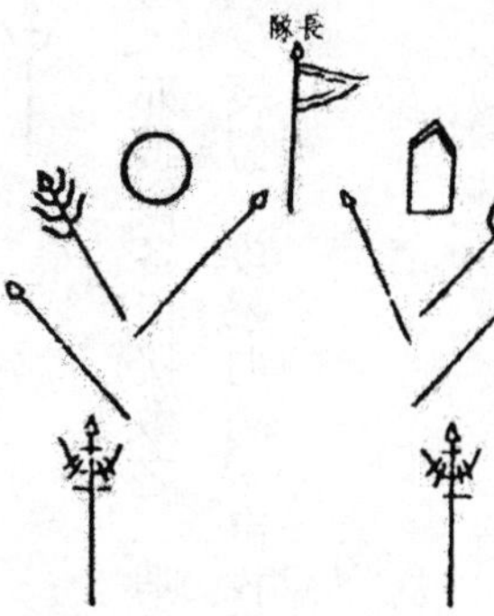

鴛鴦陣

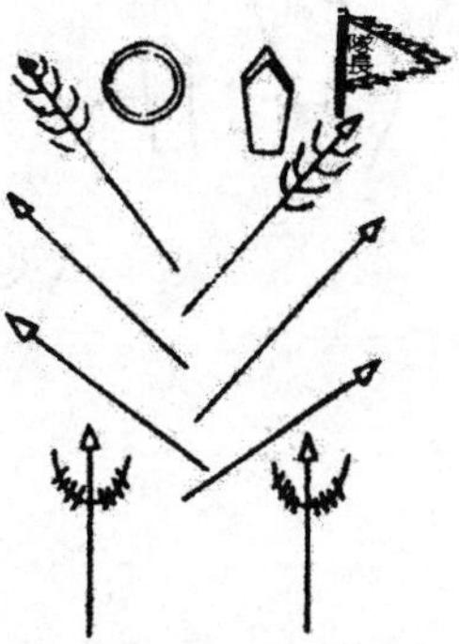

典據：十八卷本《紀效新書》

八五　進的老了，十八卷本《紀效新書》（北京，中華書局，二〇〇一年六月），頁六五，註四謂：「進的老了，鎗矛攢刺到底時，侵徹力減至最小，稱為『進老』」。

八六　戚祚國，《戚少保年譜耆編》，卷一，頁三四。

八七　戚繼光著，張德信校釋，《戚少保奏議》（北京，中華書局，二〇〇一年六月）〈前言〉。

個主列縱隊形各成一個陣形，狼筅居中，左、右各一長槍，二槍側各有一牌一。這種行陣的接敵面較大。後者則爲隊長居中，護以兩筅，筅後二鈀，兩側二槍有一牌護衛。仳此一陣法有正兵、奇兵之分，正兵接敵，奇兵可捕救正兵，而「以正合，以奇勝」，不僅接敵面較小三才爲大，其獲勝機率也更大。八八

除上述外，又有所謂「一頭兩翼一尾陣」（又稱一頭兩翼陣），這種行陣，係在規模較大的戰場上利用它。亦即：一營爲頭（正兵），左、右兩營爲翼（奇兵），一營爲尾（策應兵）。作戰時，前營分前、後、左、右四哨，可輪番接戰、策應，兩翼分左右營亦分前、後、左、右四哨，在進擊側翼之敵之同時，亦護衛各自接敵之二哨。此種行陣的特色爲：三面進擊，殺傷力強；四哨輪番上陣，可減少疲勞，攻擊力高；自我保護

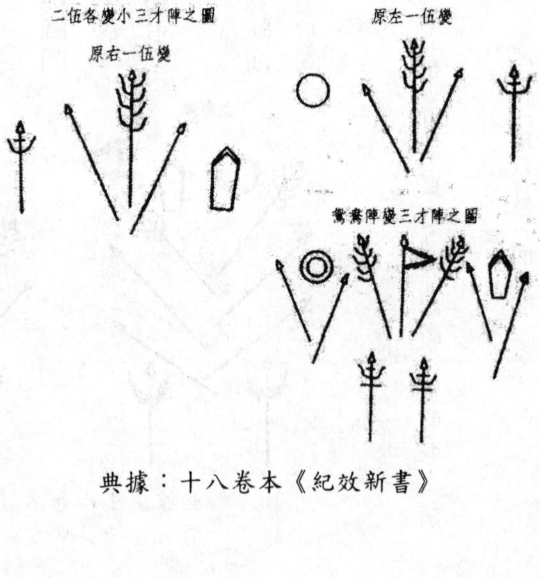

典據：十八卷本《紀效新書》

八八 同前註。

意識濃厚。[八九]

兵要練而後戰，乃軍事上的基本原則，也是兵家常識，因此《孫子兵法》卷首方纔以「士卒熟練」作爲七計之一。繼光在他升任參將的嘉靖三十二年十一月，草擬了〈任臨觀請創立兵營公移〉，正式向上司提出練兵建議，請求給他三千兵從事訓練，創立兵營，使部隊「退則後有可恃以更番，進則對壘可恃以無虞。」及要求在部隊裏設火頭軍，士兵隨身攜帶乾糧，隨時可以炊爨就食[九〇]。而繼光練兵的目的，在前舉〈練浙兵議〉裏已說得非常清楚。

繼光參與靖倭行列後雖經歷無數戰役，但使他感觸最深者爲岑港之戰。當時倭寇只有七百餘人，官軍諸路仰攻，非僅久攻不下，他與俞大猷竟被革職，命令他們在一個月內殲滅王直餘黨。這使繼光非但無法將祖業發揚光大，反而喪失職級。因此，他決定招募新兵訓練，於三十八年（一五五九）九月至金華府義烏募兵，共募四千餘人。[九一]他選兵的特點是：先選營將，然後按把總、哨總、旗總、士兵的次序進行。如此則操作的優勢在各級軍官，士兵們彼此熟悉，團結緊密，具有凝聚力。因而指揮方便，令行禁止，從而具有戰鬥力。[九二]

爲使新募之兵能夠成爲勁旅，繼光乃將其訓練重點放在耳、目、手、足、心及營陣方面。

八九 同前註。
九〇 戚繼光，十八卷本《紀效新書》〈任臨觀請創立兵營公移〉。
九一 戚繼光，《止止堂集》（北京，中華書局，二〇〇一年六月）〈橫槊稿〉，下，「祭王將軍」。
九二 同註八七。

訓練耳目的目的在使新兵們絕對服從指揮，依信號行止。除以旗幟來指示他們應採的行動外，也還用鉦、喇叭、哱囉、鼓等來傳達命令，夜間則利用燈，俾使能夠完整、嚴密、準確的指揮他們。訓練手足，就是要鍛練士兵們有強健體魄，及精湛的武藝。身體強健，武藝精湛，如此方能戰勝敵人。然而，即使士兵們個個聽命，個個健壯，個個武藝高強，如果不能彼此配合作戰，也未必能夠戰勝敵人。所以必須要有一套能使大家集中力量，共同對敵的戰陣與戰術，爲此繼光創造了鴛鴦陣，以對付強悍的倭賊。至於練心，則是使士兵們親附將領，士氣高昂，勇敢作戰。在戰場上與敵人短兵相接時，若無十足的膽量與勇氣，非但無法殺敵致果，很可能自己會被殺。唯有勇敢殺敵，纔能戰勝敵人，保住自己生命。因此，精神訓練亦爲不可或缺之一環。

繼光練兵時除重視上述者外，也還制訂嚴格的法規，無論何時何地，一切行止都必需遵守它，否則，給與嚴厲的處分，如：捆打、割耳、斬首等。雖然如此，繼光也非常愛護他們，常與他們共甘苦。亦即他帶兵能夠恩威並施，使每一個部下都能夠聽從長官的命令，不敢違抗。結果，經由他訓練出來的四千餘人，便成爲勇敢善戰的勁旅，在日後的靖倭戰役裏建立了不少功勳。

嘉靖三十九年（一五六〇）二月，繼光因擒獲渠魁王直有功復原職，充任台州、金華、嚴州三府的防衛任務。繼光復職後，除繼續訓練義烏兵外，又採一系列的海防措施，如：因才授能，隨時便宜更置；增設兵備僉事，監督海防諸戎務；整頓衛所；建立水軍；加強瞭望，偵察報警；布署防禦等。並且又制訂〈伏路條約〉九三，於城鎮之四面重要路口，離城二三里處派人設伏，平時每處三人，敵人侵犯時則增為五人。每人攜帶三眼銃一把，起火六枝，打籠一盞，小黃旗一面，以及火繩等，日夜值班。遇有敵情，白天伏路人放銃三個，起火三枝，搖黃旗馳回報警；夜間則放銃三個，起火三枝，並奔告城下，如此則遠處有墩堠報警，近有伏路官報告，警戒嚴密，敵人無法突襲。九四

繼光除創鴛鴦陣以打擊倭寇外，復創〈營壘解〉以輔之。所謂〈營壘解〉，即：

大概以二分為外壘，一分為子壁，虛其中為中軍。如一司五哨，以鳥銃一哨為子層，四哨為外壘，每面一哨。如二司，以六哨為外壘，以四哨為子壁。如三司，以二司為外壘，以一司為子壁。如四司，各為一面，各撥二哨為子壁。如五司，以四司為外壘，一司為子壁。各鳥銃一哨亦為子壁。六司，以四司為外壘，以二司為子壁。由此而擴

九三 戚繼光，《戚少保奏議》〈定伏路條約〉云：「竊惟斥候（堠）瞭望，兵政所先。衛所軍城，設濱海際，而夷情譎詐，覆轍可徵。往往海洋捉獲漁樵船隻，就用被擄之人駕船，而伏賊其中，突然登岸扣關，出我不意。及夫巢屯昏夜之時，密置雲梯，窺伺守埤倦怠，城瞭不明，輒行掩襲。且各處烽堠，有置在山顛，止堪瞭遠，而海洋廣港，勢脈縈迴，目力未能遍悉，不無意外之虞。則於各該衛所，設有伏路官軍，而又廣之以數額者，正為此也。今將陸路哨守、號令、軍法，合行給發，遵守備習。如有警，不分晝夜，責其照依舉號，走報賊情。務使表裏兼制，內外咸備，令賊無瞭可乘。自足以消奸宄之念，而保金湯之固矣」。

九四 范中義，《戚繼光傳》，頁一二九。十四卷本《紀效新書》，頁一五二。

充之，愈多愈善。惟鴛鴦陣，必不可變耳。[九五]

此亦爲繼光所創之作戰隊形，可隨戰地之廣狹與敵人之多寡，靈活變化。

繼光不僅創設作戰時的戰鬥隊形，臨陣前也作周全的戰略部署，例如他於嘉靖四十四年（一五六五）九月，在廣東饒平縣南澳西北之龍眼沙地方剿劇賊吳平時，爲使所部能夠依期奮攻，水陸同體一心，共同滅賊，乃嚴諭之曰：

> 水兵必期截賊入澳，把守無缺，勿使賊有一舟之出入，陸兵方可效力。其擒獲吳賊，如係陸兵，亦必與傳都司共之；即陸有斬獲，亦量行分級，以酧風波之苦。毋得畏避愆期，違慢條約，致賊得以併力向陸。[九六]

亦即繼光約束部下不可因爭功而誤了討賊大事，「務要遵照號令，奮勇當先。必使賊徒一倪不留，方爲奇功。或退縮觀望，進止不齊，定以軍法從事。」[九七]並且又戒諭：「凡臨陣，棄刃哀祈者，不許混殺；既鬥之後，被擄不戰者，不許妄殺。各存天理，以明仁者之師；各積陰騭，以爲子孫之計。」[九八]也就是說，繼光不准部下殺降者與放棄武器者，敢有違令誤事者，偏將以下，俱以軍法示衆，決不輕饒。於是他作如下的任務分配：

九五　戚繼光，《戚少保奏議》，頁七二。
九六　戚繼光，《戚少保奏議》〈登龍眼沙號令〉。
九七　同前註。
九八　同前註。

1. 偏將專司號令，催第一層兵向前當鋒。義總專領本部兵當前，哨官各領本哨向前衝殺。
2. 明確指出負責中路的衝鋒正兵與衝鋒策應奇兵的將領。
3. 明白指示負責左路的衝鋒正兵與衝鋒策應奇兵的將領。
4. 明白指示負責右路的衝鋒正兵與衝鋒策應奇兵的將領。
5. 明白指示負責統督中、左、右三路策應奇兵之指揮官。
6. 明白指示負責統督老營的指揮官，及其所屬將領。
7. 每總各給一張圖列陣令，俾使各將領瞭解自已所應處之位置。
8. 先本鎮擇日於教場內合營，教練熟習，臨陣即如教場內一般號令，一般進止。違者斬首。號令不明，偏將處以軍法。
9. 各臨行之時，聽本鎮示期約軍令到營，整備船隻，行李登舟，肅聽本鎮到營，升銃升旗。規定開船之先後次序，各要認桅上旗爲號。
10. 行船船戶，只聽各船內官哨隊指點，向往進止。若違令及臨山不肯撐船近岸者，該船哨隊長即將船戶割耳，甚者送鎮斬首。
11. 四路兵，恐船上混雜，故定號旗，每船一面，懸於桅頭，晝夜不得放落，並規定各部隊的旗幟顏色與其尺寸之大小。
12. 各船到彼岸時，不可逕逼岸邊，須停留於一箭之外銃不及處，俟各船到齊，方可登陸。登陸後遇賊便殺，但不許過一里即紮營，賊走不許追過三十步，過者，雖勝亦斬其總哨官與在先一人。

13. 追賊去，即速整隊伍。紮營要紮在船邊。

14. 先紮營定，即取許朝光舊城。並規定準備晚餐時間，與用完晚餐的時間，以便聽從下一個活動之命令。

15. 隨時注意臨時號令。

16. 若遇賊之突襲，即照原分路向前列陣，同三路取齊，聽令徑衝前去，不可待其衝來。

17. 殺賊大敗，只至險阻處便止，不許徑追進巢，有令催進，方可徑上。

18. 策應奇兵，應防沿海之伏。如各該路有伏兵闌出，皆各該路之責。

19. 各兵須準備草鞋一雙於腰間，先用木底草鞋登山。若無竹籤，即換空鞋，以防腳底受傷。

20. 每日登山炊飯時，必各留飯一團，齎帶腰間，以備午食。火兵只備熱湯，依時供用。

21. 衝鋒不許取首級及搜賊身財勿，以致誤事。每營真正衝鋒兵，每名賞十兩；衝鋒時不殺賊，或取首級、財物，致隊伍錯亂誤事，但有一兵負衣物銀兩者，即將全營衝鋒銀入官不給，正犯以軍法斬首。

22. 我兵殺到，不許先搶入巢取財。縱兵四散，亂取財物者，但背負衣包，便行追焚。兵犯，一面割耳，一面送鎮斬首。

23.賊多以首級、財物愚我兵心，故意佯敗，將敝衣、虛包、砂石擺棄空巢，使我兵爭取，因而行伍散亂。賊卻伏在山中、船上窺看，一中其計，遂齊擁出，故萬物墜此計中。進賊巢之際，各營應整隊紮定，以待衝鋒攻戰，否則罪其首犯以軍法。九九

由上述可知，繼光在與敵戰鬥之前，都仔細擬定戰略與部下應遵守的事項，而他對部下所應遵循的事項之規定，可謂面面俱到，十分周全。只因爲如此，他所統率的部隊在各大小戰鬥中，都能夠贏得勝利。

五、治軍方式

一個部隊之於戰場能否獲勝，優良的武器與精湛的戰鬥技能固爲必備的基本條件，但如果將士們的紀律散漫，毫無鬥志，則即使配備齊全，也無法擷取勝利的花果。所以如要在沙場上克敵制勝，除平時不斷磨練戰鬥技能外，必須嚴守紀律。士兵能嚴守紀律，方能聽從指揮，方能同心協力戰勝敵人。戚繼光說：

天下之事，難者多矣。至於兵，則難之尤者也。世有視弓馬為末藝，等行伍為愚民者，是豈知本之論哉？黃帝之法，根於幾微；湯武之兵，本諸仁義。幾微之所由起，仁義

九九 同前註。

之所從出，在於吾心。是故迹至粗也，而用至神也。然則兵豈細故哉？[一〇〇]

又說：

蓋嘗驗之，技藝行陣，特其訓練中之一事耳。然精微極于無聲無臭，而小不能破，放之格天地，動鬼神而大莫能踰者，乃躬行心得之學，至誠無微（十八卷本作僞）之道。自非正其誼，不謀其利，明其道，不計其功之造，其孰能與此？是故根之於性，發之以誠，令民與上同意。如是而終日乾乾，時無滿假，功愈盛而心愈下，道愈行而守愈密。則固之不以城郭，居之不以宅室，藏之胸臆而三軍服者，此古之賢將也。[一〇一]

亦即部隊裏的所有將士都要本著人性，上下一心，自強不息，使操守更加精到。若能如此刻苦鍛鍊不息，則必能成爲勁旅。否則便是烏合之衆，上了戰場，也無法殺敵致果。

繼光認爲如欲使衆志成城，奮勇殺敵，就必需節制號令，大家聽從指揮而不浪戰。因此他說：「竊觀古今名將用兵，未有無節制號令，不用金鼓旗旛，而浪戰百勝者。」[一〇二]又說：

鬥衆如鬥寡，形名是也。故萬人一心，形名之效。苟士不悉吾令，而徒以手足為強者，

一〇〇 戚繼光，《紀效新書》〈自序〉。跡至粗，即明人王世貞在本書〈序文〉所謂：「粗者教技擊，按營壘，分布水陸」。跡即兵跡，軍事行動的表現。見十八卷本《紀效新書》，頁一，註七。

一〇一 戚繼光，《紀效新書》〈自序〉。

一〇二 前註所舉書，卷二，卷首語。

又其次也。執挺之夫，可鬥名藝，形名之定也。束伍既明，即當練習吾令。一〇三

因此他誡諭部下說：

凡你們的耳只聽金鼓，眼只看旗幟，夜看高招雙燈。如某色旗豎起點動，便是某營兵收拾聽候號頭，行營出戰。不許聽人口說的言語，擅起擅動。若旗幟金鼓不動，就是主將口說要如何，也不許依從。就是天神來口說要如何，也不許依從。只是一味看旗鼓號令，兵看各營把總的，把總看中軍的。如擂鼓該進，就是前面有水有火，若擂鼓不住，便往水裏火裏，也要前去。如鳴金該退，就是前面有金山銀山，若鳴金不止，也要依令退回。肯是這等，大家共作一個眼，共作一個耳，共作一個心，有何賊不可殺？何功不可立？一〇四

亦即繼光要求部下必需服從命令，必需依號令行動。他所定號令，舉凡召集各級指揮官、變更號令、準備餐飲、各兵員相互間的間隔距離、行止、衝鋒、遣斥堠等都有一定信號，其主要者如次：

1. 吹鎖吶：召集官、哨、隊長吩咐軍中事務。
2. 正行間放銃一個：要變更號令，立定看聽有何旗豎，有何號令，再行。

一〇三　前註所舉書，同卷，〈緊要操敵號令簡明條款篇〉第二。
一〇四　同前註。

3. 凡歇處，吹喇叭一盪，火兵即做飯，眾人收拾。吹喇叭第二盪，各兵吃飯。喇叭第三盪，各兵出赴信地劄營，候主將到，發放施行。
4. 吹喇叭，吹天鵝聲：要各兵吶喊。
5. 打鑼：要各兵坐地休息。
6. 吹哱囉：要各兵起身，執器械站立。
7. 點步鼓：各兵照先樹起之旗次發兵行營，每點鼓一聲，走十步。
8. 擂鼓：各兵趨跑向前，與敵交鋒。
9. 交鋒中聞鳴金一聲立止，又鳴一聲各兵退還。連鳴二聲，轉身向前立定。
10. 打金邊：發人探賊。
11. 塘報搖小黃旗：有賊至。
12. 各兵須認定各總哨顏色。
13. 依號令放銃，不許早放或擅自放出。一〇五

由此觀之，繼光是要求其部下的一舉一動都必需遵守規定來做，使其部隊的行止井然有序。

一〇五 同前註。

此外，繼光又訂各種旗色，以為部隊進退移動之依據。因前後左右屬人之一身，每人都有左右前後，以此設定，使之易曉。凡面之所向，謂之前，用紅旗；面所背，謂之後，用黑旗；左手所指，謂之左，用青旗；右手所指，謂之右，用白旗；腳下所立，謂之中央，用黃旗。若舉黃旗，表示中軍欲變動，聽號令施行；舉黃旗則右營兵欲變動，舉青旗是左營兵欲變動，舉黑旗係後營兵要變動，舉紅旗是要往前看。凡旗點向何方，隨其所點向往，旗不定不止，旗不伏不坐。使每一將士都精熟旗法，然後纔言場操。一〇六

當士兵們精熟上述各種規定後，繼光又制訂〈臨陣連坐軍法〉，嚴令部下遵守。該〈軍法〉曰：

> 凡臨陣的好漢，只有數人，每斬獲首級，常是數十百人叢來報功。再不想你一起人退來報功，使眾兵相望，誤認是敗走，大家都走了。況一個賊首，數十人報功，若斬數十賊首，就該數百人來報，不知這一陣上，能有幾個數百人？反是自誤了性命。此臨陣第一禁約。今後其長牌、長鎗、狼筅，凡該當先長兵之數，決不許帶解首刀，只管當先殺去，不許立定顧戀首級。其殺倒之賊，許各隊短兵砍首，每一顆只許一人，就提在陣後，待殺完收兵，有令催驗，方許離陣赴驗。其誰當先，誰有分，誰無分，俱

一〇六　同前註。

聽當先隊長對眾從公報審。敢有因其恩讎，報不公者軍法。一○七

此乃爲防因爭首級而誤軍事，及爲求敘功之公平而制訂。如據十八卷本《紀效新書》卷三的記載，繼光所訂獲每顆首級的賞銀爲三十兩，所爲分配的情形是：當先牌鎗筅分二十兩，砍首兵二兩，餘兵無分者一兩，火兵雖不上陣，本隊有功，亦分五錢。每顆本隊鳥銃手亦分二兩。也就是說，只要該戰鬥單位獲得敵人首級，均按各戰士所處位置的險易來敘獎，而每人都有分。

與此相對的，

1. 如臨陣退縮，則許甲長割兵耳，隊長割甲長耳，哨官、哨長割隊長耳，把總割哨官、哨長耳。回兵，查無耳者，斬。如故意放縱不管，明明看見退縮，不肯割其耳者，歸罪，連坐。
2. 伏兵遇賊不起，或起早者，領伏哨、隊長俱斬，各兵扣工食給恤，仍通捆打。
3. 每甲一人當先，八人不救，致令陣亡者，八人俱斬。陣亡一人，即斬獲真賊一級，八人免罪。亡一得二，八人通賞。哨、隊照例。
4. 凡當先者一甲被圍，二甲不救；一隊被圍，本哨各隊不救；一哨被圍，別哨不救，致令陷失者，俱按軍法斬其哨、隊、甲長。

一○七　戚繼光，十八卷本《紀效新書》，卷三，〈臨陣連坐軍法篇〉第三。

5. 凡陣亡一人，本甲無賊級者，各扣軍食一月，給亡者之家優恤。失隊長扣一隊，失哨長扣一哨，失官扣一四哨。但係亡者屬下頭目，仍斬。

6. 凡若大陣敗走，被賊殺死官兵傷在背後者，還以敗事論，並不優恤，仍罪及各家並原募之人。

7. 凡器械借代，不鋒利，擅自更易，或軍裝器械忘帶一件以上者，軍法捆打。照臨陣事例，伍、隊長、總、哨、官連帶處分。

8. 凡行列不齊，行走錯亂，擅離隊伍，點鼓不行，聞金不止，按旗不伏，舉旗不興，開旗不接，得令不傳，傳令不明，道路擠塞，言語喧嘩者，俱以軍法處治。

9. 凡臨戰布陣已定，移足回頭，行伍擁擠、稀密不均，俱斬其哨、隊長、牌手並所犯各人。

10. 凡差探賊塘報，及官兵有聞賊中消息，不拘緊要與否，不許官兵於中途攔截問答，應速赴主將處陳述。如在中途說出，以洩露軍機罪，問者，答者，俱以軍法處治。即使問者為直屬長官，亦復如此。如果膽敢強要問者，允許原人報告，一體重治。

11. 凡臨陣拋棄軍械或不銜鋒，或臨陣交換精利器械馬匹者，俱以軍法處治。

12. 凡臨陣裝病，畏避艱險，或故意毀損軍器以圖躲避者，斬。[一〇八]

一〇八 同前註。

以上乃對臨陣時所作之種種規定，由此當可知繼光對部下所爲約束之嚴。因爲約束嚴，對部下所犯之錯誤或畏縮不前的行爲毫不寬貸，大家纔能夠勇往直前。更由於採取連坐法，使大家非同心協力不可，所以在戰鬥時除奮力向前外，又要相互扶持，如此則既可減低傷亡人數，又可集中力量對付敵人，從而可獲較大的戰果。更由於一切行動都必需根據號令，作戰時便能夠井然有序，發揮最大的戰鬥力量。

由於號令相當繁瑣，人無所措，因此繼光乃將其中若干條文作補充說明，成爲〈諭兵緊要禁令〉。即：

1. 軍中一切動止進退，都要依旗幟金鼓，如無令許說話而開口者重處，尤以夜間爲然。
2. 如有逃兵，同隊者一半捆打，一半保拏。如不獲，各監一年，通扣工食。
3. 出征時，同隊者須同住一處；如無法容納，則須住於對面或隔壁房子，不許攙隔。
4. 行軍時的傳達命令或消息，必須簡單明瞭。
5. 軍中惟有號令，凡出口就是軍令，絕不改變。
6. 凡冒名頂替入操者，正、替身俱以軍法綑打，所雇之人即充兵收容操練，工食即將原雇之人分支一半。

7. 在軍中，應將長官視如家中長輩，聽從其所交代之事。[一〇九]

以上係一般將士所必需遵守的規定，對部隊裏的各級幹部，如：將領、官、哨、隊長等，則另有法令來約束他們。雖然如此，其中也有兵士應當知道的。[一一〇]繼光對軍中幹部所作規定是：

1. 凡將領、官、哨、隊長不相和協，傾陷妒忌，煽動蠱惑妖言，妄傳軍令，因而誤事者，斬。
2. 凡各營分派已定，先照各腰牌格式，共為一函，造書冊二部，俱送本府蓋印，一本發給把總[一一一]，一本收於本府。
3. 凡有因逃脫與死亡而缺伍，該召補兵勇，隊長於每月十五按例逐級呈報把總，發配至隊操練。
4. 凡有逃脫與死亡，應即日逐級呈報給把總。
5. 凡各兵有疾病，應即日逐級呈報至本總，由本總即日轉呈本府，俾便治療，如駐守在外地，則本府親自前往撫視。

一〇九 前註所舉書，卷四，〈諭兵緊要禁令篇〉第四。

一一〇 前註所舉書，卷五，〈教官兵法令禁約〉第五篇首云：「此篇之中，亦有士兵當知者。但士卒者愚人也，繫以號令而無所遵，不如無令而氣壯，故以明教官兵之辨」。

一一一 總，把總，一總的長官。按《紀效新書》的編制，十二人為一隊，四隊為一哨，四哨為一官，四官為一總，故一總的兵員有七百六十八人。長官分別為隊長、哨長、把總。見十八卷本《紀效新書》，頁八六，註六。

6. 隨身攜帶緊急時所需糧食，忘帶者視如遺失軍器議處。
7. 凡進教場於信號鎗聲響後纔到者，按「不到」罪名追究治罪。
8. 凡器械不鮮明，歸罪哨長；號令不明，歸罪把總。
9. 無論平時或戰時，凡玩忽軍令或嚴重違犯紀律，用連坐法處治。
10. 凡有得令不傳，或傳到不遵守者，常操遲誤打四十棍，戰時以軍法處治。
11. 司令官（戚繼光）所下命令，如查問士兵而士兵不明，當逐級追究責任，並以軍法重治。
12. 平時無警時許穿便服，各級官兵許以鄉情從便相待，惟不許並肩平列。
13. 進操時的階級要分明。
14. 軍機乃國家重務，即使親人亦不可洩漏，否則俱以軍法重治。一一二

繼光對將士們所作之種種規定雖非常嚴格，但也有富於人情的一面，如部下患病時，當天就要層報至把總處，並給予適當之療治。其所以須層報，應係爲讓該兵員之各級長官都知道自己部下有人患病，亦即讓各級幹部都能夠隨時把握、瞭解自己部下的狀況。如在戰場，則司令官要親自探視、安撫，這對士氣的提升應能產生正面的影響。至於在平時可穿便服，大家在一起話家常，這對促進彼此之間的感情應有很大助益。而其所以又規定大家在閒聊時，不許官

一一二 戚繼光，十八卷本《紀效新書》，卷五，〈教官兵法令禁約篇〉第五。

兵齊肩並列，應是爲維護軍中應有的階級之分，否則一旦上了戰場，或許有無法指揮之虞。

軍中應遵守的號令既已頒布、說明得清楚明白，就得訓練他們進退攻殺的方法，亦即平時要訓練他們的武藝，使他們相互切磋，以求精進。但較量武藝不可無法，如果不知如何較量武藝，而予以放縱，則正確的招式就不爲人所知。繼光有鑒於此，乃撰擬了〈比較武藝賞罰篇〉。他說：

> 凡比較武藝，務要俱照示學習實敵本事真可對搏打者，不許仍學習花鎗等法，徒支虛架，以圖人前美觀。各總、哨、隊、伍官長，俱以分數施行賞罰。一分以上，責成各伍長；二分以上，責成各教師、隊長；三分以上，責成哨官；四分以上，責成把總。一一三

所謂責成，原爲指令專人或機構負責完成某種任務，在此則指追究責任而言。由此我們可看出繼光訓練部下時，係採分層負責辦法。

就長鎗言之，繼光要求部下所持者，鋒要輕利，鎗桿的末端必需輕腰硬而根粗。狼筅則規定其刃長，朳、杈、棍規定腰長，短兵須兼具長兵用途者。並且又規定弓箭手所持之弓必需合乎自己體力，所帶箭的數目與所需具備的條件，及弓箭外的隨身攜帶武器——大腰刀、解首各一把，俾使他們在肉搏戰時能夠奮勇殺賊。對於弩弓、立牌、藤牌、火器的大小、配

一一三 同前註所舉書，卷六，〈比較武藝賞罰篇〉第六。

備物品等，也都有詳細規定，務求萬全。所以雖是訓練，也絲毫不苟且。士兵們在教練場所使用的器械採用較重者，繼光認爲：「重者既熟，則臨陣用輕者，自然手捷，不爲器所欺矣。是謂練手之力。」一二四

繼光不僅訓練士兵們的手力，也還訓練他們的腳力與體力。他說：

凡平時，各兵須學趨跑，一氣跑得一里不氣喘纔好。如古人足裏以沙，漸漸加之，臨敵去沙，自然輕便。是謂練足之力。

凡平時習戰，人必重甲，荷以重物，勉強加之，庶臨戰身輕，進退自速。是謂練身之力。一二五

與之同時，對各種武器的製法、用法及其相關的注意事項，也都不辭覼縷的一一詳細說明。並且對他們的學習成果也分三個等級來加以考核，視其進步情形給與適當獎勵，如果沒有進步，則予適當的懲罰，而以表列方式來比較各兵進步的情形。一二六

當各兵學得武藝後，就要施予野戰訓練。這種訓練，

1. 凡斥堠、行軍、止宿、進入城廓或鄉間住家，都必需依照軍令來辦理。

一二四 同前註。
一二五 同前註。
一二六 同前註。

2. 部隊裏如有羸弱人馬不能前進，須隨時收送中軍，不許私自放縱。

3. 行軍中如有遺落器械什物，見者自收帶。至止宿處，送中軍招人認領。拾獲者按條例賞罰，隱匿不報者治罪。

4. 如分成數道行軍，事前須議定記號，以辨真僞。

5. 軍臨賊境，或林木異常與賊共守之處，各兵須嚴勒器械，立定以待，候各差塘報搜索伏兵，得知無警後再聽令前進。

6. 臨賊之際如遇沼澤地帶或坑坎，不可擅自通過。

7. 行軍時必需全副武裝，經允許後方可著較輕便之戎裝。

8. 銃手須於出發前一日請領足夠之彈藥。如於臨賊時假稱用罄討索，一律以畏避論罪。一一七

以上係對行軍、野營所作規定，這些規定，就是要士兵們養成一切動作都需要聽軍令，處處小心防敵的習慣，及戰前必需作充分準備，俾免臨陣慌張，影響作戰。

除上述外，繼光對部下們的野外生活也有相當周全的計畫與規定，使他們的飲食起居都能夠按部就班地去做。前文所說各項號令都遵守了，就開始操練營陣，使每人都能依號令來進退，充分發揮其戰鬥力量。

一一七 前註所舉書，卷七，〈行營野營軍令禁約篇〉第七。

六、結語

以上係僅就戚繼光的簡歷、靖倭經緯、靖倭策略、治軍方式作扼要的論述。

戚繼光是明代著名的將領，他在世宗嘉靖三、四十年代，參與東南沿海各地的各大小靖倭戰役，尤其於嘉靖三十八年秋至義烏招募礦工與農民四千餘人，以鴛鴦陣爲基本戰鬥隊形組軍，配備能攻能守的兵器，訓練他們的耳、目、手、足、心，以及營陣等，使每一個士兵都能夠親附將領，士氣高昂，勇敢作戰的精銳之師，在剿倭時戰無不勝。

戚繼光認爲：與敵交鋒須採算定戰，因此主張「須是未戰以前，件件算個全勝。」[一一八]所以他曾加強軍事設施，整頓部隊，戰前作周全準備，使自己在防禦戰中處於主動地位。他又認爲在沙場上必需靈活作戰，敵、我「形勢既殊，而因形措勝之法，亦必各異。」[一一九]所以要採甚麼陣勢，要「臨時制變，將所自出。」[一二〇]亦即要攻擊敵之無備，出敵之不意，使敵人在倉惶中迅速被殲滅。繼光更認爲在沙場上必需兼顧戰與守。因爲「攻是守之機，守是攻之策，自古防寇，未有專言戰而不言守者，亦未有專言守而不言戰者，二者難以偏舉。」[一二一]守中有

一一八 戚繼光，《練兵實紀雜集》（北京，中華書局，二〇〇一年六月），卷四，〈登壇口授〉。

一一九 戚繼光，〈練兵條議疏〉，收於《明經世文編》（明崇禎刊本）卷三四七。

一二〇 戚繼光，十八卷本《紀效新書》，卷首〈紀效或問〉「對敵說」。

一二一 戚繼光，十四卷本《紀效新書》，卷一三，〈守哨篇〉第十三。

戰，戰中有守，如此則必能克敵制勝。

我們從浙江巡撫朱紈於嘉靖二十六年十二月二十六日所上〈閱視海防事疏〉可知，明朝當時的海防是船敝伍虛。朱紈任浙江巡撫後，雖曾加強海防，卻因嚴行海禁而引起勾倭勢家之不安忌恨，在位僅年餘便失位自盡。致其所重建之海防體制又趨於瓦解。然當戚繼光參與剿倭行列後，事事根據法令，以嚴厲手段節制部下，使其部隊從上到下，一級相制一級，「如竹之有節，節節而制之。」[一二二]亦即一切根據軍令來指揮部隊，維護軍法的嚴肅性。因此，戚家軍之所以在靖倭戰役裏能獲輝煌戰果，自非偶然。

有關戚繼光的生平事蹟之值得探討者甚多，近年經高揚文、陶琦、范中義、張德信、李克、郝教蘇、王熹、曹文明、呂穎慧、邱心田諸位女士、先生的努力，雖已有若干相關著作問世，[一二三]但它們僅及於戚繼光著作之介紹與註釋，戚繼光之年譜，及其傳記。至如他的軍事思想、戰略思想、戰爭指導思想、對抗北虜的實態、各著作的特色，或他對後世的影響等，則鮮有人論及，對這些問題的考察，莫不有賴日後之努力。

一二二　戚繼光，《練兵實紀》，卷九，〈練將〉「嚴節制」。

一二三　至二〇〇四年六月為止，已出版《練兵實紀》、十四卷本《紀效新書》、十八卷本《紀效新書》、《戚少保年譜耆編》、《止止堂集》、《戚少保奏議》、《戚繼光傳》等七種，及十餘年前出版之范中義著《戚繼光評傳》。

Imperator of Pacifier, Chi, Chi-kuang

Cheng Liang-sheng*

《The Abstract》

Chi, Chi-kuang is a famous solider and militarist in the Ming Dynasty. During the 30's to 40's battles to Japan in Jia-jing(嘉靖), he saved the lives and money of people along the coast of South East China and ended the scourge. In the North, he defended the Mongolian aggression and made the North safe.

In this paper, I'd like to dissert Chi, Chi-kuang's biology, ways of military, resasons and results as well as strategies of pacifying Wo-ko by his main works such as "Ji-siao-sin-shu" etc.. The editions were edited by Gao, yang-wen, Tao, Chi, Fan, Chong-yi, Chang, De-sin etc.

Keywords: Chi, Chi-kuang, China, the Ming Dynasty, Jia-ching, Wo-ko

* Cheng Liang-sheng, Professor, Department of History, Tamkang University.

明嘉靖間的倭亂與靖倭官軍

提要

明代因實施海禁政策，故其對外貿易必需經官方許可，對統制外的外國商船就拒絕不納。當時倭寇與海寇難於區分，所以又頒勘合給朝貢國家，以辨別那些至中國的船隻是否爲其國王所道。

明朝除管制對外貿易外，也在沿海地區築城增戍，加強海防，故雖偶而受到倭寇侵擾，損失尚不嚴重。惟承平日久，海防逐漸鬆懈，至嘉靖年間已船敝伍虛，無法應付強悍的倭寇而屢戰屢敗，而尤以嘉靖三十年代前半爲然。

本文擬就洪武年間的海防措施作一探討，然後述及這種海防設施至嘉靖年間已完全廢弛之情形。並言此一時期倭寇猖獗的原因，與夫靖倭官軍腐敗的情狀，以及爲敉平倭亂從全國各地徵調至江南的客軍之害。如能因此使讀者對當時倭寇之所以難靖的原因有進一步瞭解，則幸甚。

關鍵詞：中國　明代　嘉靖　倭寇　海防　官軍

一、前　言

中、日兩國學者之研究明代倭寇，尤其研究明代發生於中國東南沿海之倭寇者不少，其成果亦甚爲可觀。日本學者所爲之研究，偏重於其起因，間亦有從軍事史、商業史的觀點來立論，如太田弘毅《倭寇——商業·軍事史的研究》；或針對中國海盜問題來論述，如松浦章《中國の海賊》等是。中國方面有關此一領域的論述亦甚夥，所探討之範圍也相當廣泛，惟以專著方式將其研究成果刊行者，除李金明《明代海外貿易史》，及其他若干論著外似乎不多。他們的論點雖頗值得傾聽，但也有少數篇什將倭寇的寇掠行徑美化爲「起義」。筆者爲編校《明代倭寇史料》，蒐集庋藏於臺灣、日本、中國大陸的近千種文獻史料，卻未曾發現類似「起義」的片言隻字，故此一說法似有待商榷。

本文除前言、結語外，分別探討洪武、嘉靖年間的海防措施，用以比較這兩個時期的海防設施情形，與嘉靖三十年代靖倭官軍之種種缺失，如：嘉靖年間倭寇的起因，及軍紀的敗壞，官軍與倭寇雙方戰術的差異，官軍的賞罰不明，爲靖倭所募客軍之害等問題作一番考察，以明當時官軍之所以往往敗北的原因。若因此對嘉靖三十年代倭寇所以肆虐的緣由能有進一步瞭解，則幸甚。

二、洪武年間的海防

(一)造船練軍

眾所周知，明朝實施須經官方許可之朝貢貿易，對統制外的外國商船就拒絕不納，其故在於當時倭寇與海寇騷擾中國大陸沿海之事實，及他們所僞裝之商船與一般外國船隻難於區分。[一]事實上，明代的倭寇與海寇，既非純粹盜賊，也非如部分學者所謂：「沿海農、漁、礦民爲反對封建統治階級之殘酷剝削而揭竿起義」，乃是「得間則張其戎器而肆侵略，不得間則陳其方物而稱朝貢」[二]之武裝商人集團，即在西洋也能見到的「半商半寇」[三]，而葡萄牙、西

一 佐久間重男，〈明朝の海禁政策〉，《東方學》，第六輯。

二 龍文彬，《明會要》，卷七七，〈外藩〉「日本」條。王輯五，《中國日本交通史》（臺北，臺灣商務印書館，民國六十四年，臺三版），頁一五〇。西村真次，《日本人と其文化》，頁一八九。

三 高須芳次郎，《海の二千六百年史》（東京，越後屋書房，昭和十八年），頁五三。

班牙等國家武裝完整的商船也與此相仿。[四]外國船隻之想以這種方式在中國沿岸達成其貿易目的的嘗試，對剛成立王朝的明帝國而言，自有損其安泰而無法容忍，所以不能不實施海禁。鄭曉言明朝不得不採海禁政策之動機云：

> 初，方國珍據溫、台、處；張士誠據寧、紹、杭、嘉、蘇、松、通、泰；諸軍皆在海上。方、張既降滅，諸賊、強豪悉航海，糾島倭入寇。……焚民居，掠貨財。北自遼東、山東，南抵閩、浙、東粤，濱海之區無歲不被其害。[五]

此言中國奸民糾島倭入寇濱海郡縣，致那些地方連年蒙受其害，太祖乃戒懼沿海居民與他們狼狽爲奸，這才申令禁止其子民私自出海，太祖的此一禁令爲其子孫們所繼承。

太祖不僅實施海禁，也還採取種種防禦措施以加強海防。太祖的海防措施，乃鑒於其即位之初就有倭寇騷擾，[六]故於洪武四年十二月，命靖海侯吳禎籍方國珍所部溫、台、慶元三府軍士及蘭秀山無田糧之民，凡十一萬餘人，隸各衛爲軍；五年，命浙江、福建九衛，造海舟六百六十艘以禦倭寇。[七]明年正月，則爲對付「來莫或知，去不易捕」之倭寇，採用德慶侯廖

四　寺田四郎，〈海賊雜俎〉，《地政學》，第十卷第十、十二號。
五　鄭曉，《吾學編》（明隆慶元年〔一五六七〕原刊本）〈四夷考〉，上卷，「日本」條。
六　《明太祖實錄》（本文所引《明實錄》爲中央研究院歷史語言研究所景印本），卷三，洪武二年（一三六九）正月是月條云：「倭人入寇山東海濱郡縣，掠民男女而去」。
七　《明太祖實錄》，卷七五，洪武五年（一三七二）八月乙亥朔甲申條云：「詔浙江、福建瀕海衛所造舟六百

永忠的制禦之策，使廣洋、江陰、黃海、水軍四衛營造「多櫓快船」巡洋。[八]更命吳禎爲總兵官，使他統率上述四衛官兵，並將京衛與沿海諸衛之部隊歸其指揮，俾負防倭之責，[九]而獲某種程度之效果。[一〇]

太祖除營造上述軍船外，又於洪武八年四月使靖寧侯葉昇巡行溫、台、福、興、漳、泉、潮州等衛，與營造防倭海船。[一一]二十年閏六月則敕福建都指揮使司備海舟百艘，廣東倍之，并具器械、糧餉，以九月會浙江，候出占城捕倭夷。[一二]三年後，從衛卒陳仁之言造蘇州太倉衛海舟。旋令濱海衛所，每百戶及巡檢司皆置船二，巡海上盜賊。後從山東都司周彥言，建五總寨於寧海衛，與萊州衛八總寨，共轄小寨四十八。[一三]二十七年三月，當時有海上之警，

六十艘以禦倭寇」。《明史》（本文所引《明史》爲百衲本），卷九一，〈兵志〉，三，「海防」條。

八 《明史》，卷九一，〈兵志〉，三，「海防」條。

九 《明太祖實錄》，卷七八，洪武六年（一三七三）正月癸卯朔庚戌條。

一〇 茅坤，《茅鹿門先生文集》（明萬曆刊本），卷二，〈與李波泉中丞書〉云：「國初時，亦由方谷（國）珍、張士誠殘黨竄入島中，因而煽誘倭奴，相與爲敵。高皇帝命將出師，數年無功。已而降之黃榜，赦去罪人，久而安定」。

一一 《明太祖實錄》，卷九九，洪武八年（一三七五）四月庚寅朔丙申條雖記載此事謂：「命靖寧侯葉昇巡行溫、台、福、興、漳、泉、潮州等衛，督造防倭海船」，惟葉昇之封侯在洪武十三年（一三八〇），而此乃八年事，故不應稱他爲侯。

一二 《明太祖實錄》，卷一八二，洪武二十年（一三八七）閏六月己酉朔庚申條。

一三 同註八。

乃命都督楊文節制沿海諸軍備禦；復命重臣勳戚魏國公徐輝祖、安陸侯吳傑前往浙江訓練沿海軍士。[一四]同年八月，更命安陸侯吳傑，永定侯張銓等，率致仕武官前往廣東訓練沿海衛所官軍，以備倭寇。[一五]

表一：洪武年間造船練軍情形表

年月（洪武）	事由	典據
三年七月丁亥朔壬戌	置水軍等二十四衛，每衛五十艘，軍士三百五十人，遇徵調則益兵操之。	太祖實錄卷五四
三年十二月丙辰朔乙酉	從雷州衛指揮張秉彝之請預造戰艦。	同上，卷五九
五年八月乙亥朔甲申	詔浙江、福建九衛造海舟六百六十艘，以備倭寇。	同上，卷七五
五年十一月甲辰朔癸亥	詔浙江、福建瀕海諸衛改造多櫓快船，以備倭寇。	同上，卷七六
六年正月癸卯朔己酉	詔廣洋、江陰、橫海、水軍四衛添造多櫓快船，以備倭寇。	同上，卷七八 明史卷九一

一四《明太祖實錄》，卷二三三，洪武二十年三月辛亥朔辛丑條。《明史》，卷九一，〈兵志〉，三，「海防」條。

一五《明太祖實錄》，卷二三四，洪武二十年八月戊辰朔甲戌條。

八年四月庚寅朔丙申	命靖寧侯葉昇巡行溫、台、福、興、漳、泉、潮州等衛，督造防倭海船	太祖實錄卷九九
十七年八月丙寅朔庚午	命東川侯胡海督金吾等衛造海船一百八十艘。	同上，卷一六四
二十年閏六月己酉朔庚申	敕福建都指揮使司備海舟百艘，廣東倍之。	同上，卷一八二
二十三年	從衛卒陳仁言，造蘇州太倉衛海舟。旋令濱海衛所，每百戶及巡檢司皆置船二，巡海上盜賊。	明史卷九一
二十七年三月庚子朔辛丑	海上有倭警，命都督楊文節制沿海諸軍備之，復命魏國公徐輝祖，安陸侯吳傑往浙江訓練沿海軍士。	太祖實錄卷二三三
二十七年八月戊辰朔甲戌	命安陸侯吳傑，永定侯張銓，率致仕武官往廣東訓練沿海衛所官軍，以備倭寇。	同上，卷二三四

（二）築城置戍

制禦倭寇海盜，能截殲之於外海，使不得近岸最爲上策。明初雖已逐步建立海軍，但中國究非一個有海軍傳統的國家，無論船隻建造技術，海上戰鬥策略，風濤生活經驗，都需要長期訓練培養。師敵長技，制其死命，非一朝一夕能夠奏效。因此，明廷與日本交涉失敗後便採取以陸上防禦爲主的辦法，在沿海要衝列卒周匝，廣置衛所城寨。[一六] 明人唐順之云：

一六 陳文石，《明洪武嘉靖間的海禁政策》（臺北，臺灣大學文學院，民國五十五年），頁二八。

賊至不能禦之於海，則海岸之守爲緊關第二義。賊新至餓疲，巢穴未成，擊之猶易，延入內地，縱盡殲之，所損多矣。[一七]

由於中國「沿海之地，自廣東樂會接安南界，五千里抵閩，又二千里抵浙，又二千里抵南直隸，又千八百里抵山東，又千二百里踰寶坻，盧龍抵遼東，又三百餘里抵鴨綠江。島寇倭夷，在在出沒」[一八]，故太祖除造船練軍外，也重視沿海地區的防禦工事。吳元年用浙江行省平章李文忠言，於嘉興、海鹽、海寧等地設兵戍守。[一九]洪武三年十二月，增兵屯雷州，以加強城池水寨的守禦兵力。[二〇]四年十二月，命靖海侯吳禎籍方國珍所部溫、台、慶元三府軍士及蘭秀山無田糧之民，凡十一萬餘人，隸各衛爲軍；且禁沿海民私出海。[二一]九年五月，則以登、萊二州皆瀕大海，爲高麗、日本往來要道，非建府治，增兵衛，不足以鎮之，遂割萊州府文登、招遠、萊陽三縣，益登州爲府，置所屬蓬萊縣。復以青州之昌邑、即墨、高密三縣補萊州府。[二二]十七年正月，命信國公湯和巡視海上，築山東、江南北、浙東西沿海諸城，

一七　鄭若曾，《籌海圖編》（四庫全書本），卷一二，〈經略〉，二，「固海洋」條。
一八　同註八。
一九　《明史》，卷九一，〈兵志〉，三，「兵制」條。
二〇　《明太祖實錄》，卷五九，洪武三年（一三七〇）十二月丙辰朔乙丑條。
二一　同註一九。
二二　《明太祖實錄》，卷一〇六，洪武九年（一三七六）五月甲寅朔壬午條。

並禁民入海捕魚以防倭。[二三]後三年，命江夏侯周德興抽福建福、興、漳、泉四府三丁之一，爲沿海戍兵，得一萬五千人。且移置衛所於要害處築城十六。復置定海、盤石、金鄉、海門四衛於浙，金山衛於松江之小官場，及青村、南匯嘴城二千戶所；又置臨山衛於紹興，及三山、瀝海等千戶所，而寧波、溫、台並海之地，於十九年十二月置平陽、三江、龍山、霩衢、大嵩、新河、松門八千戶所。[二四]明年二月，置寧村、海安、沙園、蒲門、壯士、蒲岐、楚門、溢頑等千戶所於溫州、永嘉、瑞安、平陽等縣。置定海、盤石、金鄉、海門四指揮使司於浙江並海之地，[二五]於同年在浙江完成如「附圖」之體制。二十一年二月，又命湯和行視閩、粵，築城增兵。置福寧、鎮東、平海、永寧、鎮海五指揮使司，使領大金、定海、梅花、萬安、莆禧、崇武、福全、金門、高浦、陸（六）鰲、銅山，元（玄）鍾十二千戶所。[二六]迄至二十七年二月，則又命都督僉事劉德、商暠巡視兩浙城隍，簡閱軍士，督各衛嚴備倭患。[二七]六月，

二三　《明太祖實錄》，卷一五九，洪武十七年（一三八四）正月己亥朔壬戌條。《明史》，卷九一，〈兵志〉，三，「海防」條。

二四　《明太祖實錄》，卷一七九，洪武十九年（一三八六）十二月癸未朔條。《明史》，卷九一，〈兵志〉三，「海防」條。

二五　《明太祖實錄》，卷一八一，洪武二十年（一三八七）三月辛亥朔戊子條。

二六　《明太祖實錄》，卷一八八，洪武二十一年（一三八八）二月丙午朔乙酉條。

二七　《明太祖實錄》，卷二三一，洪武二十七年（一三九四）二月辛未朔癸酉條。

下令互徙浙江、福建沿海土軍。二八

有關洪武年間沿海築城防倭的詳情，可參閱《大明一統志》、《皇明泳化類編》、《八閩通志》、《兩浙兵制考》、《籌海圖編》、《武備志》、《嘉靖浙江通志》諸書。至於當時配置於沿海地帶的部隊到底有多少？雖難究其詳，惟就相關資料比較觀之，洪武末年的全國軍隊除京師外，有三分之一以上駐外。二九《明太祖實錄》所記載洪武二十五年的內外武官並兵馬總數：「在外武官三千七百四十二員，軍九十九萬二千一百五十四人。」三〇

四庫全書本《浙江通志》卷九五〈海防〉一所引《杭州府志》云：「明於會城置都指揮使司統諸衛所，衛所在內地者主守，在沿海者主備倭。衛在內地者一，民丁四調一爲戍兵。沿海者九，衛各五所，其外又特設所三十四，在內地者六，沿海者二十八。衛所官有定員，而沿海特設總督都指揮一人，把總指揮四人」，三一而又備戰有船，守瞭有寨，傳警有烽堠，墩臺；衛所外有巡檢司，司有弓兵，而沿海居其半。三二

二八 《明太祖實錄》，卷二三三，洪武二十七年六月己巳朔甲午條云：「詔互徙浙江、福建沿海衛軍。初，閩、浙濱海之民，多爲倭寇所害。以指揮方謙言，於沿海築城置衛，籍民丁多者爲軍以禦之。而土人爲軍，反爲鄉里之害。至是，有言於朝者，乃詔互徙之。既而以道遠勞苦，止於各都司沿海衛所相近者令互居之」。
二九 陳文石，《明洪武嘉靖間的海禁政策》，頁三一。
三〇 《明太祖實錄》，卷二二三，洪武二十五年（一三九二）十二月丁未朔丙申條。
三一 其雙行註則云：「《兩浙海防類考》云：『總督備倭，舊以公侯伯領之。洪武三十年改領於都指揮』」。
三二 其雙行註云：「《籌海圖編》：『浙洋沿海舊設四總，後增爲四參、六總。四參者，杭嘉湖一，寧紹一，台金

表二、洪武年間置戍情形表

年月（洪武）	衛所設置情形	典據
吳元年	設兵戍守嘉興、海鹽、海寧等地。	明史卷九一兵志
三年十二月丙辰朔乙丑	增兵屯雷州，加強城池水寨守禦兵力。加強廣東邊海城堡，四年四月竣工。	太祖實錄卷五九、四庫全書本浙江通志
九年五月甲寅朔壬午	以登、萊二州皆瀕大海，爲高麗、日本往來要道，非建府治，增兵戍，不足以鎮之，遂割萊州府文登、招遠、萊陽三縣，益爲登州府，置所屬蓬萊縣，復以青州府之昌邑、即墨、高密三縣補萊州府。	太祖實錄卷一〇六
十七年正月己亥朔壬戌	信國公湯和巡視浙江沿海城池，禁人民下海捕魚。	同上，卷一五九
十九年十二月癸未朔	寧波、溫州、台州等府縣並海之地，置平陽、三江、龍山、霩衢、大松、錢倉、新河、松門八千戶所。	同上，卷一七九
二十年二月壬午朔甲午	置寧村、海安、沙園、蒲門、壯士、蒲岐、楚門、溢頑等千戶所於溫州、永嘉、瑞安、平陽等縣。置金山衛於松江之小官場，及青村、南匯二千戶所。置臨山衛於紹興及三山、瀝海、三江等千戶所。置定海、盤石、金鄉、海門四指揮使司於浙江並海之地。	同上，卷一八四

嚴一，溫處一也。六總者，定海、昌國、臨觀、松海、金盤、海寧也』。《籌海圖編》:『參將原設二人，分守浙東西，後分爲四把總；原係指揮四人，後因地方多事，衛所窵遠，分而爲六，裁去備倭總督，而各把總以都指揮體統行事，轄諸衛』。」

二十年三月辛亥朔戊子	江夏侯周德興往福建相視要害，築城一十六；增置巡檢司四十五，分隸諸衛。信國公湯和於臨山諸衛並海之地築城五十九。	同上，卷一八一
二十一年二月丙午朔壬午	置福建沿海福寧、鎮東、平海、永寧、鎮海五指揮使司；大金、定海、梅花、萬安、莆禧、崇武、萬全、金門、高浦、陸鼇、銅山、元（玄）鍾十二千戶所。	同上，卷一八八
二十七年二月辛未朔癸酉	命都督僉事劉德、商暠巡視兩浙城隍，簡閱軍士，督各衛嚴備倭患。	同上，卷二三一
二十七年六月己巳朔甲午	詔互徙浙江、福建沿海土軍。	同上，卷二三三

經太祖之致力築城置戍，中國大陸沿海地區之防海設施遂備。惟就如嘉靖（一五二二—一五六六）三十年代曾任浙江總督胡宗憲幕僚的鄭若曾所謂：

> 防海之制，謂之海防，則必宜防之於海，猶江防者必防之於江，此定論也」。國初沿海每衛各造大青及風尖八槳等船一百餘隻出海，指揮統率官軍，更番出洋哨守，海門諸島皆有烽墩可為停泊。[三三]

如要防外敵的侵犯，就得加強海防，以備不虞。因此，當時除加強如上述之各種措施外，也曾於洪武五年六月及二十九年正月前後兩次頒布剿倭賞格，[三四]以激勵士氣。

三三　鄭若曾《籌海圖編》（四庫全書本），卷一二，〈經略〉，二，「禦海洋」條。

三四　《明太祖實錄》，卷七四，洪武五年（一三七二）六月丙子朔丙戌條云：「凡總旗軍事弓兵，生擒賊一人者，賞銀十兩，斬首一級八兩；民人生擒一人銀十二兩，斬首一級銀十兩。指揮、千戶、鎮撫等於班軍之日驗

（三）實施海禁

太祖爲根絕倭患，曾於洪武四年頒布下海通番之禁，[三五]並禁造雙桅以上大船，藉防人民以捕魚爲名私出海洋。非僅如此，也嚴禁與朝貢夷人私通往來。《大明律》云：

> 官民人等擅造二桅以上違式大船，將帶違禁物貨下海前往番國買賣，潛通海賊，同謀結聚，及為嚮導劫掠良民者，正犯處以極刑，全家發邊衛充軍。若止將大船雇與下海之人分取番貨，雖不曾造有大船，但糾通下海之人接買番貨者，俱問發邊衛充軍。其探聽下海之人，番貨到來私下收買，販賣若蘇木、楜椒至一千斤以上者，亦問發邊衛充軍，番貨入官。若小民撐使單桅小船於海邊捕取魚蝦，採打柴木者，巡捕官旗軍兵不許擾害。[三六]

又云：

> 在京、在外軍民人等，與朝貢夷人私通往來，投託管顧，撥置害人，因而透漏事情者，

功賞之」。同書卷二四四，洪武二十九年（一三九六）正月庚申朔丁丑條則云：「擒獲倭賊賞格，凡各衛指揮獲倭船一艘者，僉事陞同知，同知陞指揮使，仍賞白金五十兩，鈔五十錠。千戶擒獲者，陞指揮僉事，百戶擒獲者陞千戶，其賞俱與指揮同。在船軍士，能擒或殺倭賊一人者，賞白金五十兩，將校軍士與倭賊陸地交戰，能生擒或獲一人者，賞白金二十兩，鈔二十錠」。

三五　《明太祖實錄》，卷七〇，洪武四年（一三七一）十二月庚辰朔丙午條。

三六　明太祖敕撰，《大明律》（明隆慶二年重刊本）〈關津篇〉「問刑條例」。

> 俱問發邊充軍。軍職有犯，調邊衛差操。通事并伴送人等係軍職者，從軍職之例；係文職有贓者，革職為民。[37]

再云：

> 凡將馬、牛、軍需、銅錢、緞匹、紬絹、絲綿私出外境貨賣及下海者杖一百，挑擔駄載之人減一等，物貨、船車並入官；於內以十分為率，三分付告人充賞。若將人口、軍器出境及下海者，絞；因而走洩事情者，斬。其拘該官司及守把之人，通同夾帶或知而故縱者，與犯人同罪；失覺察者減三等罪，止杖一百，軍民又減一等。[38]

太祖之所以對人民下如此嚴厲海禁的原因，在防人民下海誘引倭寇與海寇，以謀其政權之安定。張維華對太祖的如此態度曾作如下評論云：

> 他（太祖）知道發展海外貿易，可以吸取海外產物，來滿足享受，增加財富。但他極怕由此造成「海疆不靖」，影響他的政權的鞏固，因此他不能不對當時的海外貿易加以嚴格的控制，亦即只允許在「海禁政策」範圍以內的海外貿易活動。什麼是「海禁政策」以內的海外貿易活動呢？那就是「朝貢關係」的海外貿易。明太祖認為只有這樣控制著海外貿易，才能一方面達到他施行「海禁」的目的，另一方面在必要時也可以

三七 同前註。

三八 《大明律》〈私出外境及違禁下海〉。

吸取海外的某些產物。[39]

我們雖無從得知太祖是否在這種意識下，實施其海禁政策與朝貢貿易，但他之雖採海禁政策，卻以朝貢貿易方式對外開放門戶，而禁止人民從事海外貿易，及移居海外的結果，人民之完全被封鎖國內而無法進出海外，與朝貢貿易之成爲明朝皇室控制的基本型態則是事實。這種情形與日本江戶幕府（一六〇三—一八六七）在鎖國——閉關自守的政策下，僅開放長崎一港而只許中國、荷蘭兩國的船舶駛入，並禁止所有日本人航行海外的情形，實有其相似處。[40]但無論如何，太祖的這種態度爲其子孫們所繼承。

三、嘉靖年間的海防

(一)永樂以後的海禁

發起靖難之師，於建文四年（一四〇二）篡位的成祖朱棣，他雖沿用太祖的海禁政策，但對外貿易的態度，實有在太祖時代無法看到的積極性。其最顯著例子，就是鄭和的經略海外。

三九 張維華，《明代海外貿易簡論》（三聯書店，一九五五），頁一九。

四〇 鄭樑生，《明代中日關係研究》（臺北，文史哲出版社，民國七十四年），頁三〇—三一。

成祖對諸外國的積極性，在他即位之初便可看到。亦即他於其即位之年（一四〇二）的九月七日，遣使以即位詔諭安南、暹羅、爪哇、琉球、日本、西洋、蘇門荅剌、占城諸國，且諭禮部臣曰：

> 太祖高皇帝時，諸番國遣使來朝，一皆遇之以誠，其以土物來市易者，悉聽其便。或有不知避忌，而誤干憲條，皆寬宥之，以懷遠人。今四海一家，正當廣示無外，諸國有輸誠來貢者聽。爾其諭之，使明知朕意。[四一]

且在成祖經略海外的積極政策下，日本便成爲中華世界帝國的一分子，而以東亞世界爲一環的朝貢體制中，與明朝從事朝貢形式的貿易。日本所爲的這種貿易，就如室町幕府第三任將軍足利義滿（源道義）呈獻之〈表文〉所示，係奉明爲宗主國而自己屈居屬國地位。這種情形，在東亞世界的其他國家，如：朝鮮、琉球、暹羅等亦復如此。當日本等國家被納入這種體制後，便因而衍生許多問題，而以日本爲最。

迄至成宣時代，固因對外貿易發展而國內手工業極其發達，[四二]但與之同時，卻發生土地高度集中的現象。即貴族所佔土地普遍。結果，他們所經營的手工業，非僅已能滿足其個人

四一 《明太宗實錄》，卷一二，上，洪武三十五年九月辛巳朔丁亥條。

四二 佐伯富，〈產業の發達と專賣制度・銀〉，《中國文化の成熟》（東京，世界文化社，昭和四十七年，世界歷史シリーズ，十三）；鄭樑生譯，〈經濟繁榮與國營制度〉，《絢爛的中國文化》（臺北，地球出版社，民國六十七年，世界文明史，九）。

需要，而且成爲個人經濟發展的手段。於是商業資本活動日益活潑，商業資本在當時社會經濟所佔比重越來越大。商業資本越是發達，原本倚靠農業生產的地主階級，也與商業資本結合而擺脫其原有生產方式，擬從事對外貿易。從事海外貿易而佔有地利的，就是瀕海州縣，即江蘇、浙江、福建、廣東的居民，[四三]他們對外貿易積有長年經驗。[四四]因此他們隨商業資本發達而想下海通商的欲望，便以經濟繁榮爲背景而更爲昂揚，此乃自然趨勢。同時，因土地兼併而失去謀生處所的部分農民，他們之爲維持生活而擬移殖海外，以找尋求生之路，未嘗不可認爲是這種趨勢的結果。[四五]私販——走私發達，乃意味海禁鬆弛，人民下海不絕。爲此，明廷乃三申五令其海禁。此事可於宣德八年（一四三三）的嚴禁人民私通海外，及正統十四年（一四四九），景泰三年（一四五三），重頒海禁令事獲得佐證。此事如與《大明律》〈舶商匿貨〉條，成化七年版《大明律疏義》卷一五〈戶律．關津〉條相對照，便可知此一時期的下海通番罪已較往日爲重。刑罰加重，既表示下海通番難於根絕，也意味此禁長年陷於鬆懈狀態。所以明朝當局除加強其禁令外，對諸夷來貢的限制，也嚴格執行。《明孝宗實錄》記載

四三　張維華，《明代海外貿易簡論》，頁七九。山根幸夫，〈元末の反亂と明朝支配の成立〉，《岩波講座世界歷史》，十二，中世，六（東京，岩波書店，一九七一）。佐藤文俊，〈明末王府の大土地所有をめぐる二三の問題——潞王府の場合〉，《明代史研究》，第三號。

四四　明初以後，明廷曾三申五令其海禁，由此可反證私自下海者不絕，他們積有長年的經驗。

四五　張維華，前舉書頁七八—八〇。

發生於弘治元年（一四九三）十月琉球貢使引起之事云：

戶部會議各處巡撫都御史所陳事宜，……一、各番進貢年限，乞廣東布政使出給榜文，於懷遠驛張掛，使各夷依限來貢。如番舶抵岸，先赴布政司比對勘合，字號相同，貢期不違，然後盤驗起送。四六

次年三月，兩廣總督閔珪奏云：

宜照原定各番來貢年限事例，揭榜懷遠驛，令其依期來貢。凡番舶抵岸，備倭官軍押赴布政司，比對勘合相同，貢期不遠，方與轉呈提督市舶太監及巡按等官，具奏起送。如有違礙，捕獲送問。四七

這種措施當然也適用於日本之來貢，否則，其細川、大內兩氏當不會爲獲勘合而勾心鬥角，以細川氏爲後盾的堺之商人，與以大內氏爲靠山的博多商賈，也當不致爲派貢船事一再爭奪。就遴選使節問題，也如《蔭涼軒日錄》所記，往往要經一波三折以後方能決定。就中國方面言之，英宗天順二年（一四五八）當時的司禮太監福安曾謂：

永樂、宣德間，屢下西洋，收買黃金、珍珠、寶石諸物，今停止三十餘年，府藏虛竭。

四六 《明孝宗實錄》，卷六八，弘治五年（一四九二）十月戊戌朔丙辰條。
四七 《明孝宗實錄》，卷七三，弘治六年（一四九三）三月丙寅朔丁丑條。

> 請遣內官於雲南等處，出官庫銀貨收買上納。[四八]

亦即鄭和於永樂、宣德年間經略西洋以後三十餘年，因中止下西洋的結果，府藏虛竭。在這種情形之下，明朝內部出現主張緩和海禁的，《明武宗實錄》云：

> 先是，兩廣奸民私通番貨，勾引外夷，與進貢者混以圖利。招幼誘亡命，略賣子女，出沒縱橫，民受其害，參議陳伯獻請禁治之。其應供番夷，不依年分，亦行阻回。至是，右布政使吳廷舉，巧辯興利，請立一切之法。撫按官及戶部，皆惑而從之。[四九]

此言吳廷舉建議由對外貿易課徵若干稅捐的結果。這種意見，乃欲在一定範圍內謀求緩和海禁。亦即在武宗之治世，欲謀緩和海禁的主張逐漸萌芽，明廷似有變更海禁政策的跡象。

迄至世宗嘉靖二年（一五二三）四月，因日本細川、大內二氏所遣兩造貢使所引起寧波事件[五〇]，及葡萄牙人東來後，在東南沿海地方騷擾，致上述舒緩海禁的主張一時受到壓抑，主張厲行海禁的意見佔絕對優勢。結果，海禁較往日更爲嚴厲。[五一]雖然如此，明廷並未積極

四八《明英宗實錄》，卷二八七，天順二年（一四五八）二月庚寅朔戊申條。

四九《明武宗實錄》，卷一四九，正德十二年（一五一七）五月乙亥朔辛丑條。

五〇有關寧波事件的經緯，請參看拙著《明代中日關係研究》，第四章第四節，或《中日關係史研究論集》，第十二集（臺北，文史哲出版社，民國九十二年），頁九—六九。

五一主張厲行海禁的，如歸有光，《歸太僕文集》，〈論禦倭書〉（明崇禎間刊本，收錄於《明經世文編》）所云：「議者又謂宜開互市，弛通番之禁，此尤悖謬之甚者。百年之寇，無端而至，誰實召之？元人有言：『古之聖王，務修其德，不貴異物』。今往往遣使奉朝旨，飛泊浮海，以喚外夷互市，是利于遠物也，遠人何能格

採取閉關絕貢措施，僅令備倭衙門等嚴飭海防，使日本嚴守貢期、船數、人員等限制，並嚴禁使臣一行與奸謀之徒私通以為解決寧波事件之善後。[五二]然此只是對日本朝貢之限制，其於葡萄牙人之騷擾和日本貢使的不法行為，則分別於嘉靖三年四月，四年八月，八年十二月申飭海禁。迄至二十六年六月，聽從巡按御史楊九澤之建議，命巡撫南贛右副都御史朱紈提督浙、閩海防軍務，巡撫浙江，[五三]負責取締倭寇的大責重任。

葡萄牙人從嘉靖二十一、二年前後起，不僅在浙江雙嶼交易，且與日本商人在此會市。[五四]明既已實施下海通番之禁，自無法默認此事。他們的跋扈非但使明廷傷透腦筋，海寇的肆

哉！此在永樂之時，嘗遣太監鄭和一至海外，然或者已疑其非祖訓禁絕之旨矣。況亡命無籍之徒，違上所禁，不顧私出外境下海之律，買港求通，勾引外夷，釀成百年之禍。紛紜之論，乃不察其本，何異揚湯而止沸，其不知其何說也。唯嚴為守備，鴈海龍堆，截然夷夏之防，賊無所生其心矣」。即是好例。請參看張維華，前舉書頁四〇—四一。

五二 《明世宗實錄》，卷二八，嘉靖二年（一五二三）六月庚午朔甲寅、戊辰，同書卷三三；同年十一月丁卯朔癸巳；同書卷五〇，四年（一五二五）四月庚寅朔癸卯；同年六月己丑朔己亥；同書卷二三四，十九年二月甲子朔丙戌各條。請參看小葉田淳，《中世日支通交貿易史の研究》（東京，刀江書院，昭和四十四年，再版）。

五三 朱紈，《甓餘雜集》（明萬曆間刊本）〈自序〉。《明世宗實錄》，卷三二四，嘉靖二十六年（一五四七）六月辰朔癸卯條。《明史》，卷二〇五，〈朱紈傳〉。

五四 朱紈《甓餘雜集》，卷二，嘉靖二十六年十二月二十六日〈閱視海防事疏〉（此〈疏〉並見於《明經世文編》，卷二〇五）；卷三，嘉靖二十七年十二月十六日〈雙嶼填港工完事疏〉。鄭舜功，《日本一鑑》（清東武劉氏味精書屋精鈔本）〈窮河話海〉卷六，「海市」條。

虐也有日趨嚴重之勢。[五五]

在上述情勢之下擔任浙江巡撫的朱紈，乃採「革渡船，嚴保甲，搜捕奸民」[五六]的嚴厲措施。此一措施竟引起閩、浙大姓之勾倭與從事走私勾當者之不安忌恨，遂共謀排斥他。結果，朱紈失位，自殺，其嚴厲海禁遂寢而未行，終於引起嘉靖三十年代的所謂「大倭寇」，致東南沿海居民飽受其害長達十餘年之久。

（二）嘉靖年間的倭亂

關於明代倭患，雖有人說肇因於受封建專制統治壓迫的民眾揭竿起義，此一主張不無商榷餘地。就嘉靖年間爆發的寇亂言之，《明史》〈日本傳〉云：

> 祖制，浙江設市舶提舉司，以中官主之，駐寧波。海船至則平其直，制馭之權在上。及世宗，盡撤天下鎮守中官，并撤市舶，而瀕海奸人遂操其利。初，市猶商主之，及嚴通番之禁，遂移之貴官家，負其直者愈甚。索之急，則以危言嚇之，或又以好言紿之，謂我終不負若直。倭喪其貲不得返，已大恨，而大奸若王直、徐海、陳東、麻葉

五五 據《大明譜》〈奧付〉所載，就連於嘉靖二十六年當時，在舟山群島嶴山等待貢期的日本貢史策彥周良一行，也「下令留心賊船來襲，而日夜在高處設哨崗，不時巡邏四周」，可見海寇已日益猖獗。

五六 朱紈，《甓餘雜集》，卷二，嘉靖二十六年十二月二十六日〈閱視海防事疏〉。《明史》〈朱紈傳〉。

> 輩素窟其中，以內地不得逞，悉逸海島為主謀。倭聽指揮，誘之入寇。海中巨盜，遂襲倭服飾、旂號，並分艘掠內地，無不大利，故倭患日劇。

明代雖於太祖即位之初即受倭寇騷擾，但因嚴飭海防的結果，雖偶有寇掠瀕海州縣之事實，並未造成重大災害。永樂十七年，倭寇曾大規模入侵遼東半島，然爲駐守遼東總兵官劉江（榮）殲滅於望海堝。於是內嚴武備，外嚴禁戢，寇盜漸已。正統、成化時賊雖間發，驅之即去，未嘗深入爲患。[五七]迄至嘉靖二年，曾因爆發寧波事件而驚動地方，惟此乃入貢之倭，固非入寇之賊，只由於當事者處置未當，故招其亂，乃挾指揮袁璡以去。於是畏罪逃歸的中林、望古多羅漂至朝鮮，國王李懌獲俘二倭，併首級三十，及被擄民汪漾等八名來歸。之後倭寇漸發。如據嘉靖三十五年奉浙江總督楊宜之命東渡招諭日本的鄭舜功《日本一鑑》的記載，倭寇始自福建鄧獠。獠初以罪被囚於按察司獄，嘉靖丙戌（五年）越獄殺布政查某，約流逋入海，誘引番夷往來浙海，繫泊雙嶼等港口，私通謀利。至庚子歲（十八年）則許一（松）、許二（楠）、許三（棟）、許四（梓）等潛從大宜、滿剌加等國，誘引佛郎機（葡萄牙）人絡繹浙海，也泊舟於雙嶼、大茅等港口，以謀求大利，東南釁門始開矣！[五八]

嘉靖甲午（十三年），給事中陳侃出使琉球，例由福建出發，其從役俱爲閩人。既至琉

五七 鄭舜功，《日本一鑑》，〈窮河話海〉，卷六，「流逋」條。
五八 同前註。

球，必候汛風回國。從役者滯留琉球期間，在當地學佛之日本僧侶言其國可市，即以貨財前往交易，得獲大利而歸。因此，閩人往往私市其間。後來有私市平戶島者，倭人利貨，即殺閩商。據說遭殺諸商皆夢見於島主，島主因而臥病，遂立祠祀之，其島始安。自此以後，凡私商至彼地，皆被待以殊禮。如果爲繕舟而缺乏資金，倭人莫不稱貸，故中國私商日眾，福建倭亂因而漸生。廣東方面的私商，則揭陽縣民郭朝卿，初以航海遭風漂至其國，返國後又前往該國貿易。[五九]

二十二年，鄧獠寇掠閩海地方。浙海寇發，乃以許一、許二兄弟爲首，當時海道副使張一厚統兵討捕，敗績，故許一、許二等遂與葡萄牙人竟泊雙嶼。許一夥伴王直（汪五峰）等人於二十四年往市日本，引誘博多津倭助財門等三人至雙嶼港。明年復行，直、浙倭患因此發生。[六〇]鄭舜功說：

> 歲丙午（二十五年），許二、許四因許一、許三事，故所欠番人貨物無償，卻以姦黨於直隸蘇、松等處地方誘騙良民，收買貨財到港。許二、許四陰嗾番人搶奪。陽則寬慰被害之人，許償貨價，故被害者不知許二、許四之謀，但怨番人搶奪。自本者舍而去之，借本者思無抵償，不敢歸去，乃隨許四往日本國，價以歸舟。至京泊津，遭騙之

五九　前註所舉書，同卷「海市」條。
六〇　同前註。

> 人，寖以番人搶騙財貨之故告以島主。島主曰：「番商市中國，敢搶中國人財，今市我國，莫不懷擄矣」。即殺番人，乃以薪粒等物給許四，使送華人以歸。許四自思初欠番夷財物，又失番夷商賈歸，竟不敢向雙嶼，卻與沈門林剪、許獠等合踪，劫掠海隅民居。許二以兄弟許一、許三喪亡，許四不歸，所欠番人貨財不能抵償，遂與朱獠、李光頭等誘引番人寇劫閩、浙地方矣。

由此一番話，當可知閩、浙地方之所以發生寇亂，肇因於私商負債無法償還，遂鋌而走險，致貽害地方。

二十六年，胡霖等誘引倭夷至雙嶼交易，而林剪往自彭亨國，誘引賊眾至中國，與許二、許四等合爲一踪，劫掠閩、浙，邊方騷動。[六一] 由於許氏兄弟作孽，故科道於二十七年交章軍門購獲而廣示諭，有獲賊首許二、許四一名者，賞銀一千兩，舉官萬戶侯。許二、許四因不能任意停泊，遂逃入西洋，雙嶼港始空，而又爲朱紈所填塞，[六二] 因此該港已不適宜停泊舟楫。當此之時，林翦誘引倭夷稽天私市浙海，爲官兵所獲。又，王直、徐銓（即徐惟學，一名碧溪）誘倭私市馬蹟潭；陳思泮（盼）誘倭泊於大衢山，名雖稱商，實則入劫揚子江的船舶。[六三]

六一　同前註。

六二　朱紈，《甓餘雜集》，卷三，〈雙嶼填港工完事疏〉。鄭舜功，《日本一鑑》〈窮河話海〉，卷六，「流逋」條。

六三　同註五九。

三十年，王直等船泊於列港，又挐陳思泮等以獻，卻縱龔十八，使同海市。又明年，王直挐七倭賊以獻。當此之時，徐銓之姪海（虎跑寺僧明山和尚）誘引倭夷亦泊列港。陽則稱商，陰則爲寇。[六四]因海上多事，巡按浙江監察御史林應箕，乃上書聞於朝。結果，敕都御史王忬經略浙直地方。[六五]

三十二年，葉宗滿勾引倭夷來市浙海，因懼舟師，不敢停泊，乃轉往廣東之南澳，因而閩、廣倭患始生。時有王十六等，誘倭焚劫黃岩縣，參將俞大猷、湯克寬希望王直挐賊授獻，而賊已去。明廷乃議王直，以爲他是東南禍本，統兵擊之於列港，追至長途，次馬蹟潭。銃砲聲響，驚起蟄龍，兵船漂散。因此王直之船不敢停泊，於六月乘風逃往日本平戶島。[六六]

另一方面，佛郎機國夷船來泊廣東海上，適有周鸞號稱客綱，乃與番夷冒他國名，誑報海防官員照例抽分。副使汪柏故許通市。而周鸞等每以小舟誘引番夷，同裝番貨市於廣東城下，也曾入城貿易。又，徐銓等誘倭在南澳交易，復前往日本，因逆風返回，泊於柘林。都御史鮑象賢聞之，先命東哨統兵官黑孟陽，統率舟師伺擊之，徐銓入水而死，餘皆就擒。[六七]

三十四年，佛郎機人誘引倭夷至廣東海上，周鸞等使倭扮作彼國人，同市廣東賣麻街，

六四　同前註。
六五　《明史》，卷二〇四，〈王忬傳〉，卷三二二，〈日本傳〉。
六六　同註五九。
六七　同前註。

許久纔離去。自此以後，佛郎機人經常誘引倭人至廣東交易，於是姦民、罪犯深重者，移家受廛於夷島，根深柢固於其間，藉買賣之名，用其賊寇之技，汎去汎來，故東南沿海多事。六八當此之時，工部右侍郎趙文華至江南祭海神兼察倭情。六九

文華抵江南後，「切惟己禍不得要領，故問通番之人。而通番輩告以必得王直，主通海市，則禍可息。」七〇乃與浙江總督胡宗憲謀，遣生員蔣洲、陳可願赴日諭直，使其來歸。經一波三折後，直於三十五年遣其義子王激（即毛烈又名毛海峰）、葉宗滿至烈港。宗憲命激往舟山拏賊授獻。又以贊畫俞一鑑等，質於王激、葉宗滿，乃得王濡、夏正、邵岳、童華、謝天與等到官用之，故縱王激、葉宗滿等私市而去。七一

蔣洲一行於嘉靖三十四年八月赴日，於日本之五島（長崎縣），以大義曉諭王直，並告以胡宗憲與他同鄉，釋放其在祖國獄中之母、妻，而予以優遇之事，以喚起其思鄉之念。且言因一己之不正當行爲而累及母、妻，實爲莫大錯誤；如能應宗憲呼籲回國，當弛海禁，許貿易，不問其罪。洲等又分析中外形勢，以說其歸降之利害，直心遂爲其所動。然他鑒於過去之事實，並未完全相信蔣、陳二人之所言，故以須宣諭他國爲口實，使洲留在日本，令王

六八 同前註。
六九 《明世宗實錄》，卷四一九，嘉靖三十四年（一五五五）二月丙寅朔丙戌條。《明史》〈日本傳〉。
七〇 鄭舜功，《日本一鑑》〈窮河話海〉，卷六，「海市」條。
七一 同前註。

滶、葉宗滿、王汝賢等隨可願返寧波，以探明朝當局之真意。

宗憲雖厚待王滶等，卻諭其立功以明自己立場。因此，滶等前後助官軍參與舟山、瀝表討倭之役，獲輝煌戰果。《明世宗實錄》云：

> 倭寇自慈谿入海泊魚山洋。聽撫賊毛海峰等，助官軍追擊之，擒斬百八十人。七二

又云：

> 總督浙直胡宗憲奏：「賊首毛海峰，自陳可願歸後，嘗一敗倭寇於舟山，再敗之於瀝表。又遣其黨說諭各島，相率效順中國。方賴其力，乞加重賞。」兵部覆：「兵法用間用餌，或招或撫，要在隨宜演變，不從中制。今宗憲所請，當假以便宜，使之自擇利害而行，事寧奏請。」詔：「可」。七三

由此可知直黨投誠之一斑。

明朝當局為捕王直，曾於嘉靖三十三年五月懸賞世襲指揮僉事，次年八月，則懸賞伯爵、黃金一萬兩。同月，蔣洲、陳可願赴日撫直。三十五年四月，直使王滶隨可願先返國，以證實明朝當局之意後，與洲一起回國。因其船被颶風吹至朝鮮方面，故較洲晚回，於十月纔抵祖國。《國榷》所云：

七二 《明世宗實錄》，卷四三五，嘉靖三十五年（一五五六）五月戊午朔乙亥條。

七三 《明世宗實錄》，卷四三七，嘉靖三十五年七月丁巳朔戊午條。

> 王直、毛烈、葉宗滿，同夷商千餘人泊岑港，毛烈自詣軍門，乞降求市。宗憲令還俟命。[七四]

即言直於返國後，使其養子王激赴宗憲處乞降及請互市者。然當時兩浙人士因受倭寇蹂躪，聞直等乘船來而大懼，俱言許互市爲不可。尤其巡按御史王本固奏請：直之真意難測，如接受其要求，恐有招侮之虞，致朝議混亂，而竟有言胡宗憲將招東南大禍者。浙中文武將吏亦陰持兩可。故剿撫之意見不一，而與此相關之問題亦複雜。唐樞則在其〈復胡梅林議王直書〉中謂：如聽從直之要求，有五利五慮；如卻其所請，則有四利四慮，而論其因果關係。[七五]俞大猷也認爲招撫王直「尤非今日之良謀」[七六]，而從正面加以反對，可見問題核心仍在於互市。

宗憲雖有意使直免死，但招撫王直的問題絕非可由宗憲個人的意見來決定，朝野均有許多反對者。結果，宗憲爲眾議所迫，不得不同意將直處死。直在按察司獄幾二年，經兵部與三法司合議，於三十八年十二月二十五日，將直斬於杭州官巷口。葉宗滿、王汝賢雖罪在不赦，然往復歸順，曾立戰功，姑貸一死，發遠衛永遠充軍，以開來者自新之路。各人犯之妻、

七四　談遷，《國榷》（中華書局本）卷六二，嘉靖三十六年九月辛亥朔丁丑條。

七五　請參看唐樞，《禦倭雜著》（《明經世文編》，卷二七〇）〈復胡梅林論處王直〉。

七六　俞大猷，《正氣堂集》，卷五，〈議王直不可招〉。

子七名，則沒入成國公家爲奴，財產亦由官府沒入。[七七]因王直投誠而竟在縲絏之中，故其徒黨憤慨異常，乃焚舟登舟山，據岑港固守以爲報復；旋又徙居柯梅，遷至南澳。結果，非僅兩浙人民多罹其殃，其害更及閩、廣，連府城也有被攻陷者。

另一方面，倭寇萬餘，於嘉靖三十五年四月二十三日趨浙江皂林等處。佐擊將軍宗禮帥兵九百人禦之於崇德三里橋，三戰俱捷，斬首百餘級。賊首徐海等皆辟易，稱爲神兵。會橋陷，軍潰，禮與鎭撫侯槐、何衡，忠義官霍貫道皆陣亡。賊乘勝攻桐鄉不克。[七八]然至五月，雖斬賊二百餘，卻爲所陷，官兵寡不敵眾而退。未幾，胡宗憲用計解桐鄉之圍。如據《籌海圖編》卷五〈浙江倭變紀〉的記載，此賊爲徐海、陳東之徒黨。

徐海一夥蹂躪沿海各府州縣，而予莫大災害事詳於《倭變事略》、《籌海圖編》、《嘉靖東南平倭通錄》、《明世宗實錄》、《明史》。海之被視爲渠魁事，可由南京都御史金濂於建議懸賞俘馘賊首時，將他列爲僅次王直者，言「有斬獲黨酋如明山和尚輩者，授指揮僉事，賞銀三

七七 采九德，《倭變事略》（明天啓三年〔一六二三〕海鹽原刊本，鹽邑志林之一），卷四，卷末語。

七八 《明世宗實錄》，卷四三四，嘉靖三十五年（一五五六）四月乙丑朔己亥、丙午條。《明史》，卷一八，〈世宗本紀〉，二；卷二〇五，〈宗禮傳〉、〈阮鶚傳〉，卷三二二，〈日本傳〉。

百兩。」[七九]獲得佐證。

徐海乃徐銓之姪，與胡宗憲、王直同爲徽州歙縣人。年少出家，爲杭州大慈山虎跑寺僧，還俗時間不詳。如據《日本一鑑》〈窮河話海〉卷六「流逋」的記載，則其投身海寇的時期，似爲嘉靖三十年其叔銓來市瀝港而與之偕往日本之際。該書又謂：「日本之夷初見徐海，謂中華僧，敬猶活佛，多施與之。海以所得隨繕大船。明年壬子（三十一年）誘倭稱市於列港」。

如據《日本一鑑》、《籌海圖編》等書的記載，則以徐海一夥名義攻掠沿海府州縣，係在嘉靖三十三年正月以後，而海在本年八月以後已有其獨立組織。又如據《籌海圖編》卷八〈寇踪分合始末圖譜〉所記，則徐海寇掠沿海府州縣時的手下爲和泉、薩摩、肥前、肥後、津州、對馬人。海叔銓死後，日本大隅（鹿兒島縣）夷人索故所貸金於海。海爲償債，乃率夷酋辛五郎，並欲爲銓報仇。以海爲首之賊二萬餘，於三月下旬抵大陸[八〇]肆虐。此一時期寇掠大陸沿岸者雖未必俱爲海之徒黨，然如批閱《明世宗實錄》，自可知海爲其主力。胡宗憲於徐海攻桐鄉後，利用反間計先後捕獲渠魁陳東、麻葉（一作葉麻）輩，終於本年八月二十五日，在

七九《明世宗實錄》，卷四二五，嘉靖三十四年（一五五五）八月癸亥朔乙亥條。參看張時徹，《芝園全集》（《明經世文編》本），卷二，〈贈王方湖巡撫福建提督軍務〉。

八〇 鄭舜功，《日本一鑑》〈窮河話海〉，卷六，「流逋」條。

乍甫之沈庄將海偪殺，[八一]於是賊勢銳減，倭寇肆虐逐漸減少。至剿除徐海始末，毛坤著有《紀剿除徐海本末》，姚士璘《見只篇》上，則收錄當時兵憲劉濤所撰〈沈庄進兵實錄〉。本人亦曾撰〈私販引起之倭亂與徐海之滅亡〉，收錄於拙著《中日關係史研究論集》第十三集頁一四三－一九六。

（三）嘉靖年間的海防

如前文所說，洪武年間的海防相當嚴密，而永樂以後復因與日本之間實施貢舶貿易，因此即使有倭寇寇邊之事實，並未造成重大災害。惟在嘉靖二年爆發寧波事件，明廷對日本來貢的要求趨嚴，更因浙江巡撫朱紈負責執行嚴厲海禁，並採僉事項高及士民之言，謂：「不革渡船則海道不可清，不嚴保甲則海防不可復」，而革渡船，嚴保甲，搜捕奸民以後，閩人之資衣食於海者驟失重利，雖士大夫亦覺不便。朱紈且說：「去外國盜易，去中國盜難。去中國瀕海之盜猶易，去中國衣冠之盜尤難。」[八二]因此，閩、浙人更恨紈，而吏部竟又用御史閩人周亮與給事中葉鏜之言，奏改紈為巡視。非僅如此，御史陳九德又劾紈擅殺，致紈落職，仰藥

八一　有關徐海之崛起與其滅亡的經過，請參看拙著〈私販引起之寇亂與徐海之滅亡〉，收錄於鄭著《中日關係史研究論集》，第十三集（臺北，文史哲出版社，民國九十三年），頁一四三－一九六。

八二　《明史》〈朱紈傳〉。

而死。[八三]

朱紈於嘉靖二十六年十二月二十六日所上〈閱視海防事疏〉，詳述他擔任浙江巡撫時的福建海防。他首言當時職官的服務態度曰：

蓋福建多賢之鄉，廷論素所倚重，而濱海不理之口，流言亦能動人。故官斯土者，率以因循遷就，為自全計。雖有巡按御史除姦革弊，然巡歷不過一年，交代則成故紙。蓋威福之柄，移於鄉評，是非之公，亂於野史久矣。如軍國之需，重務也，徵收違限，重法也。惟福建則今年秋始徵去年額派，逋負相繼，侵欺莫稽，即此一事，有司之職守可知也。

繼則言負責海防的官員對自己轄區防禦情形的瞭解情形曰：

如總督備倭官黎秀，奉有專敕，以指揮體統行事。海防其職守也，臣相見之初，問軍數不知，問船數不知。及令開報，則五水寨把總官五員，尚差職名二員，餘謄舊冊而已，稍加較對，通不相合。總督如此，其他可知。

亦即負責海防的官員，連自己部下有多少？有哪些設施？都不知。一旦被查詢，則根據舊冊來應付。在上者如此，其他官員的情形便不問可知了。

八三　同前註。

就各衛所、水寨之糧餉言之，朱紈繼上舉文字之後曰：

> 漳州衛與漳州府同城，官軍月糧少派三個月。至於銅山等所，缺支二十個月，泉州高浦等所缺支一十個月。其餘多寡不等，無一衛一所開稱不缺者。

也就是說，當時配備於各軍事設施的兵員都無法領到應有的糧餉，缺乏糧餉，餓著肚皮，叫他們如何打仗？

鄭若曾《籌海圖編》詳列著沿海各地衛、所及巡檢司之名稱，設置地點，與其所配備之兵種、員額，此雖可能爲嘉靖三十年代的情形，但與二十年代後期應不會有太大出入。然而朱紈所看到的情形是：

> 銅山寨官軍一千八百五十九員名，見在止有二百五十八員名，行糧缺支八個月；玄鍾澳官軍九百一十九員名，見在止有二百三十八員名，行糧缺支二十個月；浯嶼塞（寨）官軍三千四百四十一員名，見在止有六百五十五員名，行糧缺支兩個月。[八四]

兵員員額的懸缺如此多，而行糧缺支的情形又如此嚴重，一旦倭寇大舉來寇掠，將如何應付？

當時不僅兵員、糧餉短缺，戰哨等船隻的配備也有嚴重疏失。朱紈云：

> 戰哨等船，銅山寨二十隻，見在止有一隻；玄鍾澳二十隻，見在止有四隻；浯嶼寨四

八四　朱紈，嘉靖二十六年（一五四七）十二月二十六日〈閱視海防事疏〉。

十隻，見在止有十三隻。見在者俱稱損壞未修，其餘則稱未造。八五

這等於完全沒有戰哨等船，其所以有這種現象，與海防官員之貪瀆有關。事實上，「見犯指揮袁如珪，侵欺船料官銀至九百兩，今已三年。」八六亦即海防所需船隻短缺情形之所以如此嚴重，其造船經費都被官員中飽私囊了。

當時衛、所的缺失情形如此，其下的巡檢司的情況又如何？朱紈云：

巡檢司在漳州沿海者，九龍鎮等處共一十三司，弓兵九百五十名，見在止有三百七十六名；在泉州沿海者，苧溪等處共一十七司，弓兵一千五百六十名，見在止有六百七十三名。八七

八五　同前註。
八六　同前註。
八七　同前註。

表三：嘉靖三十年代沿海諸衛軍隊員額實況表

衛名		軍額	平均	%
遼東	金州	一七二六	一六三二	三二
	復州	六四七		
	蓋州	二四六四		
山東	安東	二六九四	二八七八	五七
	靈山	一八〇七		
	鰲山	二三一三二二五五三		
	大嵩	二二六七		
	靖海	一八九一		
	成山	三四二〇		
	寧海	一九五二		
	威海	三二〇一		
	登州	二八九〇		
	萊州	四七七五		
	青州			
浙江	金鄉	六八四	一一〇四	二二
	溫州	二七一七		
	松門	一九七		
	海門	六八三		
	海寧	一二四〇		

典據：石原道博，《倭寇》（東京，吉川弘文館，一九四六），頁一四九。

也就是說，各巡檢司的官兵僅剩原有編制的四成。至於「居止衙門并瞭望墩臺，俱稱倒塌未修，無一衛，一所，一巡檢司開稱完整者，即漳、泉兩府如此，其餘可知矣。」[八八]因此，朱紈方纔歎息說：

夫所恃海防者兵也，食也，船也，居止瞭望也，今皆無所恃矣！賊船、番船，則兵利甲堅，乘虛馭風，如擁鐵船而來。土著之民，公然放船出海，名為接濟，內外合為一家，

八八　同前註。

其不攻劫水寨、衛、所、巡司者亦幸矣。八九

亦即洪武年間所構築的嚴密海防，至嘉靖二十年代已完全破壞。因此，朱紈乃於擔任浙江巡撫，負責海防後加以整頓，欲爲國家杜亂源。奈因被勢家搆陷，朝野太息。自紈死後，明廷即「罷巡視大臣不設，中外搖手不敢言海禁事。浙中衛、所四十一，戰船四百三十九，尺籍盡耗。紈招福清捕盜船四十餘，分布海道，在台州海門衛者十有四，爲黃巖外障。副使丁湛盡散遣之，撤備弛禁。」九〇未幾，海寇大作，陳思泮、許氏兄弟、徐海、王直等渠魁指揮、統率其徒黨劫掠東南沿海無虛日，殘害東南沿海居民長達十餘年之久。

表三係石原道博根據《籌海圖編》卷三至卷五的記載所製作此一時期東南沿海諸衛軍隊

福建	鎭海	一五〇〇	二二二六	四四
	福寧	七一七		
	鎭東	一四三二		
	永寧	☆五七八四		
	福州左	一六九七		
廣東	廣州	九五二	一一六八	二三
	雷州	一二八〇		
	神電	一〇五六		
	廣海	一一六五		
	南海	一一一四		
	碣石	一二八四		
	潮州	一三二八		
計	三一	五〇〇〇	一七九八	三六

八九　同前註。
九〇　《明史》〈朱紈傳〉。

員額的實況。

表四：衛所兵員逃亡情形表

由表三可知，遼東三衛的平均人數爲一六一二人，佔原有員額百分之三十二；山東十一衛的平均人數爲二八七八人，佔百分之五十七；浙江五衛的平均人數爲一一〇四人，佔百分之二十二；福建五衛的平均人數爲二二二六人，佔百分之四十四；廣東七衛的平均人數爲一一六八人，佔百分之二十三；沿海三十一衛的總平均人數則爲一七九八人，佔百分之三十六，其中超過編制員額的僅有福建的永寧衛（有☆印者）而已。其他各衛則最多者只有原應有的百分之五十七，少者竟僅有百分之二十二，故其缺額極爲嚴重，在這種情形之下要與「來如奔狼，去如突豕」，武器配備精良，戰術優越的倭寇作戰，不敗也難。又如據卜大同《備倭記》作水寨的原有編制員額與其逃亡的比例，則其在營人數最多者僅有百分之五十七，最少者只有百分之二十六，也就是說，其他人員都逃亡了。

水寨	原額	逃亡	%
烽火	四〇六八	三〇〇〇	二六
小埕	四四〇二	二三八三	四六
南日	四七〇〇	二五五七	四六
浯嶼	三四二九	一四六八	五七
銅山	一八二三	一一九二	三五
元鐘	一一三三	一四七六	五一
平均	三三五九	一四八七	四四

四、嘉靖三十年代的靖倭官軍

(一)倭亂猖獗的原因

《明史》〈日本傳〉云：

> 祖制，浙江設市舶提舉司，以中官主之，駐寧波。海船至則平其直，制馭之權在上。及世宗，盡撤天下鎮守中官，并撤市舶，而濱海奸人遂操其利。初，市猶商主之，及嚴通番之禁，遂移之貴官家，負其直者愈甚。索之急，則以危言嚇之，或又以好言紿之，謂我終不負若直。倭喪其貲，不得返，已大恨。而大奸若汪(王)直、徐海、陳東、麻葉輩，素窟其中，以內地不得逞，悉逸海道為主謀。倭聽指揮，誘之入寇。海中巨盜，遂襲倭服，飾旂號，並分艘掠內地，無不大利，故倭患日劇。

此言大倭寇的起因。徐學聚《嘉靖東南平倭通錄》亦云：

> 初，朱紈既卒，罷巡撫不復設，又以御史宿應參之請，復寛海禁。而船主、土豪，益連結倭賈，為奸日甚。官司以目視，莫可奈何。

此言朱紈死後倭寇猖獗的原因。前文所說「罷巡視大臣不復設，中外搖手，不敢言海禁事」固與此有關，但貴官家、富室與倭寇狼狽爲奸，才是使沿海州縣的治安工作益發困難，引發

此一大動亂的最重要因素。《嘉靖東南平倭通錄》卷首云：[九一]

> 凡番貨至，輒賒與奸商。久之，奸商欺冒，不肯償。番人泊近島，遣人坐索。不得，番人乏食，出沒海上為盜。久之，百餘艘盤據海洋，且掠我海隅不肯去。小民好亂者，相率入海從倭。兇徒、逸囚、罷吏、黠僧，及衣冠失職書生、不得志群、不逞者，皆為倭奸細，為之嚮導。

谷應泰《明史紀事本末》卷五五〈沿海倭亂〉嘉靖二十五年條亦云：

> 自罷市舶後，凡番貨至，輒主商家。商率為奸，利負其直，多者萬金，少不下數千。索急，則避去。已而主貴官家，而貴官家之負甚於商。番人近島坐索其負，久之不得。乏食，乃出沒海上為盜。輒搆難，有所殺傷。貴官家患之，欲其急去。乃出危言撼當事者，謂番人泊近島，殺掠人，而不出一兵驅之，備倭當如是耶？當事者果出師，而先陰洩之，以為得利。他日貨至，且復然。如是者久之，倭大恨，言：「挾國王資而來，不得直，曷歸報？必償取爾金寶以歸」。因盤據海中不去，並海民生計困迫者糾引之，失職衣冠士，及不得志生儒，亦皆與通，為之嚮導，時時寇掠沿海諸郡縣。

而說明大動亂的由來。動亂的起因固如上述，然前述武備廢弛難禦外敵，政治腐敗[九二]，軍紀

九一 鄭若曾，《籌海圖編》，卷四，〈福建倭變紀〉，「福建事宜」所錄閩縣知縣仇俊卿之言。

九二 李光濤，〈記明季的賄賂公行〉，《大陸雜誌》，三十卷十一期。

紊亂，雙方戰術的差異等，也使寇盜易於肇亂。

（二）軍紀紊亂

明自正德以後，軍職冒濫，武臣爲世所輕。爲將帥者內有部科相壓，外有監軍相制。五軍都督府如贅疣，弁師如走卒。總兵官領敕兵部，率長跪受命。間有長揖，即爲失禮被劾。朝政不綱，賄賂公行，諂諛成風。清介耿直者動罣吏議，幹事不阿者輒羅奇禍。軍紀敗壞，是所必然。[九三] 光祿寺卿章煥上〈疏〉陳禦倭之策，其言未安者八事中統兵之制與馭兵之制云：

古者兵將相襲，教戒素明，乃可赴敵。今軍門督府，分閫列旌，下至文武庶僚，紛然眾建。然皆空名，有將無兵也。將佐雜居，諸軍烏合。……其視諸將弁髦也，諸將視郡縣傳舍也，兵將之相視途人也，如是則其赴戰兒戲也。此其統兵之制未定者一也。夫將無號令，與無將同；兵無約束，與無兵同。故平時之節制，即臨陣之紀律也。今諸軍目不睹軍容，耳不聞將令，有急，驅之不能卒集，朝而遣，日中不至；晝而遣，日晡不至。臨陣而逃，轉相劫掠。或殺平民以報功，甚者為賊內應。陵夷既久，漸成亂階。因循則威嚴愈褻，矯正則他釁易生。此馭兵之制未定者也。[九四]

九三 陳文石，《明洪武嘉靖間的海禁政策》，頁一六四。
九四 《明世宗實錄》，卷四二九，嘉靖三十四年（一五五五）閏十一月壬戌朔丁丑條。

采九德《倭變事略》〈序〉則謂：「人不知兵久矣」。同書卷一嘉靖三十二年五月二日條也說：「承平日久，軍心怠忽」。《嘉定縣志》所引馬元調〈嚴家兵傳〉亦言：「民不知兵，兵不知戰」。《明史》〈日本傳〉嘉靖三十一年七月條則言：「迨承平久，船敝伍虛。及遇警，乃募漁船以資哨守。兵非素練，船非專業，見寇船至，輒望風逃匿，而上又無統率御之。故賊帆所指，無不殘破」。茲再舉數例如下：

> 是時有失舟倭四十人，突至浙江乍浦，往來平湖、海鹽、海寧之境，縱橫肆掠。官兵前後遇之皆敗，凡殺把總一，指揮一，千戶一，百戶六，縣丞一，所傷官兵無慮數百人，凡十有六日，竟徜徉而去。[九五]

> 侵晨，我軍星散，至柴家埭炊餉。賊分五六夥而來，服色、裝束，與我為一，眾以為逃竄民」。且海霧溟濛，天色似明未明，不可細辨。一夥自裏塘來者擊吾尾；從中要擊者二三夥。眾皆潰亂奔逃，馬總被一槍，穿胸背死。采乘騎擊賊，傷二；賊恚甚，斫其首，腮喉處受數刃而斃。千百戶姜節、呂鳳、姚岑、王相等咸被殺。一鼓手擂鼓促戰，賊一鎗連鼓釘之地，我軍歿者四十餘人。城上人下看教場，惟見暗暗殺氣，天若為慘者。是戰也，非賊智勇，亦我軍失策耳。賊穴白馬廟，纔十餘里耳。我軍宿教

九五　《明世宗實錄》，卷三九七，嘉靖三十二年（一五五三）四月丙子朔戊子條。

場三晝夜，觀望不前，銳氣消阻。官自宿柴家埭民家，官兵散處，統紀絕無。蓋其時備倭把總考選，指揮任之，與指揮俱為同僚，非若今日受敕參戎，有相林之分。以故把總不能束指揮，指揮不肯下把總；誰為先鋒，誰為左、右、前、後、奇、正之兵，誰為旗牌監督者在其陣，至於三里而探，五里而偵者，絕無一軍調報。賊既至而前，猶疑為逃竄之民。迨其四面殺人，自相潰散，又何尤耶。九六

復報三十六賊匿小營盤巡檢司。司有石城，賊先積石城上。丁總戎命作木梯可並登十人者凡五具。次日攻城，飛石如雨。又命射火藥筒，百矢齊發，賊不能支，城遂下，圍之數重，刀戟森列如蝟。賊入巡司後堂，自分（忖）必死。先日斬戰傷者十餘人，首用門窗煨之。張參戎部下四漳兵入與打話，遂私與賊約，佯為潰走，縱之出。時獲一賊，道其詳。丁縛四漳兵，送當道驗，果得賊賄，斬之。賊故多漳人，用漳兵剿之，焉得不僨事乎？九七

有雙桅大船一隻，泊教場東。……鄭公壺陽，使人促盧、丁二帥……盧宿徽商舍。一漳兵竊銀梧，盧令斬於強以徇，士卒皆不悅，軍中有漳兵遂願盧，乃陰與賊通，令先設伏，臨陣佯潰，且助賊擊殺。兵至孟家堰，夾河而戰，賊誘我軍入伏內，四面攻殺。

九六 采九德，《倭變事略》，卷一，嘉靖三十二年（一五五三）五月初六日條。
九七 前註所舉書卷二，嘉靖三十三年（一五五四）五月二十七日條。

掌印指揮李元律，處州薛千戶，及千總劉大仲，皆力戰死之。九八

兵部覆巡按直隸御史孫慎言：「浙江、江北諸郡倭患方殷，蘇、松二三月間所在告急，皆經略失人，軍令不嚴所致。……」九九

南京兵部尚書張經等言：「國初洪武間，以倭夷不靖遣信國公湯和經略海防。凡閩、浙濱海之區，陸有成（城）守，水有戰舡，故數百年來寇不為害。其後法弛弊生，軍士有納料放班之弊。于是強者散遣，老弱者哨守，戰　損壞，亦棄不修，以致寇得乘之而入。一〇〇

南京太僕寺卿章煥言：「比者江南之變起于內地，游民利賊重貨，為之鄉導，而我兵倉卒無備，徒手搏戰于溝塍（壑）沮洳之鄉，故每出輒敗。……今所患不在無兵，而在于兵之不畏將，使參佐偏裨，一稟于約束，而後兵可使，亂可定也。一〇一

戶科左給事中楊允繩言：「海寇為患已及三載，破邑殺官，猖獗日甚。茲復侵犯南都，直薄城下。臣觀事勢，殊未有底定之期。蓋其患在於將習不振，而弊源不革也。夫為

九八　前註所舉書卷二一，嘉靖三十三年四月五日條。徐學聚，《嘉靖東南平倭通錄》同年同月條並見此事，言：「賊乘勝入據石墩山，分兵四掠」。

九九　徐學聚，《嘉靖東南平倭通錄》，嘉靖三十三年四月條。

一〇〇　《明世宗實錄》，卷四一〇，嘉靖三十三年五月庚子朔條。

一〇一　《明世宗實錄》，卷四一三，嘉靖三十三年八月己巳朔庚午條。

將之道有三：曰制、曰法、曰謀，三者缺一不可以戰。江南諸將全不知此，故其用兵之際絕無紀律，不鳴金股，不別旗幟，聚如兒戲，渙若沙。前有伏而不見，後有賊而不浸（衍）知，率兵民浪與賊戰，自相蹂躪，全軍覆沒。昨年山東兵採陶（淘）之敗，近日浙江土兵之衄是也」。一〇二

嘉靖四十二年正月，倭奴圍福建興化府城至十一月，陷之，兵部請調南京都督劉顯率兵福建應援。時新倭又自福清海口入寇，遂圍興化府城。劉顯去府城三十里，隔一江，按兵不進。至十一月，欲掩逗留之罪，始遣五卒齎文詣府，約欲率兵越城禦敵。賊獲五卒，殺之。用其職銜，偽為顯文，約某日夜時分，率兵潛入應援，城中勿作聲，恐賊驚覺。擇奸細五人，詐為劉卒齎入。時參將畢高，參政翁時器在城，信之。至期，賊冒劉兵入城，人莫之疑。賊既大入，忽而殺人，城中驚亂。畢高、翁時器及衛掌印指揮徐將等，皆倉皇縋城走，城遂陷。賊據城中三閱月，殺擄，劫掠，焚燬，慘毒備極。劉顯乘亂擄執城中逃出婦女。時有閑住參政王鳳靈繼妻年少，竟為劉顯擄去。賊既飽其欲，始如平海衛，欲擄船泛海。一〇三

一〇二《明世宗實錄》，卷四二六，嘉靖三十四年（一五五五）九月癸巳朔庚子條。

一〇三 明卜世昌、屠衡，《皇明通紀述遺》（明萬曆三十三年〔一六〇五〕刊本），嘉靖四十二年（一五六三）正月條。明不著撰人，《皇明紀略》（朝鮮刊本），卷五，嘉靖四十一年（一五六二）十一月條；明涂山編，

阮鶚者，桐城人，官浙江提學副使。時倭薄杭州，鄉民避難入城者，有司拒不許入。鶚手劍開門納之，全活甚眾。以附文華，宗憲得超擢右僉都御史，代宗憲巡撫浙江。又以文華言，特設福建巡撫，即以命鶚。初在浙不主撫，自桐鄉被圍，懼甚。寇犯福州，賂以羅綺、金花及庫銀數萬，又遺巨艦六艘，俾載以走。不能措一籌，而斂括民財動千萬計，帷帟盤盂，率以錦綺金銀為之。御史宋儀望等交章劾，逮下刑部。嚴嵩為屬法司，僅黜為民。所侵餉數，浮於宗憲，追還之官。一〇四

由上舉實例可知，嘉靖三十年代的官軍，上自督撫，下至兵士，或因懦弱而戰敗，或通敵、資敵，或乘亂擄掠良家婦女，軍紀敗壞至此，良可興歎。

（三）戰術不精

當時官軍之所以屢嘗敗績，其重要因素之一在於倭寇與海盜的戰術伎倆，組織配備，官軍無法應付。嘉靖三十四年二月當時的應天都御史周琉言：

禦倭有十難，有三策。其十難謂：去來飆忽難測，海涯曼衍難守。水陸勾借（一作錯）

一〇四 《新刻明政統宗》（明萬曆四十三年〔一六一五〕原刊本），同年同月條，徐學聚，《嘉靖東南平倭通錄》，嘉靖四十二年十月條並見此事。《明史》，卷二〇五，〈阮鶚傳〉。

難戰，鬼域變詐難知，盤據艱久難備，居民柔脆難使，土地瀉鹵難城，主客兵力難持，芻糧匱乏難措，將領驕懦難任。[一〇五]

嘉靖三十五年七月當時的巡按浙江御史王極亦曾條陳備倭事宜，其略云：

倭夷之情有四：一、登岸之初必盡焚其舟，誓不返顧，故其黨皆為盡死。一、攻城掠敵必以被掠之民，使為前驅以自蔽，而徐出其銳兵乘我之乏。一、遇客兵精勇，先示以弱，引之絕地則伏起夾攻，我兵遂亂。一、所掠貨寶，往往佯敗而走，遺之陣前，伺我兵逐利之祭（際），因還擊之，此賊之所以常利也。而我兵之弊亦有四：一、哨探不明，攻守無措，故每戰墮賊術中，……一、新募官兵原無定額，無事則冒工食，有事則渙然解散。宜將見在水陸官兵汰其老弱，清其貫址，專其統領，定其行伍，則軍有節制，遇敵不亂。一、調來客兵多非舊練，止招集四散以足其數。而領兵者又非原管主帥，故臨敵則圖利而輕進，遇急則索賞而留難。宜嚴覈客兵原練之數，即以舊將領之，使兵將相習，乃可得其死力。[一〇六]

茅元儀則謂：

倭夷慣為蝴蝶陣，臨陣以揮扇為號。一人揮扇，眾皆舞刀而起，向空揮霍。我兵倉皇

一〇五《明世宗實錄》，卷四一九，嘉靖三十四年（一五五五）二月丙寅朔丙戌條。

一〇六《明世宗實錄》，卷四三七，嘉靖三十五年（一五五六）七月丁巳朔丙戌條。

仰首，則從下砍來。又為長蛇陣，前躍百腳旗，以次魚貫而行。最強為鋒，最弱為殿，中皆勇怯相參。賊每日雞鳴起，蟠地會食。食畢，夷酋據高坐，眾皆聽令，挾冊展視，今日劫某處，某為長，某為隊；隊不過三十人。每隊相去一二里，吹法螺為號，相聞即合救援。……其行必單列而長，緩步而整，故占數十里莫能近，馳數十日不為勞。布陣必四分五裂故能圍。對營必先遣一二人跳躍而蹲伏，故能空竭吾之矢石。火炮衝陣，先伺人先動，動而後突入，故乘勝長驅。戰酣必四面伏起，突遶陣後，故令我軍驚潰。……將野逸則逼城，欲陸走則取棹。或為阱以詐坑，或結稻桿以絆奔，或種竹簽以刺逸。常以玉帛、金銀、婦女為餌，故能誘引吾軍之進陷，而樂為吾軍之邀追。俘虜必開塘而結舌，莫辨其非倭，故歸路絕。恩施附巢之居民，故虛實洞知；賞豐降虜之工匠，故器械易具。細作用吾人，故盤詰難；嚮導用吾人，故進退熟。[一〇七]

與此相對的，官軍則：

旗無法制，率如兒戲，或輕難視遠，或重難執馳。方色混雜，不可辨認，而臨陣分合，更與旗無干。聽兵用手逼唇為哨聲，卻以旌旗為擺隊之具，金鼓為飲宴之文。至有大將名冑，而亦烏合縱橫，一聽兵士紛沓。一隊數色，一陣數令，以勝負付之自然，以

一〇七 茅元儀，《武備志》（明天啓元年（一六二一）刊本），卷二三一，〈日本考〉。

進退付之無可奈何。[一〇八]

由上舉數則文字可知，當時官軍與倭寇的統兵態度與戰術迥然有異，故倭寇往往得意而官軍屢屢敗北。茲舉數例如下：

海賊犯乍浦，陷崇德，復攻德清，殺把總指揮梁鶚（等）六人。時諸將號令不一，偏裨各自進止。採淘港、窯墩之戰，許國、劉恩皆以背約銳進敗。[一〇九]

倭寇自嘉興遠屯採淘港、枋林等處，進薄嘉定縣城。募兵參將李逢時與許國，以山東兵鎗手六千人至，與賊遇於新涇橋。逢時麾下先進取之，賊退羅店鎮；官軍追擊之，擒斬八十餘人。許國恨逢時與之同事而先不約己，乃別從間道襲賊，以分逢時功。追至採淘港，乘勝深入；伏起，官軍大潰，溺水死者千人，指揮劉勇等死之。諸軍倉卒不整，國大敗。[一一〇]

參將俞大猷，督兵剿普陀山倭。我軍半登，賊突出乘之，殺武舉火斌等三十餘人。[一一一]

原屯川沙窪倭賊，復突犯閘港、周浦等處，奪舟過浦，分掠北蔡山。僉事董邦政，遊擊周藩，引兵進擊。遇賊，驚潰，藩被創死，軍士死傷者幾三百人。賊遂屯駐石塘橋，

一〇八　戚繼光，《紀效新書》（十八卷本），卷一六，〈旌旗金鼓圖說篇第十六〉。

一〇九　明陳建撰，明陳龍可續補，《皇明通紀》（明末刊本），卷一七，嘉靖三十四年（一五五五）四月條。

一一〇　明高岱，《皇明法傳錄》（明萬曆間錫山刊本），卷四，嘉靖三十三年（一五五四）八月條。

一一一　徐學聚，《嘉靖東南平倭通錄》，嘉靖三十三年三月條。

流劫崑山、石浦諸鎮。[一一二]

倭進據江陰蔡注（涇）閘，分眾犯唐頭。知縣錢錞統狼兵禦之，遇賊於九里山。時已薄暮，雷雨大作。伏兵四起，狼兵悉奔。錞及民兵八人，盡死于賊。[一一三]

倭犯南京。先是，高埠逃倭自杭州西掠至淳安，僅六十餘人，以浙兵逼急，突入歙縣，流劫至南陵，趨太平府。操江都御史史褒善駐太平，督兵禦之。賊引而東犯。江寧鎮守備遣指揮朱襄等率勇士數百人出。時賊已至板橋。襄等怠緩不知，袒裼縱酒，一遇賊，盡為所殲。[一一四]

先是，三十四年十二月，蘇松兵備任環，都司李經，守備楊縉等，率永順、保靖土兵追剿新場倭寇。時賊眾二千餘人，皆伏不出，而詐令人舉火于數里外若將引去者。保靖土舍彭翅，引軍先入，嘗之，不見一人。於是永順頭目田菑、田豐年等爭入。伏起，我軍四面為賊所圍，翅等偕所部俱死之。御史邵惟中以聞，因言：「旬月之內，酉陽、永順兵再戰再北，皆由督撫經略失宜，將領觀望畏怯所致。乞敕總督楊宜與巡撫曹邦

一一二　前註所舉書嘉靖三十四年五月條。
一一三　前註所舉書嘉靖三十四年六月條。
一一四　前註所舉書嘉靖三十四年七月條。

輔，俾無再誤，而究治環及經、縉，褒卹菑、豐年等」。一一五

四月初六日，賊眾至吾（海）鹽北王橋。指揮徐行健率兵迎戰，隔河而陣，以鳥銃擊殺十餘賊。既而伏賊四起，前後夾攻學力戰死之，兵覆百餘人。一一六

倭攻福建惠安縣，知縣林咸死之。——先是，倭千餘攻惠安城，率丁壯乘城禦之，倭攻五晝夜不克，丁壯死沒數百，倭亦頗有損失，乃引去。咸復率兵攻倭于縣境之鴨山，乘勝追奔，陷賊伏中而死。一一七

由上舉例子可知，此一時期的官軍一而再，再而三的受敵人伏擊而竟未提高警覺，致經常有許多戰士失去寶貴生命。其所以致此的原因，亦應與未能嚴斥堠有密切關聯。

爲彌補上述各種缺失，戚繼光遂開始訓練其戚家軍，注重軍紀、戰術、戰技、斥堠，並培養兵士的戰鬥精神。

（四）功罪不明

嘉靖三十年代倭寇之所以難於剿滅，與工部右侍郎趙文華之前往江南祭海，因察賊情有

一一五 前註所舉書嘉靖三十五年（一五五六）正月條。
一一六 采九德，《倭變事略》，卷四，嘉靖三十五年四月初六日條。
一一七 明涂山編，《新刻明政統宗》，嘉靖三十七年（一五五八）五月條。

莫大關聯。《明史》卷三〇八〈趙文華傳〉云：

當是時，總督尚書張經方徵四方及狼、土兵，議大舉，自以位文華上，心輕之。文華不悅。狼兵稍有斬獲功，文華厚犒之，使進剿，至曹涇戰敗，亡頭目十四人。文華恚，數趣經進兵。經慮文華輕淺洩師期，不以告。文華益怒，劾經養寇失機。〈疏〉方上，經大捷王江涇。文華攘其功，謂己與巡按胡宗憲督師所致，經竟論死。又劾浙江巡撫李天寵罪，薦宗憲代，天寵亦論死。帝益以文華為賢，命鑄督察軍務關防，即軍中賜之。文華自此出總督上，益恣行無忌。欲分蘇松巡撫曹邦輔滸墅關破賊功，不得，則以陶宅之敗，重劾邦輔。陶宅之戰，實文華、宗憲兵先潰也。兵科給事中夏栻得其情，劾文華欺誕。吏科給事中孫濬亦白邦輔冤狀。帝終信文華言，邦輔遣戍。文華既殺經、天寵，復先後論罷總督周琉、楊宜，至是又傾邦輔，勢益張。文武將吏爭輸貨其門，顛倒功罪，牽制兵機，紀律大乖，將吏人人解體。徵兵半天下，賊寇愈熾。

當文華劾經之〈疏〉至北京時，世宗曾問大學士嚴嵩。嵩具對如文華之所說。且謂：「蘇、松人怨經，不可復留，宜與〈參將湯〉克寬俱逮京訊鞫，以懲欺怠」。經、克寬遂併得罪。對此一問題，明人徐學謨亦云：

方文華〈疏〉有云徵兵四集，未有進戰之期，蓋經以兵機貴密，文華、宗憲輩佻淺，不輕與言耳。今戰勝，嵩乃言文華、宗憲合謀督兵，擐甲致捷，經聞乃至，殊失事實。

然狼、土兵寔服經名，經被逮，眾志即泮渙。周琉、楊宜皆庸駑，非濟變才，且制受文華、宗憲，由是倭患日新，而狼兵復為地方所苦，東南事愈不可為矣。一一八

也就是說，當時倭寇之所以難於剿滅，與趙文華之下江南督察軍情有密切關係。當渠魁王直被胡宗憲下按察司獄後，其養子毛海峰曾率黨徒徙居柯梅，旋遷至福建浯嶼，播害閩、廣而福建人大譟，胡宗憲爲脫縱賊之罪，遂將責任推給俞大猷、黎鵬舉。《明世宗實錄》云：

總督浙直福建都御史胡宗憲言：「舟山殘孽，移住柯梅，即其焚巢夜徙，力已窮蹙。小船浮海，勢易成擒。而總兵俞大猷，參將黎鵬舉，防禦不早，邀擊不力，縱之南奔，播害閩、廣，失機殃民，宜加重治」。上命巡按御史逮繫大猷、鵬舉來京訊治。柯梅倭之出海，宗憲實陰縱之，故不督諸將要擊。及倭既出舟山，即駕帆南泛，泊于浯嶼，焚掠居民。由是福建人大譟，謂：「宗憲嫁禍南道」。御史李瑚遂劾參宗憲，數其三大罪。瑚與大猷皆福建人，宗憲疑大猷漏言于瑚，故諉罪大猷，以自掩飾如此。一一九

身爲最高指揮官而居然任意將失事之責推諉給部下，這種卑鄙行徑當然也會影響士氣。

一一八 徐學謨，《世廟識餘錄》（明萬曆間原刊本），卷一八。
一一九 《明世宗實錄》，卷四二七，嘉靖三十四年（一五五五）十月壬戌朔丙子條。

（五）客兵之害

當倭寇猖獗之際，明朝當局曾從全國各地招募客軍至江南應急，雖然如此，其所募客兵對剿倭戰役未必都有利，有時則未蒙其利而當地民眾先受其害。

沿海衛、所雖各配置若干兵員，惟在嘉靖三十年代倭寇入侵無虛日而所在告急，於是調各地客兵。調兵可考者，京營神槍手三千，遼東義勇衛虎頭鎗手三千，涿州鐵棍手三千，河間府義尖兒手三千，保定箭手三千，臨清、曹濮二道團練快手三千，保定箭手三千，河南毛葫蘆兵三千，河南睢陳兵備道團操馬軍三千，漢中礦徒三千，定、保二司兵三萬，容、美等司兵一萬，永順宣慰司兵三千，保靖宣慰司兵三千，田州狼兵五千，致仕宣慰彭明輔報效兵二千，[一二〇]東蘭、那地、南丹、挺順等州狼兵五千，外有漳兵、蜀兵、義烏兵等。[一二一]

誠如陳懋恆所說，調兵之弊，目不相識，語不相通，見利易爭，遇敵易潰，不受節制，不服號令。葉謝之戰，僧兵斬倭九級，邳兵嫉之不應援，僧死軍潰；馬家濱之戰，民兵方與

一二〇《明世宗實錄》，卷四七〇，嘉靖三十八年（一五五九）三月癸酉朔甲子條。谷應泰，《明倭寇始末》（學海類編本影印本），同年同月條。

一二一 陳懋恆，《明代倭寇考略》（《燕京學報》，專號六，一九三四），頁一五一—一五二。

賊鬥，而邳兵鳴金，賊乘之，死者大半。[一二二]俞大猷捉退縮一兵欲行刑，而都司奪去，言是調到之軍門親兵，非總兵所得殺。[一二三]

由於所調之兵多烏合，初從胡宗憲議，募山東民槍手六千人，[一二四]繼則從湯克寬之建議，募徐、邳盜一千五百人爲邳兵，[一二五]又以松江曹涇鹽徒曾逐倭焚其舟，爲倭所畏者募爲兵，[一二六]巡鹽御史莫如士選山西、陝西鹽商家屬善射驍勇者爲商兵。更募南贛兵千人，兩廣水兵五百，聽南京兵部尚書張鏊調度守南京。[一二七]此外，也還募吳、浙間沙民、耆民、鹽徒、鹽場灶勇、興化獵戶、桃源會手、三汶精壯，以及各地鄉兵、民兵不可勝計而以少林僧兵最驍勇云。[一二八]

當時所募之兵雖多，但由此衍生之問題也不少。明人黃光昇云：

> 征發漢、土官兵，川、湖、貴、廣、山東西、河南北，靡不受害。臨賊驅之不前，賊

一二二　前註所舉書頁一五二。

一二三　何世銘，《俞大猷年譜》（泉州歷史研究會，出版年不詳，泉州文獻叢刊第五種），俞大猷，〈獄中上書〉。

一二四　《明世宗實錄》，卷四一〇，嘉靖三十三年（一五五四）五月庚子朔丁巳條。

一二五　《明世宗實錄》，卷三八八。，嘉靖三十一年（一五五二）八月辛亥朔條。《明史》，卷九一，〈兵志〉，三，「海防」條作千人。

一二六　同註一二二。

一二七　《明世宗實錄》，卷四三五，嘉靖三十五年（一五五六）五月戊午朔甲戌條。

一二八　同註一二二。

退遣之不去，散為盜賊，行者，居者，咸受其害。於是外寇未寧，而內憂益甚矣。

《明世宗實錄》也記載著客兵不聽約束，致與賊作戰而見敗之事實，曰：

川兵遊擊曹克新，擊倭于嘉定之高橋，斬首二十八級。鏖戰自辰及未，酉陽兵因先潰，諸軍遂敗。越二日，克新復督蜀中土、漢兵，分三哨追剿。左哨天全土兵及筠田弩手，奮統（銳）衝賊，迎斬七十餘級。右哨酉陽、邑梅等兵復潰，我軍遂亂，為賊所乘，殺大渡河千戶李燦，成都衛百戶鄭彥昇；川兵傷亡及溺死十四，諸軍奪氣。是時調至客兵大名（集），督撫率無長略，不能以見威駕馭，請兵遂恣睢暴肆，不復奉約束。川兵初典（與）山東兵關（門），參將尚允紹幾被殺。至於出戰，階（皆）自為進退。酋（酉）陽兵既敗，即大譟，奪舟徑歸。至蘇州，趙文華犒慰諭留之，不敢誥（詰）也。一三〇

巡按浙江御史王極於條陳備倭事宜時謂：

……調來客兵多非舊練，止招集四散以足其數。而領兵者又非原管主帥，故臨敵則圖

一二九　明黃光昇撰，陸翀之訂正，《昭代典則》（明萬曆二十八年金陵周日校刊本），卷二八，嘉靖三十二年（一五五三）條。

一三〇　《明世宗實錄》，卷四二九，嘉靖三十四年（一五五四）閏十一月壬戌朔癸酉條。

> 利而輕進，遇急則索賞而留難。……[一三一]

當時所募客兵不僅不聽約束，或散爲盜賊，更有拒敵官軍，殺軍官者，《明世宗實錄》謂：

> 江西南贛流賊馮天爵等平。天爵等皆兩廣民兵，應募至浙、直禦倭，已而寇劫閩清縣庫，復寇沙縣、尤溪、建寧，及江西建昌、新城、南豐等縣，拒敵官軍，殺守備王址（一作禮）支解之。後自泰和謀間道趨湖廣，為南贛兵所邀，擒天爵并其黨梁寬、馮勝等六十五人，餘各竄逸。[一三二]

可見從全國各地所募客軍對剿倭戰役未必都有裨益，有時反而成爲害群之馬。

伍、結語

以上乃就明初及嘉靖年間的海防情形作一番考察，由此得知洪武年間的防備至嘉靖已廢弛不堪，此故肇因於承平日久，致疏於防範，然當倭患漸劇的嘉靖二十年代末期，也猶未能提高警覺而將朱紈所加強之海防設施予以裁撤，致在三十年代倭寇猖獗時不得不四處募兵因應。

嘉靖年間的倭寇，其起因原是中國奸商欺冒，不肯償還夷人之貨款，而沿海小民之好亂

一三一　《明世宗實錄》，卷四三七，嘉靖三十五年（一五五六）七月丁巳朔丙戌條。

一三二　《明世宗實錄》，卷四九三，嘉靖四十年（一五六一）二月辛卯朔條。

者又相率入海從倭，終於引起大亂，故非如部分學者所謂：爲反抗封建專制政府之暴政揭竿起義，而美化他們的劫掠行爲。因此，筆者乃主要根據曾於嘉靖三十年代奉浙江總督楊宜之命，赴日宣諭日本的鄭舜功之聞見記《日本一鑑》，來論述沿海各地倭亂發生的原因，並根據《倭變事略》、《嘉靖東南平倭通錄》、《明世宗實錄》及其他明代刊行之紀錄，來說明倭寇猖獗的情形與私販引倭寇略浙、直的情狀。

至於當時靖倭官軍的種種缺失，也根據明代的官方文獻，及當時人的各種紀錄加以論述。由此可知，嘉靖三十年代官軍的問題不少。此一時期的官軍除軍紀紊亂、戰術不精、功罪未明、客軍作虐外，雙方武器之差異，也是使官軍一再失利的重要因素。如據《兩朝平攘錄》、四庫全書本《江南通志》、《倭變事略》、《嘉靖東南平倭通錄》、《籌海圖編》等書的記載，倭寇所用武器除劍、鎗、銅鎚、鳥鎗、銅將軍炮、佛郎機炮外，其刀箭尤銳不可當。「刀長五尺餘，用雙刀則及丈餘地，又加手舞六尺，開鋒刃一丈八尺。舞動則上下四方白，不見其人」。「倭竹弓長八尺，以足蹈其弰，立而發矢。每以海蘆爲幹，以鐵爲鏃。鏃闊二寸，爲燕尾，重二三兩，近身乃發，無不中者，中則人立倒」。「身穿鎖子甲，頭戴銅兜鍪，胸束生牛皮」。更由於他們來如奔狼，去如突豕，倏忽聚散，出沒無常。故明朝當局「欲調兵剿捕，攻東則竄西，攻南則遁北。急則潛移外境，不能以窮追；緩則復合踪，難於卒殄」。一三三故官軍未戰先潰之事時有所聞，直至胡宗憲用反間計消滅徐海，遣人招諭王直，將其斬首；及戚繼光訓練部隊，加強戰鬥力量，方纔逐漸將倭寇消滅，解救了沿海州縣人民的塗炭之苦。

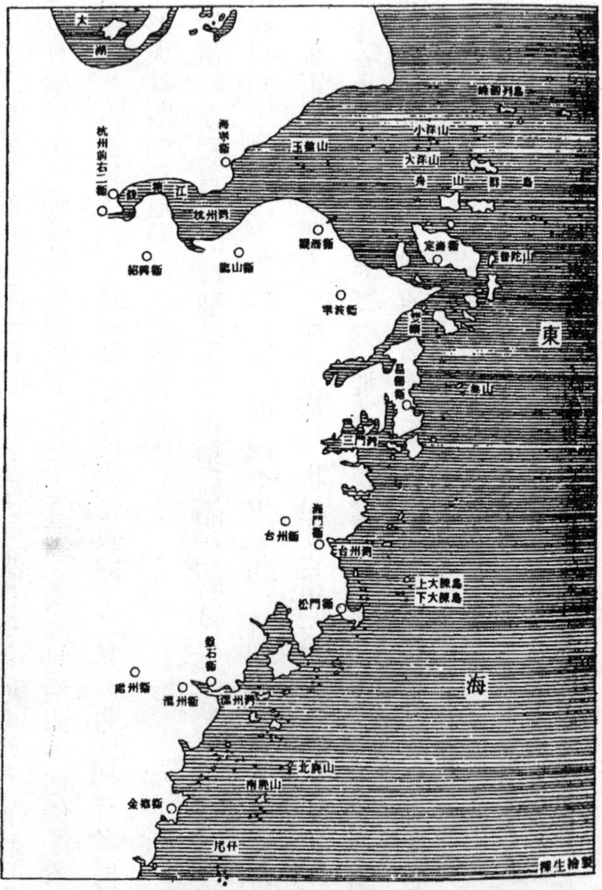

1. 浙江十六衛分佈圖（洪武八年） 典據：見本書第二章第一節註四十五

一三三 陳文石，《明洪武嘉靖間的海禁政策》，頁一六質。

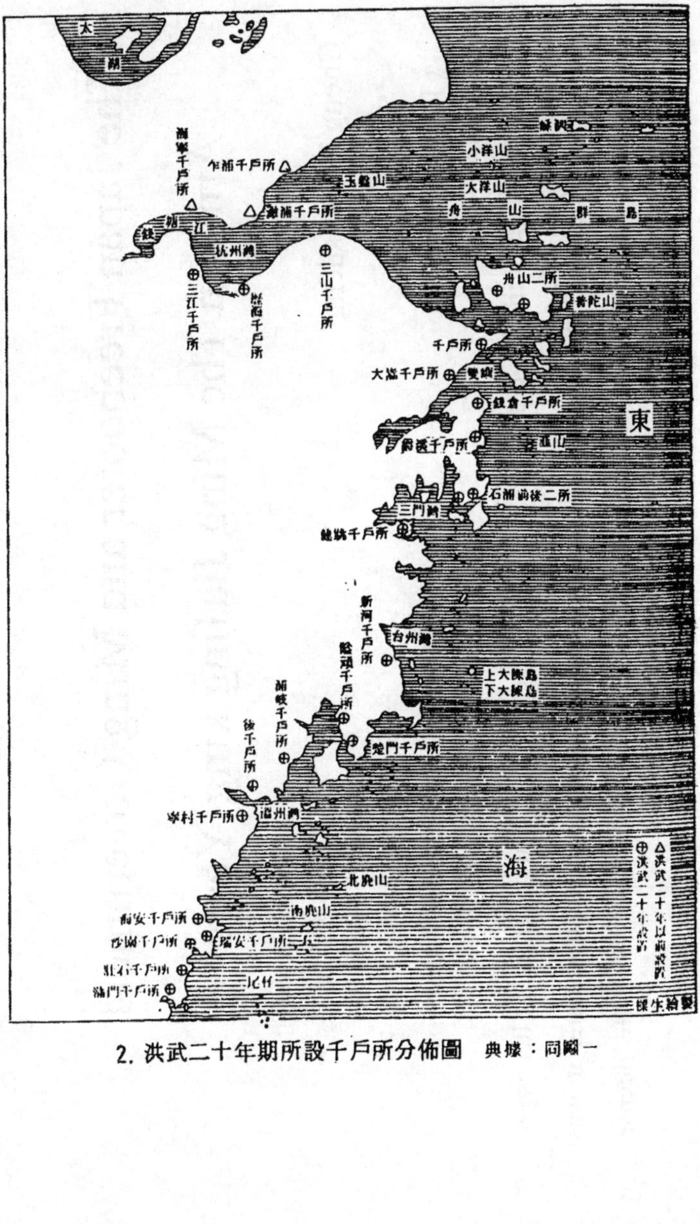

2. 洪武二十年期所設千戶所分佈圖　典據：同圖一

The Japan Freebooter and Ming Government Army in The Ming JiaJing king-Years

Cheng Liang-sheng*

《The Abstract》

Because of the sea interdiction policy by The Ming dynasty, it required government license to trade, and rejected foreign business ships which were out of governance. In that time, it was difficult to mark off Japan freebooter and general freebooter, so they distributed "Kan-He"license to subordinate country for differentiating.

* Cheng Liang-sheng, Professor, Department of History, Tamkang University.

Besides it, The Ming dynasty also set up castle for naval defenses, but it long time in peace the naval defenses was relax. The Ming government couldn't against Japan freebooter in JiaJing king-Years.

The thesis discussed this problem form HongWu king-Years to JiaJing king-Years, the reason of Japan freebooter run wild and the rotten of Ming government army, and the harm of mercenary from the whole country to Chiang-Nan. We hoped that reader could understand the cause further.

Keywords: China The Ming dynasty JiaJing Japan freebooter Naval defenses government army

松浦章著《清代中國琉球貿易史研究》

提要

自從小葉田淳於七十年前利用《歷代寶案》研究明代中琉貿易史以後，至二十世紀四十年代末期，薩士武、傅衣凌、胡寄馨等三位中國學者，始將其所著論文都為一冊，名《福建對外貿易史研究》刊行於世。此後，雖又有周光斗、謝必震、傅朗、顧海、李金明、鄭劍順、朱德蘭、俞玉儲、宮田俊彥、五味克夫、豐見山和行等學者的相關著作問世，但多屬問題的個別研究，未能闡明清代中琉貿易的全貌。迄至本世紀初，日本關西大學教授松浦章博士，他廣泛蒐集中、琉、日三國的相關史料，深入探討清代中、琉兩國間的貢船貿易與其相關問題。於二〇〇三年十月，經由日本沖繩縣宜野灣市榕樹書林將其研究成果《清代中國琉球貿易史の研究》發表出來。因本書不僅參證豐足，涉閱亦廣，研究方法也謹嚴忠實，穩慎小心，觀點平實有據而推論切當；更由於對清代中琉兩國間的貢船貿易與其相關問題能作正面開拓，且頗多創見，故不辭覶縷，作較詳細的介紹，如能因此對此一學術領域之研究發展有裨益則幸甚。

關鍵詞：清代　中國　琉球　福州　那霸　柔遠驛　貢船貿易　冠船評價貿易

一、前　言

琉球不僅在地理上與其他國家隔絕，自然條件也因土地貧瘠，颱風多而生產條件欠佳；政治方面則從洪武五年（一三七二）開始被納入明朝的冊封體制，成爲中華世界帝國之一員。在歷史上，琉球可分爲村落、按司、王國、縣政、美國施政時代，於一九七二年回歸日本。有關琉球之歸屬日本問題，與本文題目無關，姑且不談。

所謂村落時代，係指史前時代至由各村落「根人」（nittyu）統治之時代，當時尚未出現統一政權，這種情形持續至九世紀前後。迄至村落時代末期，出現幾個稱爲按司的領主，他們各自以武力統合若干村落而各據一方。此按司割據的時代稱爲按司時代。按司雖也一再重演著兼併領土的鬥爭，惟至明永樂二十年（一四二二）尚巴志統一了琉球群島。巴志統一群島以前，琉球分爲山北、中山、山南三國而各有國王統治著，而宮古、八重山、與論島、沖永良部島、奄美大島、德之島、喜界島等也都出現統一的勢力。

琉球群島雖爲尚巴志所統一，但各地依然存在著獨立領主的按司，故尚巴志的統治力量頗爲薄弱。琉球之出現名實相符的王國，係在第二尚氏王統時代的尚真王（一四七七—一五二六在位）之治世。然至明萬曆三十七年（一六〇九），琉球竟受日本九州南端薩摩藩之侵略，結果不僅受其殖民地的支配，也還割讓與論島以北五個島嶼給薩摩。當時的琉球雖受薩摩殖民的統治，卻爲維持與明之間的貢船貿易，所以依然保持其獨立王國的面貌。一

琉球自洪武五年開始與中國建立正式邦交後，明廷即規定它兩年一貢，其間雖曾有短暫期間的一年一貢，但不久以後又復原，直到明朝滅亡爲止。有關明代中、琉兩國之間的貿易問題研究，雖已有不少學者的論著問世，然其最早作有體系的論述者，應是曾經任教於臺北帝國大學的小葉田淳教授。小葉田以《歷代寶案》爲基本史料，從民國二十四年（昭和十年，一九三五）五月開始執筆，至二十七年爲止，先後將其所研究之成果分別發表於各學術雜誌，於次年將這些成果都爲一冊，名《中世南島通交貿易史の研究》，由日本評論社付梓。惟小葉田教授所探討者爲明代，對清代中、琉兩國間的經貿問題則鮮有論及，難免令人感到遺憾。之後，雖有日本學者探討清代中琉貿易問題，然其能作系統的、深入的研究者，當首推關西大學文學部教授松浦章博士的《清代中國琉球貿易史の研究》。此書於二〇〇三年十月由沖繩縣宜野灣市榕樹書林出版，全書共三二〇頁，附多幀圖片、索引及中文提要。由於本書頗多

一　宮城榮昌，《琉球の歷史》（東京頡川弘文館，昭和五十二年，日本歷史叢書，三十五），頁一—二。

獨到見解和言前人之所未言，對相關學術領域的研究有極大貢獻，遂不揣淺漏，且不辭覼縷的作較詳細介紹，以饗讀者。

二、本書的架構

本書分爲〈序論〉、〈本論〉、〈附論〉三大部分，〈序論〉有二章，〈本論〉五章，〈附論〉三章，及〈結論〉。松浦將各章節之要點記敘於序文。並言作者曾於二〇〇二年撰著有關中國商人在清代所從事對日貿易，及南海貿易之成果，而以《清代海外貿易史の研究》の爲名，由京都朋友書店刊行。本書則是針對清代所爲中、琉兩國間之朝貢貿易從事考察，亦即以琉球國爲例，來探討朝貢貿易的真相。

松浦章教授在〈序論〉（清代中琉關係史之著眼點）的第一章，對中琉貿易史研究作一回顧，論述關於中、琉貿易史研究之首部有系統的專著，爲小葉田淳教授的《中世南島通交貿易史の研究》，而小葉田在此書所利用之主要史料《歷代寶案》，係在一九三三年（昭和八年）已爲沖繩知其存在之琉球國外交文集，它之受世界各國學者注意，則爲一九六二年以後之事。松浦在此介紹小葉田所著書之章節大綱，並與小葉田之另一部大作《中世日支通交貿易史の研究》作一比較，以爲該兩書有其相似處。

松浦說，小葉田在《中世南島通交貿易史研究》所論述有關琉球國與明朝之間的交通貿易之中心課題，爲琉球所派遣的船隻與其營運問題。並說小葉田著眼於琉球遣往中國的使節船，言其貢船爲明朝所賜；又檢討附於各船舶之字號，以爲無字號者爲琉球所自造。在尚巴志時代（永樂二十年，一四二二—正統四年，一四三九），能知其船之字號者爲永、仁、盤、恭、荒、洪、天、地、義、安、猛、勇、順、也、永十五個字號，而尚清時代之仍能知其字號者止於嘉靖二十六年（一五四七）。對此一問題，豐見山和行則認爲：「古琉球期的船隻，明初至十六世紀四十年代爲免費提供的時代，在那以後則向中國民間採購或自力建造」。二

小葉田以爲明代琉球的貢品有常例進貢與特殊進貢，前者以馬匹、硫黃（磺，以下同此）爲主，後者則是從日本進口和琉球本國的產品，及來自南海的各種船來品。它們被用於對明朝皇帝之冊封國王的謝禮，慶祝皇帝即位、冊立皇太子之賀禮及其他。其交易方式則以牙人爲媒介而有沿途貿易與會同館貿易兩種。

中國方面的研究則有薩士武、傅依凌、胡寄馨等所編著，民國三十七年由福建省研究院社會科學研究所發行之《福建對外貿易史研究》（福建社會經濟叢書之一），它由三篇論文及一篇附錄成書。傅依凌在本書〈小引〉裏說：「無疑的，福建在中國對外貿易史上是值得注意的省區，不用說宋元時代的泉州，即使在一八四二年因簽訂《南京條約》開放五個港埠時，

二　豐見山和行，〈南の琉球〉，入間田宣夫・豐見山和行，《北の平泉・南の琉球》（東京，中央公論社，二〇〇二，日本の中世，五），頁二〇九。

福建即佔其二。雖然如此，卻未能作充分探討」，而呼籲此一研究之必要性。傅氏又說：「本書係因得當時福建社會科學院社會科學研究所助理研究員胡寄馨，與特約研究員薩士武（福建省立圖書館館長）之助始得完成」。

本書首篇〈明代福建市舶司考〉（薩士武、胡寄馨合撰），係以民國二十八年北平鉛印本之《福建市舶提舉司志》爲基礎，論述市舶司之職掌、組織、設驛及移置、公置及所屬廠、驛之建置，並根據《東西洋考》、《閩書》、《福建市舶提舉司志》來錄列市舶太監、市舶司提舉、市舶司吏目等官員之姓名、籍貫及到任時期。第二篇〈明代福建對外貿易港研究〉（胡寄馨撰）論述明代對外貿易發展概觀、港口趨於衰落的泉州、對外貿易較前發達在中國國際史上開始佔有地位的福州，國內港口居重要地位爲廈門興起先聲的月港（海澄），亦即詳論福建在明代對外貿易史上所處的地位，並從它作爲琉球貢道之觀點來探討福州取代唐宋以來發達的泉州的因由，以見廈門發達以前的明代月港的重要性。第三篇〈清代前期廈門行考〉（傅依凌撰）則是有關近代廈門發達問題的論述。

松浦章以爲小葉田淳以後，有關中琉貿易史研究之專著不多，僅有宮田俊彦《琉球・清國交易史——二集歷代寶案研究》[三]，根據《歷代寶案》二集所錄之相關案件，以編年方式探

三　宮田俊彦，《琉球・清國交易史——二集「歷代寶案」の研究》（東京，第一書房，一九八四，南島文化叢書，七）。

討前此學者未曾注意到的問題。

松浦章又介紹臺灣的周光斗所撰《中琉經貿史》[四]，主要論述琉球之歸屬日本問題，及作爲明代「貢」、「賜」、「市」經貿關係的明代琉球的朝貢貿易，和清季中琉經貿關係的傷痛，認爲此書的篇幅雖不多，但能論及清代中琉貿易之特徵而頗能把握重點。

福建師範大學的謝必震則在其所著《中國與琉球》，探討明清時代中琉貿易的形式與性質，明代中琉貿易在東南亞貿易中所處的地位，及從福建輸往琉球的貨物有紡織品、瓷器、藥材、紙張、食品、日用品、工藝品其原料等，而藥材不僅居於琉球進口貨之大宗，冊封使之封舟也載運大批藥材前往琉球。

松浦說：迄至二十世紀八十年代，隨著中國對外開放政策的進展，學術界也受其影響而盛行各港埠之歷史研究，其有關福建省海港之研究成果有顧海的《廈門港》[五]，鄭劍順的《福州港》[六]，及論述明代海澄月港興衰史的李金明《漳州港》[七]等一系列論著。其中與中、琉兩國有密切關聯之鄭劍順的《福州港》，雖利用冊封使的《使琉球錄》來論述「柔遠驛」與「市舶司」，卻止作概論性論述而未能深入探討。

四 周光斗，《中琉經貿史》（臺北，中琉文化經濟協會，一九九六，中琉文化叢書第七種）。

五 顧海，《廈門港》（福州，福建人民出版社，二〇〇一）。

六 鄭劍順，《福州港》（福州，福建人民出版社，二〇〇一）。

七 李金明，《漳州港》（福州，福建人民出版社，二〇〇一）。

基於上述，松浦認為有關中琉關係研究的成果雖多，但涉及貿易史方面的專著卻甚少，故有待解決之課題頗多。松浦為處理這些課題，遂以上述架構論述相關問題。

三、清代對外關係裏的北京會同館與福州柔遠驛

（一）清代北京之使館

松浦章以為當要思考明清時代的中國與外國之間的關係時，在基本上應該是《大明會典》、《大清會典》、《大清會典事例》所見有關朝貢的規定。萬曆《大明會典》雖依國家之別來記載相關事項，《大清會典》則採在相關事項錄列國名的方式，而嘉慶《大清會典事例》的這種方針尤為明確。

嘉慶《大清會典事例》卷三九二至卷四〇一的十卷為〈禮部〉「朝貢」，細分為敕封、貢期、貢道、貢物、朝儀、賜予、迎送、市易、賙卹、拯救、從人、官生肄業、館舍、象譯等十四項而有關朝貢的規定都包括在裏面，此一規定為光緒《大清會典事例》所承襲。松浦據萬曆《大明會典》卷一〇五的記載，以為朝鮮國在明代每年向中國朝貢的次數為三次，即：皇帝誕辰、元日及皇太子千秋，至清代則嘉慶《大清會典》規定為每年四貢，與琉球之兩年一貢較之，可謂待遇特別優厚。松浦又根據《明史》卷八一〈食貨〉「市舶」條的記載，言明

廷於永樂三年（一四〇五）分別於浙江、福建、廣東設安遠、來遠、懷遠驛，以爲諸國朝貢使節人員住宿之需，並舉日本禪僧東洋允澎於景泰四年（一四五三）至中國時的紀錄，《允澎入唐記》享德二年（一四五三）四月二十日條的記載，來證明當時的日本貢使係被安排於浙江的安遠驛住宿。松浦又舉正德《大明會典》卷一一九〈兵部〉四，「驛傳·會同館·事例」的記載：「國初改南京公館爲會同館。永樂初，設會同館於北京。」以爲明廷在初時以南京，遷都後則以北京會同館爲安置各國朝貢使節的館舍；更引《明史》卷五六〈禮志〉一〇「蕃王朝貢禮」，及《明太祖實錄》卷四五洪武二年（一三六九）九月壬辰朔壬子條的記事，來說明在龍江驛迎接蒞臨南京的蕃王，及在會同館接待他們的禮節之詳細規定。松浦更引乾隆《大清會典》卷五六〈禮部〉「朝貢·賓館」條的文字，以爲即使到清代也仍建築會同館，言清代會同館分別建於御河橋附近及宣武門內、正陽門外等處。同時又引嘉慶《欽定大清會典事例》卷四〇一〈禮部〉「朝貢·館舍」條來說明建設館舍的經緯，且言御河橋即玉河橋，會同館的館舍在此有一處，安定門大街路一處，正陽門外橫街一處，以爲貢使們住宿之需。至於琉球貢使之究竟被安排於何處住宿，因時代之不同而有異，故松浦以表列方式列舉乾隆十八年（一七五三）至嘉慶七年（一八〇二）之間，外國使節在北京各會同館住宿的情形，使讀者能夠一目了然。此外，松浦又引韓人金景善《燕行（轅）直指》之〈玉河館記〉和〈琉球館記〉、〈蒙古館記〉、〈鄂羅斯館記〉，以說明朝鮮、琉球、蒙古、俄羅斯諸國使節之住宿地點。所謂玉河館，乃朝鮮使節們所爲之稱呼，即清廷所設之會同館，而金昌業《老稼齋燕行日記》，徐慶淳《夢經堂日史編》均有相關記載。當時的琉球館雖在朝鮮館西側，但各國使節間的接觸困難云。

松浦說，當時利用會同館的不侷限於朝鮮使節，該國遇海難民眾之漂流至中國各地的，也在其歸國途次被安排於此處住宿，並舉《同文彙考》原編卷六八〈漂民〉條之記事，以證明會同館並非只供來朝使節們住宿。

松浦繼則探討抵北京的琉球使節究竟居住何處的問題，而舉大學士兼管禮部事陳世倌於乾隆二十年（一七五五）十一月二十一日所上奏〈摺〉，言於同年同月十七日抵北京的琉球使節一行被安置於正陽門外的館舍；乾隆五十二年（一七八七）抵達者，則據同年十二月二十日禮部致內務府的〈咨〉文，以爲當時來朝貢的正使翁秉儀一行係被安置位於宣武門內京畿道衙衕的館舍。並且又引赤崎楨幹所書可能記載乾隆五十二年前後之事的《琉客談記》[八]，認爲琉球使節在北京的住處因時而異。

（二）琉球使節與福州柔遠驛

八 《史籍集覽》〈別記〉，第二七四，頁六二七。

嘉慶《欽定大清會典事例》卷四〇一〈禮部〉「朝貢・從人」條錄列著清廷對各國使節人員的各項規定，其有關琉球而在順治九年（一六五二）議准者爲：進貢人數不得超過百五十人，正、副使、從人十有五名入京，餘留邊聽賞。所謂留邊，即留在福州來遠驛之意。迄至康熙十八年（一六七九）則謂：琉球國補進十七年貢物，除赴京官伴外，其餘員役令先乘原船歸國。十年後又議准：琉球國入貢，兩船人數准其加增，共不過三百名；接貢一船亦免收稅，合三船之數，而放寬其限制。松浦以爲諸外國使節團至中國的總人數，從陸路來者約百名入境，其餘留在本國附近，可至北京的使節人員約二十名。如從海路至中國，則其貢船不得踰三艘，乘員每艘不得超過百名，其能前往北京的也是約二十名。

松浦章復根據何喬遠《閩書》卷三九〈版籍志〉「市舶稅課」，與乾隆《晉江縣志》卷二〈規制志〉「驛鋪」的記載，介紹明代設於泉州的來遠驛的位置。此一館驛雖於永樂三年（一四〇五）設在泉州晉江縣南三五里都的車橋村，卻於成化八年（一四七二）遷至福州。關於福州的來遠驛，松浦則根據明人高岐的《福建市舶提舉司志》，介紹其建置經緯與署舍概況，使我們得知專爲接待琉球貢使而設的此一館驛，乃改建舊都指揮王勝宅第而成，它在福建布政司西南烏石山北麓，署舍有前廳三間、兩邊臥房共六間、後廳五間、兩邊夷梢臥房共二十七間。武門三間、兩邊夷梢臥房共六間、守把千戶房兩邊共十間。軍士房二間、大門一間。此外，爲貯藏琉球貢使的貢品而在布政司西南之侯官縣西側置進貢廠。明代柔遠驛的情形如此，清代又如何？對此問題，松浦首先舉《清史稿》卷五二六〈屬國〉一「琉球」條的記載，言清代的此一館驛重建於康熙七年（一六六八），並舉《聖祖實錄》卷二五同年二月乙亥之記事以爲證。

眾所周知，崇禎十七年（一六四四）清世祖入主中原而「華夷變態」[九]。如據《球陽》的記載，琉球貢使金應元一行曾於同年奉中山王國世子尙賢之命，爲訃告其父尙豐薨，兼請襲封赴華，卻因目睹此一劇變，乃朝覲當時即位於南京之福王朱弘光。弘光滅亡後，則改朝即位於福建的唐王朱隆武，於紹武元年（順治三年，一六四六）回其本國。弘光即位時，曾遣福州左衛指揮花思齊（敕）至其國，詔告登基事。故中山王尙賢乃遣毛大用等慶賀入朝。隆武繼立後，復遣指揮閩邦基諭告，尙賢遂遣王舅毛泰久等赴閩慶賀。[一〇]惟毛泰久一行在隆武二年（一六四六）秋，欲東返而行至閩安鎮外琅琦地方時，清廷大將軍貝勒戴德所率部隊入閩而將隆武攻滅。因此琉球長史金正春，都通事鄭思善，火長陳初源等人乃見風轉舵，竟仿滿人裝扮而更衣剃髮，於閩省拜謁貝勒，表明其欲歸嚮之意。[一一]當琉球貢使一行表明願意投

九　林春齋，《華夷變態》（東京，東洋文庫，昭和三十三年）〈序〉云：「崇禎登天，弘光陷虜，唐魯纔保南隅，而韃虜橫行中原，是華變於夷之態也」。

一〇　《歷代寶案》（臺灣大學影印本），卷三七，隆武二年（一六四六）三月，中山王世子尙賢所上慶賀隆武登極之〈符文〉。

一一　球陽研究會編，《球陽》（東京，角川書店，沖繩文化史料集成，五），卷五，〈清世祖章皇帝登極〉條。

誠之後，火長陳初源曾至琅琦地方，請王舅等至省城，木船進入內港，回至怡山院。當夜海賊驟至，前後攻襲。官伴、水梢等雖倡義奮勇禦賊，卻寡不敵眾，失去船隻、水梢、方物等。因此，只得將王舅等官留置琅琦。[一二]由於財物被劫一空，貢使一行遂陷於不得不乞餽食或五日一食，或三日一食之窘境。殆及餓莩漸至，省城乃秉報其事。職是之故，貝勒於順治四年四月，引領毛泰久、金正春、鄭思善等人赴北京覲見世祖，表示其國有向王朝投誠之意，[一三]惟世祖並未立刻同意其請求。雖然如此，世祖卻於同年六月，〈詔〉諭琉球不僅要像昔日似的順天循理，世世臣事中國，遣使朝貢，還要它遣使將明朝賜予之封誥敕諭送至北京，然後由清廷循前朝之例另行封錫。[一四]不過琉球接到此一〈詔敕〉後既未像明初似的隨即朝貢中國，也未遵循世祖旨意，將明朝賜予之封誥印敕送至北京，換頒清廷擬予封賜者。所以世祖乃於順治六年（一六四九）復遣招撫使齎〈詔〉至其國招諭，但久久未獲回應。在此情形下，經過一波三折，至十年二月二十七日，中山王世子尚質方纔遣其重臣齎繳故明〈敕書〉二道，印信一顆，且乞賜清朝敕、印，以勵歸順，敕禁夙弊，以廣懷柔；而禮部之發出〈咨〉文給尚質，

一二　同前註。

一三　同前註。

一四　《歷代寶案》，卷三，順治八年（一六五一）九月初八日，世祖促琉球中山王繳還故明敕、印之〈詔敕〉。

通知清廷已同意其襲王位，並給予詔、印，及准其自由貿易，則在同年六月二十五日。[一五]因此，琉球與清廷之間的封貢關係，是在明亡後十年餘方纔建立。[一六]而琉球之開始朝貢清朝，則在順治十一年（一六五四）。

來遠驛雖在清代改稱柔遠驛，但也稱「琉球旅館」，松浦章引日本統治臺灣時期臺北發行的《臺灣日日新聞》第三〇二號，明治三十二年（光緒二十五年，一八九九）五月七日的記事來說明此事。[一七]並言即使琉球與清朝之間的封貢關係斷絕的光緒二十五年當時，也仍有琉球國人住宿於此而由福州官府支給生活費。

松浦繼則又言清代外國使節在中國從事交易的問題，並舉嘉慶《大清會典事例》卷三九

一五　《歷代寶案》，卷六，順治十年（一八五三）六月十五日，禮部致琉球中山王世子尚質〈咨〉。

一六　有關琉球與清廷建立封貢關係的經緯，請參看鄭樑生，〈琉球在清代冊封體制中的定位試探─以順治、康熙、雍正三朝爲例〉，見第四回琉中歷史關係國際學術會議《琉中歷史關係論文集》（那霸，琉球中國關係國際學術會議，一九九三），頁二一九─二四一，或鄭著《中日關係史研究論集》八，（臺北，文史哲出版社，民國八十七年），頁一四七─一七一。

一七　《臺灣日日新報》於明治三十二年（光緒二十五年，一八九九）五月七日刊行的〈外事　琉球旅館〉原文云：「福州柔遠驛有琉球人之旅館，係曩日自琉球進貢清國者滯流同館，清政府宜殷勤款待之。迨後來進貢已絕，清政府之相待自薄，則滯留同館之人自然衣食窮迫，情形困苦云。刻下有遨遊同地，行見同館景況回來，談話曰：　同館之琉球人，現在福州無一人有生業，皆自福州官府頒給以糊（餬）其口；上一日二百文，中一日百餘文，下僅數十文。全館人員五十餘名，每月三十日分，兩度頒發。或詢彼等何故不歸國？答以吾等恐至中途被外國人逮捕。若欲歸國，必乘夜駕小舟出發。云云。由是思之，乃知中國之狀態，寄食□邦，如□窮困，愚□□□」。

八〈禮部〉「朝貢．市易」條的種種規定，謂於順治初年所作規定是：北京的開市在頒賞後舉行三至五日，惟朝鮮、琉球兩國並無此限制。此一規定應是循明朝之例。

就明代而言，外國使節到達中土後在其所抵地點及北京俱有兩次筵宴，一爲接風，一爲送行，且有官員作陪，樂隊奏樂；菜色、酒類、果品也有一定，更有上桌、中桌之分。至於清代，松浦則舉朝鮮《通文館志》卷三〈事大〉「告示」的記載，言朝鮮使節在上馬宴後可從事貿易，交易方式有：會同館內交易、北京城內市場交易，及與特定商人交易等，但並未述及是否與明代一樣，必須以牙人爲媒介而不得私相交易，雖然如此，卻又於篇末提及被稱爲球商的中國商人涉及這項貿易，那些華商是否即爲牙人？琉球貢使除在會同館從事貿易外，也在柔遠驛開市貿易，對此一方面的問題，松浦則舉乾隆九年（一七四四）當時的福建巡撫周學健，乾隆十二年當時的閩浙總督喀爾吉善之奏〈摺〉來說明此事，使讀者可以瞭解箇中情形。

四、清代中琉貿易史序說

本書的第二部分爲〈本論〉，其著眼點在探討清代貿易史的形態，亦即爲本書之重點。松浦章在此首先試探清代中、琉兩國貿易史。如前文所說，清代的中、琉兩國關係，始於清廷承認琉球爲其朝貢國家之一，冊封中山王世子尚質爲琉球王之際。基本上，其方式有大致每年定期舉行的朝貢，與隨著中山國王之薨而清廷爲冊封其世子爲琉球新國王，而派遣冊封使（使琉球使）時的交易。此外，尚有中國船之前往琉球，及琉球船因海難漂流至中國之例。對此一問題，松浦章引喜舍場一隆《近世薩琉關係史研究》如下的記事：「琉球國對明、清兩朝間的貿易有兩個形態，其一是作爲自動貿易的進貢、接貢貿易，其二是作爲被動貿易的冠船貿易」。因此松浦認爲當時的貿易形式之一，是琉球派遣使節前往中國時附帶進行的，進貢船與接貢船之裝載貨物所爲之貿易，其二則爲清廷派遣冊封使之際，在那霸舉行封舟所載貨物之交易。因琉球方面稱封舟爲「冠船」，所以這種交易也叫「冠船貿易」。松浦在本章探討的，就是在清代中、琉兩國之間究竟以何種方式來進行貿易。

（一）清代中琉兩國之開市貿易

松浦首先表列清廷遣往琉球的冊封使，次舉嘉慶《大清會典事例》卷三九二〈禮部〉「敕封」條所錄有關各次冊封時賜與物品的內容，並據《大清會典》卷三一的記載，言琉球大致爲兩年一貢，其正、副使由王舅、耳目官或正議大夫、紫金大夫擔任。福建巡撫將其使節團分成三組，即：以貢船返國者、停留福州者、前往北京者。赴北京者以正、副使、都通事及隨從人員組成，員額不會超過二十人。如據宮島壯英的研究，琉球兩艘貢船的乘員共二百名，爲進貢赴北京者二十名，留在福州從事商業活動者九十二名，其餘八十八名則爲貢船之乘員。

[一八]琉球所貢方物有硫黃、紅銅、白剛錫等。松浦舉《大清會典》卷三九三的紀錄來表列康熙年間各次貢獻方物之內容，認為琉球的常貢品在康熙年間已定。

松浦以為：因朝鮮貢使留有豐富的資料，故可確知其在北京住宿之所在，琉球則史料闕如而難究其詳。雖然如此，他卻不憚其煩地列舉乾隆二十年二月當時的大學士兼管禮部事務陳世倌，及乾隆五十二年（一七八七）十二月二十日禮部致內務府〈咨〉，赤崎楨幹《琉客談記》等資料，以為琉球貢使在北京住處沒有一定，有時居住會同館，有時居住會計司公館，或居住正陽門內的四譯館。雖然如此，當日本政府於光緒二年（一八七六）阻止琉球朝貢清朝後，因已非以朝貢名義至中國，故居住於民間客棧。對此，松浦舉蔡大鼎《北上雜記》（光緒甲申，一八八四）所錄林世貢代作（由閩北上實錄）之如下文字：

> 余於同治甲戌十三年（一八七四）奉命充為貢使，齎〈表〉北上。光緒乙亥元年竣回閩，時遭日本阻貢。丙子年（光緒二年，一八七六），國主特遣陳情紫巾官向德宏都通事蔡大鼎，通事林世功等齎捧〈咨文〉，詣閩告急。……（九月初五日）至都，沙鍋門進城，寓西河沿福來客。

以說明日本政府阻止琉球朝貢後，該國已非朝貢國，故無法利用政府設施而只得在民間

一八　富島壯英，〈唐船（進貢船・接貢船）に關る覺書——全乘船者の構成を中心に〉，《歷代寶案研究》，第六、七合併號（一九九七），頁七一—八二。

開設的旅店住宿。至於琉球貢使在北京的交易活動，因史料闕如而無法瞭解其真相。

松浦繼貢使們在北京的住宿地點問題後，討論其在福州柔遠驛的開市情形。他根據福建巡撫周學健於乾隆九年（一七四四）七月九日所上奏〈摺〉，言琉球使節團所攜帶的貨物，係在位於南臺的柔遠驛舉行。除違禁史書、黑黃紫皂大花、西番蓮緞匹、焰硝、牛角、兵器、桐油、鐵鍋等禁制品外，其他中國產品都可以在此購買。松浦又根據閩浙總督喀爾吉善等人於乾隆十二年四月十八日所上奏〈摺〉，與福建巡撫潘思榘於乾隆十三年三月十六日所上〈題本〉，言琉球貢船攜帶的貨物往往以多報少，例如：他們把價值十萬兩的貨物報告爲一萬兩，申報價格雖低，實際價格卻很高，所以中國官方呼籲商人們要嚴格進行公平交易。

松浦根據《歷代寶案》第二集卷一七四，十四號文書，道光二十二年（一八四二）五月初三日〈福州布政使致尚育通知關於處理道光二十一年接貢事項經緯咨〉，貢船所載貨物在開市時係以兌換價格交易，並須嚴守開市時間與貨物之不正當流失，不要有相關人員之抽貨行爲，以及嚴格把握相關人員之名簿。故此交易之規定相當嚴格。松浦以爲在《清代中流關係檔案選編》所見，駛進福州港的進貢船、接貢船、謝恩船等貢船中，獲清政府之免稅優待而其「免過稅銀」數目最大者，爲同治十二年（一八七三）七月航行至福州的貢船，超過六百五十兩；其次爲嘉慶二十一年（一八一六）六月入港的護送船之四百四十餘兩。在該《選編》所錄能知其所裝載貨物之目錄〈清單〉者爲嘉慶二十五年進港的貢船之三百七十八兩四錢一分。而該〈清單〉所錄列兩艘貢船之貨物有金紙圍屏、銅器、棉紙、白紙扇、海帶菜、海翅、鮑魚、海參、目魚乾、醃魚、醬油、大酒、刀石、茶油、黃蠟等。其中海帶十九萬六千斤，海翅一萬四千五百斤，鮑魚一萬九千四百斤，海參一萬八千六百斤，共計二十四萬八千五百斤，約合一百五十噸，故其重量相當大。這使我們瞭解清代中、琉貢船貿易品的梗概。松浦說：此次貿易的貨款共三百七十八兩四分一釐，免過稅銀爲三百六十六兩八分五釐四毛，故其免稅額爲百分之九十六點九，幾乎完全免稅。松浦更根據《選編》，將乾隆十年（一七四五）四月，至光緒元年（一八七五）九月四日，琉球貢船進出福州港之際向福建衙門提出之各船免稅額製成一覽表，使讀者能夠完全瞭解有清一代琉球在貢船貿易裏所獲減免稅賦優待的情形。

松浦說，由琉球貢船運往福州的貨物可大別爲：作爲購買日本薩摩藩（鹿兒島縣）物貨資本的貨物，與首里王府之貨物，琉球諸王之貨物。隨著時代的進展，前往中國的琉球使節們，即「渡唐役人」也投資，而白銀、銅錢、海產所佔比例很大，此事固爲渡唐官員所關心，然對首里之王朝而言，絕非可以積極辦理，藉獲利益之事。這種情形與明代日本貢船之獲利者爲投資之寺、社及守護大名、商賈相似，幕府本身只獲明朝之回賜品，及明廷賜與日本國王（幕府將軍）及王妃（將軍夫人）之賞賜而已。

（二）福州之琉球商人

松浦教授繼則又舉《閩縣鄉土志》〈地形略〉「南臺區」條的記載，及廈門大學教授傅依凌於民國三十六年所撰《福州琉球通商史蹟調查記》，言柔遠驛有球商（應爲官方許可的牙行之一）卞、李、鄭、林、楊、趙、馬、丁、宋、劉十家。中、琉兩方進行交易時，除這些球商外，華人通事也參與其間。[一九]如據西里喜行的研究，琉球貢船入港後，土通事負責接待、監督貢使及其通關事務。常設的三名通事，其一在琉球館監督進貢貿易，而居於清朝當局與貢使之間，使貿易能夠順利進行。

松浦在本章篇末論及清代中、琉關係裏的冊封壓鈔貨物貿易——在那霸的冠船評價貿易。在有清一代，清廷前後共派遣十八次使節前往琉球，封舟除冊封使節人員搭乘外，也裝載某些物貨。如據徐葆光《中山傳信錄》卷一〈渡海兵役〉的記載，搭乘封舟的衛兵與乘員等的貨物，限定每人百斤，他們無不想盡辦法裝載自己貨物在琉球交易。就康熙二十二年（一六八三）當時的情形言之，其故在於：「是時海禁方嚴，中國貨物外邦爭欲購，致琉球鄰近諸島，如薩摩州土葛剌州土葛剌七島等處，皆聞風來集，其貨易售。閩人沿說至今，故充役者

一九　西里喜行，〈中琉交渉史に[redacted]る土通事と牙行（球商）〉，《琉球大學教育學部紀要》，第五十集（一九九七），頁五四—九二。

眾」。

由上述可知，清代中、琉兩國朝貢貿易的交易地點有北京、福州、那霸三處，其在北京會同館的交易，應是由那僅有二十名的赴京人員來進行。在那霸所舉行由封舟（冠船）所裝載貨物之交易，則是冠船貿易即評價貿易。因清代至琉球的封舟前後共八次，故冠船貿易也舉辦了八次。松浦說，冠船貿易的交易情形，除部分外並不清楚而有待日後進一步探討。

五、清代琉球貢船之發船數

康熙五十八年（一七一九）與冊封正使海寶偕往琉球的徐葆光，他在其所著《中山傳信錄》卷一六〈舟〉裏說：

> 貢船式略如福州鳥船，船批施櫓，左、右各二。船長八丈餘，寬二丈五六尺。前明洪、永中皆賜海舟，後使臣請自備工料，於福州改造。今本國舟工，亦能自造如式。

可見琉球當時的貢船，係模仿福建鳥船來建造，亦即中國式航行海洋的帆船。小葉田淳教授說，由琉球遣往中國的船隻所攜帶的文書有表文、箋文、咨文、符文、執照等。爲接貢、護送所遣之船隻則給與執照，有時則攜帶〈咨文〉。[二〇]表文係屬國呈獻宗主國的國書，箋文爲呈

二〇　小葉田淳，《中世南島通交貿易史の研究》（東京，刀江書院，昭和四十三年），頁一九七。

遞皇后、皇太子的文書，咨文在萬曆以前是致禮部，以後則爲致福建布政司、巡撫、巡視等地方首長者；符文發給派遣的船隻，裏面記載派遣要旨、船籍、使者姓名、乘員及所裝載貨物的數量；至於執照，則是發給各船以保證往返琉球與福建之間者，明、清兩朝均如此而沒有改變。二一

衆所周知，明朝爲辨別外國所遣使節船之眞僞，從洪武十六年（一三八三）開始逐漸頒發勘合，前後共頒給暹羅、日本、占城、爪哇等十五國，但朝鮮、琉球兩國未給，其理由在於：

> 凡各國四夷來貢者，惟朝鮮素號秉禮，與琉球國入賀謝恩，使者往來，一以文移相通，不待符敕、勘合為信。二二

亦即朝、琉兩國對明最能盡禮節，態度誠懇而文移相通，所以不須符敕、勘合。雖然如此，琉球發遣貢船時，對其所遣船隻卻由其國王發給勘合以爲信，如中山王尚巴志於洪熙元年（一四二五）所遣盤字號船，曾發給有「義字號半印勘合」之執照；二三尚德爲謝恩而於成化三年（一四六

二一 同前註所舉書頁一九七—二〇三。
二二 《皇明外夷朝貢考》（鈔本），卷下，〈外國四夷符敕勘合沿革事例〉。
二三 《歷代寶案》（校訂本），第二冊，頁一五九。

八）八月派遣正議大夫程鵬時，發給地字一二一號之執照。[二四]對「半印勘合」問題，松浦引小葉田淳《中世南島通交貿易史研究》頁二〇五—二〇六之如下一段文字：

> 半印勘合之字號與琉球航行海外之執照相通，成化以前的除宣德三年九月前往舊港之義字號第七十七號，天順七年八月赴明使船之為德字號外，其餘並不清楚。……尚清以後則在有明之世，每換一個國王就更改一次字號。因明制的勘合底簿與信符金牌，都是每改元更造換給，故此半印勘合之為琉球所設，殆無疑慮。現存史料所見者頗多缺號，當然非僅給與船隻為老生常談，琉球船活躍的情形，也可據此推知某種程度。

認爲其言頗爲妥切。

松浦次言琉球於清代發給赴華貢船的半印勘合執照問題，他說使用明朝年號的最後一張執照爲世子尚賢發出的仁字第五十六號，所書日期爲崇禎十七年（一六四四）二月二十八日。迄至清代，雖使用清朝年號，但仍用此仁字號執照，到康熙二年十月二十二日始改爲義字，由尚質發給義字第一號。松浦即據此以爲發給勘合爲琉球本身獨自的方法。

松浦以爲由勘合的號數可知琉球貢船的實際數目，而以《歷代寶案》校訂本爲中心，其

二四 《歷代寶案》（譯註本），第二冊，頁一〇三—一〇四；校訂本第二冊，頁一六〇。

未校完部分則根據臺灣大學影印本製作「清代琉球貢船勘合發給數一覽」表，時間自順治十年（一六五三）二月二十七日的仁字七十五號開始，至同治六年（一八六七）的禮字三四二號爲止，並錄列《歷代寶案》之冊別與頁碼，俾便讀者查閱。由此表可知，義字號勘合共一一九張，禮字號勘合三四二張，共發行四六〇張，亦即琉球在清代共遣四百六十艘船至中國。

松浦據赤嶺誠紀《大航海時代之琉球》頁二九至三九的記載說，琉球對派往中國學習的官生也給與執照，其發行情形是：康熙二十五年（一六八八）二月的義字四十三號，康熙六十一年（一七二二）十一月三日的義字一百一十九號，雍正元年（一七二三）十月的禮字三號，乾隆二十三年十月十一日的禮字七十九號，嘉慶七年（一八〇二）六月二日的禮字一百七十四號，嘉慶十年（一八〇五）八月六日的禮字一百八十一號，及嘉慶十五年（一八一〇）的禮字一百九十九號共七張。也就是說，從四百六十一張減去七張的四百五十四張爲發給貢舶者，亦即從康熙二年（一六六三）至同治六年（一八六七）的前後兩百零五年間共派遣四百五十四艘，平均每年二．二艘。因此，《大清會典》雖規定琉球「間歲一貢」，實際上是每年派遣兩艘以上的貢船赴華而遠超過清廷的規定。

六、代中琉貿易中的琉球船貿易

松浦章說，如據《改訂史籍集覽》第十六冊頁六二四所錄，赤崎楨幹寬政九年（嘉慶二年，一七九七）正月所書《琉客談記》〈序〉：

> 琉球貢舶兩艘，其第一船之乘員百二十人，第二船約七十人；接貢船一艘，乘員約百人。每年三月前後艤舟，於那霸起錨，經日本里數四十八里，繫纜於姬米山下。俟風揚帆出洋，則波濤緲漫，數日不見山。風順時不過七八日，抵福州之五虎門，自那霸至此有日本里四五百里。

松浦說，在清代中、琉關係史上居於最重要地位者爲每年航行至福州的琉球貢船與接貢船，或送還漂流民的護送船。這些船裝載與原來朝貢關係的琉球貢品，或中國賞賜琉球之物品有別的各種各樣的貨物入港，歸國之際則不僅是中國產品，就連中國所進口的物品也運回去。當時那些琉球船到底裝載甚麼貨物至福州？從福州運甚麼物品回那霸？臺北故宮博物院文獻館，及中國第一歷史檔案館所庋藏之檔案資料會具體的告訴我們。因此，松浦即以這些資料爲中心，論述由琉球國船所爲之福州貿易。

（一）清代中琉貿易所見琉球船貨之免過稅銀

松浦在本章首先論述清代中琉貿易所見琉球國船貨物的免過稅銀問題。前文已說，明朝滅亡後，琉球之與清朝建立封貢關係，係經過一波三折以後，至康熙二年（一六六三）冊封使張學禮渡航至那霸，將中山王尚質冊封爲琉球國王之際，自此以後，琉球正式開始向中國派遣貢舶，此乃尚質王爲感謝其被冊封而爲。二五如據《歷代寶案》第一集卷二七〈符文〉的記載，此次貢舶所載運的貢品有金靶鞘腰刀貳把，銀靶鞘腰刀貳把，紅銅五百斤，土絲綿二百束，胡椒五百斤，苧布一百疋，紋芭蕉布一百疋，芭蕉布二百疋，而清初的琉球貢品大致如此。松浦認爲：具體上，琉球貢舶之究竟如何準備派遣貢舶，在返航之際又如何對應，可根據被收錄於《琉球王國評定所文書》之如下紀錄瞭解箇中情形。即：

道光二十四年　進貢船仕出日記　第一卷，頁495-568

道光二十五年　辰秋走進貢船歸帆　第二卷，頁243-256

道光二十六年　進貢船仕出日記　第二卷，頁335-401

道光二十八年　申秋進貢船兩艘仕出　第四卷，頁357-362

道光二十九年　申進貢船歸帆改日記　第五卷，頁161-171

咸豐三年　子秋進貢船歸帆日記　第八卷，頁7-61

有關琉球貢舶航行至福州的問題，閩浙總督那蘇圖曾於乾隆八年（一七四三）正月二十四日〈疏〉報其事，因其貨物係貢舶所裝載，而琉球又是「天朝屬國，最稱恭順，歷屆貢船到閩，

二五　《中山世譜》，卷八，尚質王康熙二年（一六六三）條云：「琉球中山王世子尚質遣使，表貢方物，併繳故明敕、印。命所司議奏」。

凡有攜帶貨物，概免徵輸，以示優恤」[二六]，故獲免稅優待。

松浦說，如據閩浙總督喀爾吉善於乾隆十二年（一七四七）四月十八日所上奏〈摺〉，貢舶兩艘所裝載貨物約值一萬兩。該〈摺〉又說，乾隆八年航行福州之貢舶一艘所裝載貨物的價格爲約五千兩，回國時則不下十萬兩而其傾向大致如此。然因琉球的船隻係貢舶，故無論來航或返航，其向福建衙門申報之貨物都可免稅，此可由當時所遺錄列運貨內容之〈清單〉獲得佐證。因此，松浦乃根據《清代中琉關係檔案選編》的資料，並根據貢船、接貢船、護送船所獲免稅銀之多寡，分別製作「免過稅銀」情形一覽表，且依其多寡排列，使讀者一目了然。

（二）琉球船之出口貨

松浦說，在《清代中琉關係檔案選編》所錄，駛進福州港的琉球進貢船、接貢船、護送船所裝載貨物之申請免稅，清廷認爲係朝貢國貨物而予以核准的船舶中，免過稅銀最大者爲同治十二年（一八七三）七月至福州的貢船，其減免金額踰六百五十兩，其次則是嘉慶二十一年（一八一六）六月入港的護送船之四百四十餘兩。能知其載貨目錄，且在該《選編》列

二六 《清代中琉關係檔案選編》（北京，中華書局，一九九三）頁六二所錄乾隆二十四年（一七五九）三月二十二日，福州將軍兼管閩海關事革職留任新柱奏〈摺〉。

有〈清單〉者，則是嘉慶二十五年九月到達福州港的貢船之三百七十八兩餘。

松浦對琉球船所裝載貨物的問題，又列舉進入福州港時免稅總額最高的四艘船的抵港日期，並錄列於嘉慶二十五年九月十七日到達福州的兩艘貢船貨物〈清單〉。該〈清單〉所列貨物有金紙圍屛、銅器、棉紙、白紙扇、海帶菜、魚翅、鮑魚、海參、目魚乾、醃魚、醬油、大酒、刀石、茶油、黃臘等，其免過稅銀的總額爲三百七十八兩四錢一分。由此貨物目錄可知，該兩艘船所運海帶菜十九萬六千斤，魚翅一萬四千五百斤，鮑魚一萬九千四百斤，海參一萬八千六百斤，共二十四萬八千五百斤，約合一百五十噸，故其數量相當龐大。兩艘船貨的總價三百七十八兩四錢一分，免稅總額三百六十六兩八錢四分五釐，百分比爲九十六點九，故幾乎完全免稅。

嘉慶二十五年十一月至福州的兩艘貢船有「大酒」，前此乾隆二十八年（一七六三）、三十二年、三十四年、三十五年、四十年、四十一年、四十二年、五十二年也都有攜帶酒類的紀錄，那些酒被書爲「大酒」或「燒酒」，乃琉球所產「泡盛」（awamori）酒。嘉慶二十五年的兩艘貢船所攜之酒，〈清單〉書爲「大酒一百一十五罈，稅銀一兩三分五釐」[二七]。當時的中國人對琉球產酒類的評價如何？松浦引《通商彙纂》所錄日本在福州帝國領事館代理副領事

二七　前註所舉書頁五三一。

土谷久米藏，於明治四十五年（一九一二）四月八日所提第三十九號報告，認爲中國人士似不欣賞它，以爲它含有硫黃味的特殊風味，其所以如此的原因可能由於裝栓（瓶塞）有問題，有待改善。

就接貢船所運貨物言之，松浦也同樣錄列免稅總額較高的前五艘船，並舉有〈清單〉可資查考的咸豐三年（一八五三）一月十五日抵福州者爲例，錄列其所運貨物名稱如下：金紙團屏、銅器、棉紙、白紙扇、海帶菜、魚翅、目魚乾、醬油、大酒、茶油，免稅總額二百八十一兩九錢五分二釐，免稅額最多之貨物則爲海帶菜、魚翅、海參三項，免稅比率百分之九十三點九。由上述可知，前往福州的琉球船，無論貢船或接貢船，其所運貨物都以海帶、鮑魚、海參爲大宗。

就護送船言之，松浦也同樣舉其進入福州時免稅總額最高之五艘船。其中，在同治元年（一八六二）四月十八日抵福州港的，係護送中國漂流民返國，這艘船也循例免繳稅銀。其〈清單〉所錄貨物如下：銅器、海帶菜、魚翅、海參、目魚乾、醬油、白紙扇、棉紙、大酒、茶油、刀石，免過稅銀共一百一十二兩六錢一分四釐。由上述可知，海帶、鮑魚、魚翅、海參爲琉球出口貨之大宗，而當時中國人之喜愛這些海產，與今日並無二致。

除上述外，松浦又舉天津《大公報》於光緒二十八年（一九〇二）九月十一日所發行第一一八號報紙，〈中外近事〉欄所錄福建「貢燕進京」之記事，言菲律賓、泰國所產燕窩，經廈門輸入中國，而琉球貢品中亦有燕窩，係宮廷所珍重之食材。

（三）琉球船之進口貨

琉球船運往福州的貨物已如上述，那麼它們到底從福州運回甚麼物品？由於那些船隻都是貢船，所以享有免過稅銀之優待。松浦據道光二十九年（一八四九）九月十七日，琉球兩艘貢舶購貨〈清單〉所見之免過稅銀，爲四千九百八十四兩五分六釐，其三十三種貨物中免稅額較高之十種爲：羽毛緞、洋參、畢機緞、粗藥材、中西洋布、細茶葉、粗磁器、白糖、甲紙、毛邊紙，免稅額佔全體的百分之八十以上。松浦說，道光二十九年九月從福州回國的貢舶運回之主要貨物，在金額上居主要部分者爲羽毛緞、畢機緞之毛織品與人參，它們都是中國所進口的外國產品。中國產漢方藥材則無論在重量或金額上，都經常保持一定數量與金額。其他則在金額上雖不高，但重量多者爲甲紙、毛邊紙等紙類，及白糖、粗磁器、茶葉。此船所載運之粗藥材、細茶葉、粗磁器、白糖、甲紙之總重量爲三十三萬八千一百三十九斤，約合一百九十二噸。

松浦又據琉球貢舶於道光五年五月二十八日的購貨目錄，以爲當時的免過稅銀爲二千九十九兩五錢四分二釐，免稅百分比爲八十七．八％，所購貨物有洋參、銀朱、細茶葉、粗藥材、玳瑁、沉香、蘇木、粗磁器、白糖、甲紙、毛邊紙等。松浦根據上繪洲安享之研究，以爲毛邊紙的原料爲竹子。[二八]認爲福建的紙產於建寧府、邵武府、汀州府與接近西部山麓的地方。所用材料則有篁竹、麻竹、綿竹、赤視竹、其竹穰等，此外，也利用麻、桑、楮等來製造。

松浦更據光緒丙戌（十二年，一八八六）《閩產錄異》卷一的記載，言福建南部的泉州、漳州與臺灣爲糖之主要產地，「紅糖經煉燥成爲白糖」，其輸往琉球之白糖即指此而言。松浦又根據同書的記載，以爲粗磁器產自德化窯與漳州窯，後者雖僅留其名，但對當時仍從事生產活動的德化窯則有如下記載：

> 德化窯：皆白磁器出德化縣，順治以前老窯所製佛像，尊、罍、瓶、盤、琖、斝，皆精緻古雅。其色潔白中現出粉紅，至今其價翔矣。

至於當時購入數量龐大的藥材問題，松浦則舉傅朗所爲之研究〈清代中國藥材輸入琉球考〉[二九]，言當時進口的藥材包含漢方的一切。

對接貢船所帶回貨物與其免過稅銀問題，松浦也仍根據《清代中琉關係檔案選編》，錄列其免稅額高的五次船隻與其返港年月及免稅數目；那些船隻帶回琉球的貨物除上述外，尚

二八　上繪世安〈モノが語る琉球史〉，《琉球王朝の華—美・技・藝—》（那覇海洋博覽會記念公園管理財團，二〇〇二），頁八九。

二九　傅朗，〈清代中國藥材輸入琉球考〉，《第五屆中琉歷史關係學術會議論文集》（福州，福建教育出版社，一九九六），頁六七八—七〇六。

有中西洋布、多羅尼，護送船帶回者則有土漆茶盤、砂仁等。松浦說，護送船的購物〈清單〉雖僅能見到道光二年（一八二二）的，其所購貨物也沒有很大特色，不過値得注意的是〈清單〉裏有「舊綢衣二十一件」、「舊布衣七十七件」，這表示當時的琉球人是多麼喜愛中國紡織品，連舊衣也購回。

由上述可知，在清代前往福州的琉球船，無論貢船或接貢船、護送船，都把大量的海帶、魚翅、鮑魚、海參運往中國，因這些貨物都是海鮮料理不可或缺的材料。

松浦說：琉球人從福州購回的貨物雖因時代之不同而有若干差異，但貢船與接貢船的購貨內容並無多大差異。在金額上常居上位者爲羽毛緞、嗶機緞等高級紡織品。又說：根據光緒辛巳（七年，一八八一）所刊行《英話註解》的記載，羽毛緞即羽毛（Camlet），這可能指使用安哥拉羊毛製成的布料；嗶機緞則《英話註解》書爲 Longells，也是毛紡織品之一。這些貨物的產地可能非福州，極可能爲英國毛紡織品被舶載至廣州後，再運往福州者，即中國之轉口貨。

七、明清時代的使琉球封舟

眾所周知，中國、琉球兩國關係史之被明確記載於史乘，始於洪武五年（一三七二）明太祖朱元璋遣行人司行人楊載持詔東渡招諭以後。琉球雖處在福建東北方海洋中，但與同爲中國之朝貢國家，與中國保持頻繁、密切關係的朝鮮大不相同。其故在於中國與朝鮮雖僅隔著鴨綠江相對，但朝鮮之朝貢中國雖有時因受政治上的影響，致前往中國時有相當長的路程須經由海洋，卻可經由陸路來維持彼此之間的關係。琉球則因四面環海，所以它必需靠船舶來維持與中國之間的關係。

何喬遠《閩書》（明崇禎四年，一六三一〈序〉）卷三九謂：「皇朝禁海舶，不通諸番。其諸番入貢者，至泉州。惟大琉球所貢番物，則市舶司掌之。成化八年，市舶司移至福州」。琉球在明初朝貢中國雖至泉州，惟至成化八年（一四七二），隨著市舶司之遷至福州，其貢舶也駛往福州。因此，萬曆《大明會典》卷一〇五〈禮部〉六三「琉球國」條記載：「二年一貢，每船百人，多不過百五十人，貢道由福建閩縣。」如據徐葆光《中山傳信錄》卷六〈舟〉「貢船」條的記載，當時琉球用於朝貢的船隻，其「式略如福建鳥船」，亦即以福建爲中心使用之「鳥船」爲模式建造者。與此相對的，中國冊封使之前往琉球，《閩書》卷四六〈島夷志〉則記曰：

> 琉球在閩東北大海中，舊時貢往來泉州，後移福州。冊封朝使自長樂梅花所開洋，南風順利，十八日可至。操舟多用漳人。

有關冊封使所乘船舶的問題，福建師範大學的趙建群、陳鍾兩位教授已在其所著〈明代使琉球「封舟」考述〉[三〇]，就其型式、性能、造船材料、出造船費用、造船地等有所論述，並言明代派遣琉球的封舟，係每派遣一次，造舟一次。至於琉球使節前往中國時所採取的航路，則佐久間重男教授已在其〈明代の琉球と中國との關係——交易路を中心と〉[三一]有所闡明。因此，松浦章在本章，係把重點放在：明清時代中國派往琉球的使節，到底利用哪一種型式的船舶問題。

(一) 明代之使琉球封舟

爲冊封琉球國新王，由中國所派遣的船舶叫做封船或封舟，其事例見於明清時代所派遣使節的紀錄——陳侃《使琉球錄》、四庫全書存目叢書《重編使琉球錄》、蕭崇業・謝杰《使琉球錄》、夏子陽《使琉球錄》、胡靖《使琉球記》、張學禮《使琉球紀》、汪楫《使琉球雜錄》、徐葆光《中山傳信錄》、周煌《琉球國志略》、李鼎元《使琉球記》、齊鯤・費錫章《續琉球國志略》、趙新《續琉球國志略》等。就時代上言，明代稱封船，清代叫封舟。中山王尚灝於嘉慶十三年（一八〇八）九月十三日所上〈謝恩表〉雖稱冊封使所乘之船爲「冊封天使船」[三二]，

三〇《福建師範大學學報・哲學・社會科學版》，一九八七年第二期。

三一《明代史研究》，第三號（一九七五）。

三二中國第一歷史檔案館編，《清代琉球國王表奏文選錄》（北京，黃山書社，一九九七）所錄〈謝恩表〉云：「爲共謝天恩事：按進福建督撫照會貴國恭迎冊封天使船隻……」。

松浦說此應是「冊封欽差船」。又說，把冊封使搭乘之船固定稱爲封舟，可能爲明代後期至清代，而這種船之與眾不同，就如汪楫《使琉球雜錄》卷一〈使事〉所說，這對中國而言係數十年一次的要事，所以特別重視。松浦在本章即用「封舟」兩字來論說。

松浦說：封船、封舟之被具體記述，始於嘉靖十三年（一五三四）派遣陳侃、高澄爲冊封正、副使之際。當時被陳侃《使琉球錄》書爲封舟的船舶之結構，與航行長江、黃河或運河等內陸河川者有異，船內的居住空間遠較航行內陸河川者爲大。因陳侃係寧波人，故有見聞江舟、河舟、川舟之機會，而可能對航行內陸河川的船舶，與航行海洋的船舶都具有相當的知識。

松浦說：其次所知的封舟爲嘉靖四十年派遣郭汝霖、李際春之際。如據他們《重編使琉球錄》卷上〈造舟〉的記載，當時封舟的全長十四丈五尺，寬二丈九尺七寸，深一丈四寸。又如據張瀚《松窗夢語》卷三〈南夷紀〉，張瀚任職福建時爲冊封琉球國王，被任命爲使節的郭汝霖與李際春從北京至福州後，自福州府長樂縣之石漢前往琉球，他們所乘封舟長十六丈，船腹三丈六尺，椎高與船相等。

萬曆七年（一五七九）被任命爲冊封正、副使的是蕭崇業與謝杰，他們搭乘之封舟規模，徐葆光《中山傳信錄》卷一〈封舟〉書爲「舟長十四丈，寬二丈九尺，深二丈四尺」。其長度雖較前舉兩者短，然寬度比陳侃乘坐者大。

崇禎六年（一六三三）的使琉球使爲杜三策、楊掄、胡靖等人，如據胡靖《杜天使冊封琉球真記奇觀》的記載，「舟與尋常規造迥別，廣六丈，長二十一丈，入水約五丈。中有大堂，上置詔敕」。即船之全長二十一丈，吃水部分五丈。然北京圖書館善本室所庋藏胡靖《琉球記》的紀錄卻爲「舟與尋常規造迥別，廣六丈，長廿丈，入水約五丈。中有大堂，上置詔敕」。此兩書雖俱爲胡靖所撰，但兩者所紀錄之船長卻有一丈之差。松浦又據《崇禎長編》卷二三所錄，崇禎二年（一六二九）六月丁卯（二十四日）任命使節之際的紀錄：

> 欲航海必造船，此舟則規制長十七丈，闊三丈有奇。曰舟隱，曰舵，曰桅，採自關中，非數百年之木不用，非數萬人之力不能運。聞往時船完成二年三年，木質、工價與臣等。種種供應，費皆不貲。

建造封舟的規模雖規定爲長十七丈，寬約三丈，然胡靖《奇觀》所紀錄者卻遠遠超過此一規模的長二十一丈，寬六丈，故其規模之大實屬空前。

對船舶的型式問題，松浦則據萬曆二年（一五七四）進士范淶於萬曆三十年增補修訂之《兩浙海防類考續編》卷一〇之〈按語〉：「閩、廣、浙、直，船制各異，而不知其所以異者，由於海勢之不同也」。又據該書所云：「欲攻大敵於外，非福船不可，其峰房垣，即古之樓船巨鑑，其重底堅牢，即今之過洋與使琉球船式也」。其作爲戰船最適合航行外洋者爲船身堅固的福船，福船與古代樓船一樣巨大，使琉球使所乘坐之船的船式即爲福船。《閩浙海防類考續編》卷一所記載福船船式為：「高大如樓，可容百人。其底尖，其上闊，其首昂，而口張，其尾高」。亦即船之橫截面為V字形，甲板寬，船首、船尾高。經松浦的此一考察，我們得以瞭解明代使琉球使節團所乘坐船隻之大小與其型式。

（二）清代之使琉球封舟

松浦在探討明代封舟模式後，又探究清代封舟的問題。滿清入關後，為冊封琉球國王所派遣之使節始於康熙二年（一六六三），當時之正、副使為張學禮與王垓。如據潘相《琉球入學聞見錄》卷一的記載，他們為冊封新王尚賢，於康熙元年自北京出發，二年四月登舟。所乘船舶之規模為：長十八丈，寬二丈二尺，深二丈三尺。張學禮所撰《使琉球記》則謂：

> 順治十一年三月，入閩造船，藩司詳稱：舊例，舵木用鐵力，其木產於廣西，由海道運。今豪雨未靖，未可計程也，敢請緩期。因留閩四載。

據此以觀，在福建建造的船隻，船底的龍骨係利用牢固的鐵力木，因此松浦以為此一封舟可能為福建的代表性海船「鳥船」。張學禮言該封舟之規模：

> 上下三層，闊二丈二尺，長十八丈，桅鎗左右二門。中官廳，次房鎗，後立天妃堂，船尾設戰臺。碗拜，眾木湊合。高十八丈，俱用鐵裹。

而該船內部有如紡織用梭子。

松浦據汪楫《使琉球雜錄》的記載，言使琉球使須親自監造船隻，且為節省經費利用鳥船而挑選了兩艘鳥船。汪楫云：

兩船使臣共乘其一，而以梢大者載兵役，蓋少從眾多，非是不能安也。船長十五丈有奇，闊二丈六尺，梅高十丈餘，頭碗蹴其半。自蹟底至面凡六層，槍面為戰臺，由面下蹟，有如縫井也。

至船倉的結構，松浦引汪楫的紀錄說：

梯兩折乃入官艙，艙高可八尺。中一間，寬六尺許，兩使臣會食地也。左右分居，居復分兩層，名曰麻力，上下略均。主棲其上，僕處其下也。

松浦說，鳥船一詞始見於汪楫之紀錄，所謂鳥船，即明代後期在福建省沿海開發的海船。這就如范淶《兩浙海防類考續編》卷一〇〈鳥船式〉所謂：「鳥船之制，稽自福沿海民人，造裝客、貨，斷中初無此」。即鳥船係福建沿海民為運輸客、貨而建造，初時只見於福建而為浙江所無。

（三）使琉球封舟之規模

松浦在說明封舟之結構與尺寸大小後，又將明嘉靖十三年（一五三四），至清同治五年

（一八六六）之間十次封舟之規模加以表列，[三三]最大者為崇禎六年（一六三三）所遣之長二十丈，寬六丈，深五丈；最小者為康熙五十八年（一七一九）之長十丈，寬二丈五尺，深一丈五尺。在此，松浦又舉航行長崎的中國商船金得泰（鳥船）之規模，長十二丈，寬四丈，深二丈四尺，主帆柱十一丈三尺圍一丈一尺，前帆柱八丈圍五尺，後帆柱四丈，圍四尺作比較，以突顯封舟之規模通常都較一般船隻為大。松浦可能顧及一般日本讀者不瞭解中國丈尺，所以又將上舉封舟規模表所錄尺寸換算成為公尺。據此則崇禎六年所遣船隻之長度為六二．二〇公尺，寬一八．六六公尺，深一五．五五公尺；康熙五十八年所遣者之長度為三一公尺，寬八．九六公尺，深四．八公尺；航行長崎中國商船之長度三八．四公尺，寬一二．八公尺，深七．八公尺。

松浦在本章篇末又根據福州將軍兼管閩海關事新柱，於乾隆十七年（一七五二）所奏：

> 據廈門稅口委員彭譽秉報，臺灣進口商船共三百一十隻，運廈米二萬五千四百石零；又進口杉板船二十九隻，運廈米二萬七千六百石零。

以為乾隆十七年五月下旬至七月上旬之間到達廈門的臺灣商船，每船載運平均約八十二石，杉板船則平均約四百石，並以之證明封舟是航行外洋的帆船。非僅如此，更於註釋文字之後

三三　其間雖派遣十三次冊封使，但嘉慶五、十三年，道光十八年等三次為商船而可能不知其規模，故未見錄列。

臚列當時文獻所見各種船舶之圖，及福建泉州海外交通史博物館所陳列之封舟模型照片，以加深讀者對封舟的理解。

八、清代中琉貿易裏的封舟壓鈔貿易——那霸的冠船評價貿易

松浦說，爲冊封琉球國世子爲琉球國王，清廷曾派遣八次使節前往該國，封舟除使節外，尚裝載其他人員與貨物。那些貨物乃在那霸從事交易之所需，琉球方面把封舟（冠船）裝載之貨物當作「評價」（Hangar）來處理。關於「評價」，松浦引島尻勝太郎《近世沖縄の社會と宗教》頁一一九所言：

跟隨冊封使前往琉球的官兵並無特別津貼，只攜帶約百斤的貨物，以便在琉球獲其市易之利。為此，琉球王府便非設「評價方」，並根據貨物來評定其價格收購不可。其非熟悉中國物價者，無法勝任斯職。

並言從琉球方面所見冠船貿易問題的研究成果有五味克夫〈玉里文庫目錄未載番外史料にい〉、喜舍場一隆（康熙五十八年亥冠船之時唐人持來候貨物錄〉、〈冠船貿易の實態〉、徐玉虎〈冠船之時唐人持來品貨物錄之分析〉、朱德蘭〈一八三八年與一八六六年的封舟貿易〉、豐見山和行〈冠船貿易にいの一考察——準備態勢を中心に〉、俞玉儲〈三び清代の中國を琉球の貿易を論——封舟の過程展開る貿易をぬ〉等。五味克夫所爲之研究爲史料介紹，喜舍場一隆

探討康熙五十八年使節海寶抵那霸之際所攜帶貨物目錄內容，徐玉虎、朱德蘭兩人考察道光二十八年及同治五年封舟之貿易問題，豐見山和行則闡明冊封使如何裝載貨物，及在那霸如何從事交易，俞玉儲則除考察冠船貿易外，也還論及琉球謝恩船在福州的貿易問題。

（一）封舟之壓鈔貨

松浦根據徐葆光《中山傳信錄》卷一〈渡海兵役〉的記載：「凡兵役隨身行李貨物，每人限帶百斤……與琉人貿易，著爲條令」，以爲那些兵役等都儘可能多帶些貨物前往琉球交易。嘉靖十二年陳侃擔任冊封使時「得萬金，五百人各二十金。多者三四十金，少者亦得十金、八金」。嘉靖四十年郭汝霖擔任使節時「僅六千金，五百人各得十二金。多者二十金，少者五、六金，稍失所望」。萬曆七年（一五七九）蕭崇業前往時則「招募僅得中材，應役不能如前之精工也。所獲僅三千餘金，人各八金。多者十五、六金，少者三、四金，大失所望。至損廩助之，始得全體而歸」。可見冠船貿易所獲之利潤每下愈況，至非損廩補助不可。

松浦說，由封舟輸往那霸的貨物被稱爲「壓鈔」，他爲封舟如何裝載貨物的問題，探討有關壓鈔的記事。松浦又據《清史稿》卷五二八〈屬國〉三「暹羅」條的記載，言康熙四十七年（一七〇八）至中國的暹羅船之貨物，以「壓艙」方式載運，因該船係爲朝貢而來，故其貨物獲免稅優待。雍正十三年（一七三五）、乾隆十三年（一七四八）、十八年至中國的暹羅船貨物，也都採壓艙方式。

就封舟而言，松浦根據徐葆光《使琉球錄》的記載，嘉慶五年（一八〇〇）當時的正、副使趙文楷、徐葆光等之封舟「通計二十四艙，艙底貯石曰『壓鈔』，載貨十一萬斤有奇」。即該封舟有二十四間船艙，爲保持其吃水部分的深度，在船底堆放石頭及裝載十一萬多斤的貨物。松浦又說，清人陳文述的《頤道堂文鈔》卷九〈海運續議〉記載，民間所僱用之船舶，無論大小，都爲使其船體在水面上能夠安定而裝載砂石，並稱之爲「壓鈔」。亦即如果沒有裝滿貨物，就以砂石來壓底，藉求船隻航行時之平穩。

（二）那霸之冠船評價貿易

喜舍場一隆教授在其《近世薩琉關係史の研究》頁六三六裏說：「俗稱〔中國〕渡海人役所攜帶的唐物（中國貨）爲「唐人持渡品」，原來那些貨物是爲謀冊封使船之船腳安定而裝載者，被稱爲壓鈔貨或壓鈔貨物。此壓鈔貨物於兵役、隨員等帶進時自有其限制」。而說出以壓鈔貨所爲之貿易，並介紹「康熙五十八年（一七一九）唐人所攜帶的貨物」。

松浦說，康熙五十八年，爲冊封尚穆而派往琉球的使節全魁一行所搭乘的封舟，其裝載的貨物目錄被收錄於臺灣大學影印本《歷代寶案》第十五冊，頁八八一，名〈康熙五八年亥冠船之時唐人持來候貨物錄〉。該〈物錄〉以「彝茶貳拾玖斤，貝母壹拾斤，長瑳陳良」起筆，裁縫李新，花布陸拾匹，箘梳參千個，康熙五拾八年己亥八月日」作結束；赤嶺誠紀曾整理該〈物錄〉，從而得知此次攜帶之貨物共九百七十件，攜帶五十件以上者三人。

那麼琉球當局如何因應中國使節帶進的這些貨物？蔡溫在其《自傳　蔡溫之自敘傳》頁一一一裏說：

> 己亥六月，冠船入港。之後逐漸協商，順利完成諭祭並封王儀式。余被封為紫冠頂戴，知行祿額五十石。八月中旬開始從事評價，唐人所帶貨物之款額貳千貫有餘。因琉球只有購物銀五百貫，故從九月初起逐漸發生困難而無法從事評價。以欽差為始的唐人謂琉球係王國，無論如何貧困也應該能夠輕易收購六七千貫的貨物。惟因僅有五百貫可供購物，畢竟對不起唐人而不由得生氣，但也無可奈何。

也就是說，琉球當局對康熙五十八年爲冊封尙敬王前往那霸的封舟所帶貨物的估價，其總額在二千貫以上，但準備金卻僅有五百貫，故有半數以上貨物無法購買。結果追加百貫預算，其餘千貫以上的貨物則由冠船、封舟運回本國。

封舟、冠船至琉球時，琉球到底須準備多少銀兩？松浦根據前舉喜舍場一隆《近世薩琉關係史の研究》頁六一六—六一七的記載表列如下：

年次	西元	渡航目的	積儲正銀	所需現銀
康熙二二	一六八三	冊封尚貞王	三二四七貫	一二四〇貫
康熙五八	一七一九	冊封尚敬王	三五六五貫	一七八〇貫
乾隆二一	一七五六	冊封尚穆王	一三七〇貫五五五匁	一三五四貫一七七匁
嘉慶四	一七九九	冊封尚溫王	三二二五貫	一四八〇貫
嘉慶一三	一八〇八	冊封尚灝王	三三五〇貫	一四八〇貫
道光一八	一八三八	冊封尚青王	三二二〇貫	一七四〇貫

松浦說，由於琉球無法籌措鉅額的銀兩，乃以分年償還方式向薩摩借貸。

中國方面在派遣封舟時到底裝載怎樣的貨物？李鼎元《使琉球記》嘉慶五年條有如下記載：

> 海防廳移送渡海人役清冊並執事等至，余見人數過多，恐封舟不能容，以為或可裁減。

因李鼎元見海防廳送來搭乘封舟的人數過多，故下令減少。該《使琉球記》卷二嘉慶五年四月二十八日條又記載：封船戶提出的貨單裏有肉桂、黃蓮、麝香等高價藥材，故下令全部刪除。[三四]松浦據此以言琉球所求者爲藥材，而尤以大黃、大楓子、兒茶爲最。其中大黃不僅是琉球，也是當時世界各國向中國求取的重要藥材。

九、清代經由中琉貿易輸入之琉球海產

此爲本書附論〈清代中琉貿易史面面觀〉的第一章。松浦章說：清代中國商人經由長崎貿易購買的海參、魚翅、鮑魚，乃日本江戶時代（一六〇三－一八六七）的重要出口貨。在此一時代的中琉關係裏，琉球向福州大量出口的即是這些海產。無論進貢船、接貢船或護送船，它們運往福州的貨物裏，幾乎都有海帶、魚翅、鮑魚、海參等而數量龐大。此事已於前文論及，故在此擬考察那些海產從琉球輸往中國的情況，亦即探討那些貨物是否產自琉球？它們在中國被如何消費等問題。

（一）琉球生產海產的情形

松浦說，有關琉球中山王朝生產海產的資料不多，故利用明治（一八六八－一九一二）

三四 李鼎元，《使琉球記》，卷二，嘉慶五年（一八〇〇）四月二十八日條云：「於五月朔日在南京點檢登冊，船戶以所帶貨單進視。其單內如肉桂、黃蓮、麝香等藥皆貴，盡裁去。東海所需，藥材爲最，而尤以大黃、大楓子、茶葉、兒茶爲要藥，補品不甚需」。

以後日本政府所爲調查結果來論述。據松浦的研究，琉球中山王朝時代的漁場在石垣島平久保岬至崎枝岬爲止的十數里之間，及距陸地二三里處的海洋；該島白保岬至伊原之間十數里而距陸地二三里之海洋；及西表島舟浮港至鳩間島之間，同島鹿川灣至崎山村爲止距陸地二三里處的海洋。亦即其所調查者爲石垣島、西表島沿海八公里至十二公里一帶的海洋。又如據該調查報告所錄「魚族種類及魚族來往之季節方向」。

魚之主要者有鱶、鰹兩種，及海鼠、烏賊、飛魚。此外又有所謂瀨魚，及多棲息於石花礁之 Kuwa、Tabame、Kutrugi、鯇等，小者二三斤，大者二三十斤，以及其他深藍色、火紅色，有斑紋者等而不乏魚類。

魚迴遊的季節，春夏在陰曆二、三、四、五月，秋季在八、九、十月，最適宜捕獲的時期在陰曆二至五月，及八至十月。解體之際，首先取其鰭，使鰭乾燥後便成爲魚翅。除鰭外，油、肉也被利用而肉多售予附近居民。除上述漁場外，那霸港近海與慶良、久米島、大島近海亦不乏魚類，而久米島尤以烏賊產地著稱。

（二）中國消費琉球海產之情形

在清代中琉關係裏，中國從琉球進口的海產，尤其海參、魚翅、鮑魚等到底被如何看待？松浦章根據乾隆四十六年（一七八一）《欽定戶部則例》卷八一〈稅則〉「閩海關商稅則例」

的食物稅則，言其「葷味」項裏有「魚翅、鮑魚」「每百斤稅四錢五分五釐」，「海參」「每百斤稅三錢」，以爲據此可知從其他地區輸入福建時的稅則。又以爲其被運往福建的海產並不侷限於琉球一國，例如：乾隆十一年駛抵廈門港的龍溪縣船戶從蘇祿國載運「燕窩、海參等貨」，二十五年八月返抵廈門港的晉江船戶也從蘇祿國運回「燕窩、海參等貨」；嘉慶元年（一七九六）遇海難而駛入廈門避難的呂宋船裝載著「蘇木、舵牙、海參……燕窩」，次年二月至廈門港避難的呂宋船也裝載著「海參」。松浦據此以爲從東南亞到中國的船舶，可能大都裝載「海參」。

基於上述，松浦乃參考日本農商務省水產局於明治三十六年（一九〇三）所編《水產貿易要覽》，論述中國對海參、鮑魚、魚翅、海帶等海產的需求情形。

1. 海參

松浦首舉《水產貿易要覽》的記載，言海參爲日本水產重要出口貨之一，明治以後其出口額雖有消長、增減，但其出口額卻逐漸增加，它在明治時代也仍居海產出口貨的首位。又言海參的種類雖多，可大別爲有刺海參與無刺海參兩種。前者產於本州及北海道一帶之沿海區域，越往西南，其肉刺越粗而不稜立。或有長短，或有參差，日本所產以有刺者爲主。無刺海參產自陸前、陸奧及相模沿海，屬百足海參。琉球及小笠原諸島、鹿兒島縣大島近海所產者雖品種特殊而種類頗多，但大率無刺，僅產梅花參等有刺海參。

松浦又據該《要覽》說，日本出口的海參品質有高低之分，往日的長崎市場依其品質之良否，形狀之大小分爲十級。第十級爲刺高之上等貨，主要產於北海道及松前。第九等產於津輕、南部、仙臺等處，形狀大而刺狀良好者屬之。第八等則無論產地，只要形狀大，即歸此類。形狀稍小而刺狀良好者歸第七等。六等以下則依其大小來分，形狀愈小，等級也越低。

日本出口的海參已如上述，那麼中國愛好海參的情形又如何？松浦舉《要覽》的記載說：貿易商輸出清國之海參有黑、白兩種，白者產自南洋、印度，黑者產於日本、朝鮮等國家，無論何種俱供食用。中國人所喜愛的海參等級雖因地而異，但一般說來，都喜愛形色美而肉質厚者，厭惡尾端開割或腹部已開而鹽氣重，乾燥情形不良者。他們依其等級，有的供作家常菜，有的作爲四大海味之一而用於正式宴會。至其烹調方式則種類繁多，因地因人而異。松浦說，中國進口的海參產地甚多，華南人士所喜愛者爲琉球所產，形狀較小的白海參或黑海參。

2. 鮑　魚

松浦據《水產貿易要覽》說，清國人大都喜愛鮑，將它視爲海味珍饈而其價高昂，江戶時代成爲對華貿易的重要出口貨之一。又說，日本鮑魚的主要出口地爲香港、上海二港，美國和其他國家，但無不爲清國人所食用。其運至香港的鮑魚，除供當地消費所需外，也銷售廣東、廣西、福建等地。上海則可從長江上溯至湖南、湖北、四川，轉而到河南、陝西、甘肅。因銷售幅員廣大，搬運費時，而上海、漢口等地濕氣重，貯藏困難，故非特別留意其乾燥情形不可。由此可知，日本產的鮑魚爲中國人所喜愛而銷售中國各地。松浦說，鮑魚有明鮑、灰鮑兩種，其種類因需要而異，前者主要銷售於長江沿岸各地及四川、福州，後者多爲廣東、廣西、福建等地人士所食用。據此以觀，福州也是明鮑的消費地。

3.魚翅

松浦根據《水產貿易要覽》的記載，言日本明治時代生產的魚翅全部出口。此類海產從江戶時代開始向中國輸出，其生產魚翅者爲西日本之部分地區與仙臺藩等特定區域，明治以後方纔廣泛的生產於各地。松浦引該《要覽》說：

> 清國通常將魚翅大別為黑翅、白翅與堆翅，日本所產者為白、黑兩種，鮪魚、Yaji、Kase、Mabuchi、目白鱶等鰭屬白翅，青、鼠、葦切、貓鱶等之鰭屬黑翅。雖因其外皮之色澤而有這些名稱，惟因鱶之種類不同而品質有異。總之，白翅較黑翅稍優，堆翅則是除去魚翅之外皮，將其能夠食用部分精製而成。

亦即中國人所喜愛的日本產魚翅爲白翅與黑翅。西日本多產白翅，東北地方則以黑翅爲大宗，品質優異者則爲琉球產品。松浦以爲琉球之所以能夠生產良質魚翅的原因，可能繼承中山王朝時代的傳統。

松浦說，清代以後魚翅已成爲官菜即政府舉辦宴會時不可或缺的重要食材，而滲透於各地政府機構與大餐館，至二十世紀初則幾乎普及於全國各地。因此，除從日本進口外，也還從其他國家輸入，雖然如此，那些國家也還不致成爲日本勁敵。《要覽》說：

〔魚翅有〕東洋、南海、臺灣、朝鮮等而以臺灣所產為優，其最上等者稱大梃，中梃次之，小梃又次之。即安南、暹羅等印度沿海所產為二等。主要者為太皮、太汰項青等，其價格較日本上等貨高二成以上。

也就是說，十九世紀輸往中國的魚翅以臺灣產品最高級，東南亞次之。

4. 海帶

中國人稱昆布爲海帶，在日本水產出口貨中其重要性僅次於鯣，它專供中國人所需，當今輸出額數倍於明治維新之時。松浦引《要蘭》的記載說，日本出口的海帶主要運往上海，香港不多，需求海帶者俱爲中國人。上海喜愛葉狹肉薄者，香港則有愛好肉厚者之傾向。由上海轉輸四川、湖南、湖北，而四川之需求量約佔輸入總額的三分之一；其自香港轉運者，以銷往廣東爲主。至其消費情況，松浦則舉明治三十三年（一九〇〇）上海領事的《海產物見本說明書》（見本即樣品、樣本），言中國各地大都需要海帶，尤其華中以北地區的銷路廣闊，其需求良質者爲漢口、九江、天津、鎮江、蕪湖、宜昌等地，嗜好下等貨者爲芝罘、寧波、溫州、杭州、福州。因原料豐富，價格低廉，故經常食用。如遇五穀歉收，則以此補充穀類之不足，並言其料理方式。

松浦據前文所說，謂由此當可充分瞭解琉球王國時代所出口海產之情況。

十、琉球在清代輸入之中國茶葉

明人何喬遠在其《閩書》卷一四六〈島夷志〉「琉球國」條論述琉球物產謂：「鳥、雀、穀、蔬、果品、花木，稍同中國，獨不宜茶茗，即藝之亦不萌」。松浦說，琉球之茶樹雖在十七、八世紀之際從日本引進，卻因雨少而土壤不佳，故不適宜茶樹之成長。並且引《大阪每日新聞》沖繩版昭和十八年（一九四三）六月二十三日，〈希望縣當局與一般大眾節約茶葉消費〉的記事：

> 本縣因氣候關係每年消費的茶葉約十六萬貫[三五]，價格踰九十一萬餘圓。其中九成來自縣外，臺灣茶佔七成，縣產茶僅居一成多而微不足道。

以爲即使到二十世紀中葉，琉球所產茶葉仍無法滿足當地之需，故須從當時在日本統治下的臺灣購買，其數多達總消費量的七成，此事值得注意。臺灣茶係半發酵的烏龍茶，與日本之綠茶有異而此事不難推知。因此，琉球在中、琉朝貢貿易裏，中國便成爲寶貴茶葉的供給源。

三五　一貫等於三·七五九公斤。

（一）琉球在清代中琉貿易裏輸入中國茶葉的情況

松浦說，福州向琉球出口的貨物中，茶葉爲數量較多的一種，因此他乃根據《清代中琉關係檔案選編》的記事，臚列當時福州向琉球輸出茶葉的數量

乾隆三十二年（一七六七）貢船　中茶葉二萬一千七百四十四斤
乾隆三十八年（一七七三）貢船　中茶葉一號貢船一萬十斤
二號貢船二萬二十斤
乾隆四十年（一七七五）接貢船　中茶葉一萬三百二十斤
貢船　細茶葉六萬五千三百七十斤
乾隆四十二年（一七七七）接貢船　中茶葉七千三矮六十斤
乾隆四十三年（一七七八）貢船　中茶葉一號貢船一萬五百斤
二號貢船一萬四百六十四斤
嘉慶八年（一八〇三）貢船　細茶葉二號船九百八十斤
道光十八年（一八三八）接貢船　細茶葉二萬五千斤
道光十八年貢船兩艘漂風船四艘　細茶葉五萬七千斤
道光二十年（一八四〇）漂風船　細茶葉三萬八千斤

、接謝恩船、接貢船各一艘

道光二十年（一八四二）接貢船　細茶葉二萬七千斤

　漂風船各一艘

道光二十三年（一八四五）貢舶二艘　細茶葉二萬斤

道光二十四年（一八四六）貢舶　細茶葉二萬七千斤

道光二十九年（一八五一）貢舶二艘　細茶葉二萬斤

由上述可知，當時從閩海關出口的茶葉有細茶、中茶、粗茶之別，而當時中國向琉球出口的茶葉不少。

（二）中國茶葉在琉球的流向

琉球既然從中國進口大量的茶葉，它們到底被如何消費？因缺乏當時的資料，故松浦乃以後世資料來探討此一方面的問題。他首舉《大阪每日新聞》明治四十一年（一九〇八）六月十二日刊登的〈福州通信〉：

> 適合琉球的茶況：琉球人從舊幕府時代開始即有飲用福州茶的習慣，目前雖因從本國轉運茶葉而外國進口的數量大為減少，但上層社會仍因原有習慣而愛好福州茶。由當地的丸一洋行一手包辦進口業務，年間進口約三萬斤。今年產量雖與去年無甚差異，

但每百斤卻漲約二圓。

也就是說，琉球人之喜愛中國茶，在一九〇八年當時已成爲習慣。

迄至二十世紀十年代，琉球之種植茶樹已頗爲盛行，松浦引《琉球新報》明治四十五年（一九一二）一月五日所刊登明治四十四年日本農業界「茶樹柑橘試驗」情形，認爲琉球之正式開始種植茶樹始於明治末年。他又引明治四十二年五月二十七日刊登於《通商彙纂》第三十七號，日本駐福州領事官所作〈有關福州製茶之調查〉報告，以爲福州出口海外的茶有經過發酵的紅茶與半發酵的烏龍茶、包種茶。同時又根據該《彙纂》第五十四號所刊，福州代理領事土谷久米藏於明治四十五年六月二十九日所作《有關福州產烏龍茶輸出琉球之調查》報告，「因琉球一向從福州進口所需之烏龍茶，故領有臺灣的今天，也仍仰賴該地的茶葉」，而認爲即使到了明治末年，琉球人士依然愛好福州產的烏龍茶。其故在於琉球處於熱帶，居民朝夕飲茶。日本產的綠茶價格雖較烏龍茶低廉，但綠茶只能沖泡一次，烏龍茶則可連續沖泡數次，故飲用烏龍茶較合算。

至於烏龍茶的產地，松浦又根據該報告，言輸往琉球的烏龍茶產地位於三都澳內及閩江上游的福寧府、寧德、福安、羅源、古田、永福、北嶺等地。本來集中於當地的烏龍茶有運往天津及琉球者兩種。初時批發商委託產地的大盤商，而出口外商與批發商之間另有仲介人，從那些烏龍茶中購買輸出琉球者。其運往天津者大都運往俄國方面，其品質與運往琉球者有異。

由乾隆《福安縣志》、光緒十年《福安縣志》的記載可知該縣爲茶葉產地，道光九年《羅源縣志》謂該縣所產茶葉「佳者造在社前，其次火前，謂寒食前也；其次雨前，謂穀雨前也。大抵茶之佳否在地土，亦在製法。邑產味近苦」。民國二十六年《古田縣志》則謂：「清同、光間，茶業爲本地出產品一大宗，縣城及西區七保，北區平壺、大東鶴塘、杉洋、鄒洋等處皆有茶行」。閩省諸郡雖皆產茶，但以武夷山出產者爲最優。福寧府、福州府出產的叫土茶，與武夷山、建安出產者不同。後者被運往廣東，由廣東行商輸出國外；運往琉球者則由丸一洋行包辦。松浦據福州領事高橋橋太郎於明治三十九年所作報告《在福州帝國領事館管轄區域內事情》第六章所錄丸一洋行經手之輸出品：綠茶六萬三百三十六斤，價一萬五千四百零三圓二角五分；紙傘五千六百七十四斤，價九百三十三圓；麻線三百九十六斤，價四百十二圓五角，以爲丸一洋行所經辦輸往琉球的貨物約百分之九十二爲綠茶。由此觀之，即使琉球中山王朝已結束，當地人民對中國茶葉的評價依然很高。松浦在篇末又據《支那省別全誌》第十四卷《福建省》第六篇第一章第三節的記載，言向琉球出口的中國烏龍茶攙有當地人所喜愛的茉莉花、水圭花、木蘭花等。

十一、清代福建沿海地域社會與東亞海域之交流

在地理上福建與海爲鄰，故自古以來與海洋之間的關係極爲密切，就近現代之清代而

言，其情形亦復如此。然此以前的明代則因以海禁爲國策，所以人民在海上的活動受到很大限制。滿清統治中國以後，其面貌便有很大的改變。當清廷平定臺灣的鄭氏一族後，把臺灣收歸版圖，允許沿海民眾積極從事海外活動。我們雖欠缺那些沿海民從事海外活動的具體資料，但清代官員在行政管理上所上有關海關的許多奏摺，能夠彌補此一缺失。松浦說，尤其在本文所說有關福建沿海社會的狀況，可由閩海關的相關紀錄獲得許多寶貴史料。因此，他乃以有關閩海關的檔案史料爲主要依據，探討清代福建沿海地域社會以東亞地域社會爲中心的海洋域圈問題。

松浦說，前此有關福建海關的直接研究有如鳳毛麟角，但關於清代海關者則有寺田隆信〈清朝の海關行政にい〉，香坂昌紀〈清代にる關税贏餘銀兩制定にい〉，胡平生〈粵海關志初探〉，陳國棟〈清代前期粵海監督的派遣——一六八三—一六八四〉、松浦章〈清代にる沿岸貿易にい——帆船と商品流通〉、〈清代福建の海船業にい〉、〈清代海關と中國海船〉（收錄於《清代海外貿易史の研究》）、〈清代前期の海關監督にい〉（收錄圖書同前）、〈清代前期の浙江海關と海上貿易〉（收錄圖書同前），吳建雍〈清朝前期關及其管理制度〉，彭澤益〈清初四關地點和貿易量的考察〉，岡本隆司〈近代中國と海關〉等而成果頗豐。惟上舉成果係以海關組織及其營運爲中心，它與福建地域社會之間的關係之考察尚不充分。因此，松浦乃欲以有關閩海關的檔案史料爲中心，來探討福建沿海地域社會和東亞海域之間的交流問題。

（一）福建海關資料所見之福建沿海地域社會

松浦說，有關閩海關的直接檔案史料之一爲《黃冊》，目前他所見唯一的黃冊庋藏於中國第一歷史檔案館。他根據該《黃冊》所錄乾隆元年（一七三六）四月至二年四月爲止一年分的關稅錢糧奏銷情形。它紀錄著閩海關所管轄廈門、劉五店、石碼、南山邊、南臺、閩安鎮、泉州、安海、涵江、雲宵、詔安、舊鎮、銅山、福寧、寧德、白石司、沙埕等十七處的關稅收入。松浦說，這些口岸至嘉慶年間有若干變動，即已不見乾隆時代的南山邊而增加楓亭、江口、港尾渡而成爲十九個口岸。松浦將此黃冊加以整理，製作「閩海關通關徵稅正稅等表」，認爲海關稅收額最高處係以廈門爲中心的福建省南部沿海地區，以省會福州爲中心的沿海地方之關稅反而不多，只有廈門的半數；亦即稅收的多寡表示船舶出入的多寡。

1. 福建海關的《黃冊》

松浦於分析各口岸的關稅收入情形後，又根據《宮中硃批奏摺》、《宮中檔案嘉慶朝奏摺》等製作雍正十三年（一七三五）至光緒二十三年（一八九七）爲止的「閩海關常稅收入額變遷表」，使讀者對各時期的，關稅收入情形有所比對，增加瞭解。

2. 閩海關常稅則例

對當時海關的稅則，松浦說北京圖書館古籍善本室所庋藏《閩海關常稅則例》二卷（清，愛蓮書屋鈔本，二冊），不僅會把在閩海關通關的物品詳細告訴我們，我們也可從而瞭解閩海關對各種貨物所課徵之稅額。松浦又說，閩海關的常稅則例也被收錄於時代稍晚，於同治四年（一八六五）校刊的《欽定戶部則例》。該《則例》卷六三〈稅則〉二一「閩海關稅則」，把該海關的稅則分為衣物稅則、食物稅則、用物稅則、雜物稅則、船料稅則五類。就食物稅則言之：米：西國米每百觔稅二錢五分。又，京米：每百觔，南臺口稅二錢五分，各口稅六分。與此相對的，從福建省運往沿海各地的茶葉在同一稅則裏則記：茶，細茶每百觔稅六錢，中茶每百觔稅三錢，粗茶每百觔稅一錢。可見茶稅較米稅為高。

3. 硃批奏摺所見之福建海關

松浦說，有關閩海關具體營運之史料為監督閩海關的福州將軍等之奏〈摺〉，它們大都被庋藏於臺北故宮博物院，及北京中國第一歷史檔案館。松浦除這些檔案外，又不憚其煩的引《皇朝文獻通考》、《光緒朝硃批奏摺》所見之資料，共五十餘篇奏〈摺〉，時間則從乾隆八年（一七四三）起，至光緒二十五年（一八九九）為止，以硃批奏〈摺〉中有關閩海關的記述為中心，逐篇說明閩海關課徵各種貨物稅的情形，然後表示其見解。使讀者得以瞭解此前後凡一百五十餘年間閩海關常稅收入之變遷情形。松浦說，常稅收入的變遷，不僅是海關關稅收入數值的變化，也還反映著福建沿海的航運活動，及其背後的商業活動的變化。

（二）由海關報告所見之閩海關

松浦於探討閩海關常稅則例問題後，又以英國在簽訂中英《南京條約》後所作有關福建海關的報告爲中心，探討其相關問題。松浦首先引英方紀錄《海關十年報》（Decennial Reports, 1882-91 Foochow）的如下報告：

雖無法查明在本港所僱用的土著航運業者，但每年登錄的帆船大約有兩千艘以上。這些船被視為定期商船，而其所屬之地區或場所可明確劃分為四處，此可由其船體的顏色來識別，此乃為使一看便知其所屬地區的簡便方法。寧波帆船：船體黑色，或烏艚；福建帆船，船首綠色，或綠頭；廣東帆船：船首赤色，或紅頭；臺灣帆船：船底白色，或白底。

然後述及各地船隻的航線與其所載運之貨物，並言其乘員數因土著船舶所載貨物之多寡而有異。船員除每月可得二圓工資及糧食外，還可獲他們載運私貨所需之一定程度的空間。

按：清代水手的來源有二，其一是船長所僱，其二爲客商自帶上船，客商附搭開往呂宋的船，如所帶貨物有二千元，可自帶水手一名，船長必需給八個擔位；客商的貨物有四千圓，則可帶水手二名，依此類推。由客商自帶的水手地位較低，且與船長無僱用關係。這類水手人數之多寡，視客商投資額而定。清代商船的貿易額不高，客商所佔比例不大，因此商人自帶的水手不會太多。上述給船員載運私貨的一定空間云云，那些私貨即船員個人的貿易品。

（三）乾嘉間東海沿海的海盜

松浦在文末將其所見中國船舶在航海途次被海盜襲擊情形製作事例表，時間從乾隆十八年（一七五三）九月二十二日起，至嘉慶四年（一七九九）十一月五日止，在此前後四十年間共發生六十次的劫掠行爲。松浦說，海船受害的地點大都在浙江沿海。在此海域遇難的船隻以福建籍的三十九艘居首，佔所有遇難船隻的百分之六十五。由此可推知，當時福建海船的活動是多麼頻繁。

松浦除製作海船遇難情形一覽表詳列其船戶名、出發地點、目的地、貨物內容及遇難地點外，又根據《明清史料》來探討乾隆六十年至嘉慶元年前後三年間，以浙江沿海爲中心的海域被海盜襲擊的事例，使讀者對當時海盜橫行的情形有更深一層的認識。

松浦說，當時前往福建的中國商人除蘇州、杭州、湖州等江浙人士外，也還有遠在徽州的商賈。因此，從內陸前往福州的商賈所攜帶的貨物，不僅銷售於沿海地區，也被那些貿易商人攜往國外，而此事實不難推知。

十二、結　語

由前文可知，松浦章博士在本書對清代中琉貿易史的各種問題已有所闡明。誠如他所言，清代中琉貿易史的研究因琉球王國時代的中文外交文集《歷代寶案》，及中國第一歷史檔案館於一九九四年開始刊行《清代中琉關係檔案選編》（至二〇〇二年六月已刊行至第五編）以後，此一學術領域的研究便有長足的進步。復由於中國國家圖書館所庋藏之琉球史料被匯編成爲《國家圖書館藏琉球資料匯編》上、中、下（北京，國家圖書館，二〇〇〇）三冊，《國家圖書館藏琉球資料續編》上、下（同上，二〇〇二）兩冊，及中國冊封使的紀錄——《使錄》被收錄於夫馬進編《增訂 使琉球錄の研究》（榕樹書林，一九九九）以後，有關清代中琉貿易史、清代中琉關係史的主要史料已能夠容易獲得，這對促進今後此一領域之研究將有莫大裨益。

松浦在本書即利用上述這些資料來闡述清代中琉兩國間的朝貢貿易，他說中國與諸外國之間的朝貢規定，因諸外國國情之不同而有異。中國對能夠利用陸路朝貢的國家，與非利用海路不可的國家的對應方式不同，它與諸外國之間的關係之深淺，也因包含地理條件在內的距離遠近而有別。

松浦在本書不辭覼縷的列舉各文獻分別製作琉球各類船舶之免過稅銀、琉球對貢船發給勘合的情形、琉球各類船舶之進出口貨在福州所獲過稅銀之減免優待、中國封舟之規模、舉行冠船貿易之際琉球到底須籌措多少資金、閩海關的徵稅情形，以及海盜肆虐情形的一覽表，並於各章附相關圖片，使讀者對各該問題能有更深一層的瞭解。

經松浦的此一研究，除得以瞭解清代中琉兩國之間有關貢船貿易之詳情外，也從而得知當時的中國封舟爲求船舶行時的平穩而有所謂「壓鈔」，及以此「壓鈔」所爲之貿易就是冠船評價貿易。與此同時，也知明、清兩朝代的琉球貢品，互不相同，即琉球在明代雖貢馬，清代則無此紀錄。清代琉球貢船運至中國的海產雖對當時中國人的日常生活曾造成相當大的影響，但中國出口至琉球的茶葉、藥材、蔗糖、毛紡織品等，給琉球社會帶來的影響也至深且鉅。

朱子學在日本

一、前言

日本以朝廷爲中心的公卿社會，在鎌倉時代（一一八五—一三三三）以後，因武士政權之成立與地頭[一]勢力之入侵莊園，致無論在政治上或經濟上都受到嚴重的打擊，而從古代的權威寶座摔下來。雖然如此，在後醍醐天皇（一三一八—一三三八在位）實施新政[二]前後，政治上，經濟上仍具有相當實力，故其新政雖告失敗，卻仍具有擬恢復政權的積極性與活力，依

一 地頭，日本鎌倉、室町幕府之職稱，始設於一一八五年，管理公領與莊園。由「丁御家人」充任稱「本補地頭」。承久之亂（一二二一）後擴及於新沒收之莊園，謂之「新恩地頭」。擁有莊園之管理權，徵稅權及警察權，及從貢租中抽取兵糧米等。

二 建武新政，一三三四年（建武元年），後醍醐天皇於打倒鎌倉幕府後，恢復天皇親政的事業。具體職制爲：設記錄所處理政務，武者所及侍所統御武人，決斷所處理訴訟問題。著手發行紙幣，營造皇宮。在地方上則力圖恢復「知行領國制」。然因忽視武人權益，致引起他們之不滿。一三三五年，足利尊氏豎起叛旗，新政遂告失敗，造成南、北兩朝的分裂局面。

然保持著自古以來參與文化活動的傳統地位，及扮演領導者的角色。然當新政失敗，足利政權確立以後，公卿社會便被完全排斥於政治圈外，且隨著時代的變遷，其作爲經濟基礎的莊園竟因武士們之蠶食而崩潰，致僅能倚靠傳統權威的儀禮的存在，及古典文化的保持者、管理者，來主張自己所處地位而已。因此，室町時代（一三三三—一五七三）的公卿社會所形成的學術與文學，只不過繼承、保存古代文化之傳統．而幾乎沒有獨創性可言。所以我們如果說：公卿們在中世學術，文學的形成與開展上的作爲，是消極的、保守的，也不過分。[三]

在政治上掌握實權，並貯積經濟實力的武士們在鎌倉時代，學術、文學方面的發言力不僅薄弱，其參與文化活動也缺乏主體性而處於被動地位。他們之能夠具有某種程度之主體的、積極的參與學術之開展與促進文化之發展活動，固爲室町時代以後之事，但他們獨自的文化感覺的自主作用範圍卻有其囿限。因此，室町時代武士社會在文化方面所扮演的角色，在於保護公卿社會與禪僧社會的文化而予以融合，這在學術、文學的領域亦復如此。[四]

就僧侶社會而言，居於古代佛教界之王座的天台、真言二宗，及以興福寺爲中心的南都佛教[五]在雄厚的經濟基礎上雖仍保持著強大的權勢，且有解脫房貞慶、凝然等許多名僧出現，

三 芳賀幸四郎，《中世禪林の學問および文學に關する研究》（京都：思文閣，一九八一年），頁三。
四 同上註，頁四。
五 南都佛教，南都指古都奈良。南都佛教即指奈良時代興盛的六個佛教宗派：三論宗、成實宗、法相宗、俱舍

但大都在護持佛教教學的傳統，而未在輸入中國文化方面貢獻他們的力量。至於此一時期興起的新佛教——淨土宗，它雖因促進自古以來發達的淨土教藝術，並使之與公卿社會接近而給文學與思想方面造成影響，但在狹義的學術領域裏並無值得稱許的貢獻。淨土真宗、時宗、法華宗等宗派則因其布教對象爲與學術、文學之關係較薄弱的都市居民與農民階層，而那些僧·侶又只傾心於弘揚佛教，所以他們對學術發展所作的貢獻，是基礎的，間接的有其侷限。[六]與此相對的，給日本中世之新學術與新文藝之形成及開展有莫大貢獻，且非常積極的參與此一活動，遂給日本近世學術與漢文學之興隆奠定基礎的，就是主要以五山[七]爲中心的禪僧們。

日本中世文化與古代文化的最大差異，在於古代文化主要接受六朝與唐文化而發達，中世文化則受宋、元及明文化的強烈影響。當時爲輸入宋、元、明文化而盡力的雖不侷限於禪僧，但無論在質或在量上，不遺餘力的從事輸入與介紹的卻是禪僧們。就這種意義上言，禪僧們既是日本中世最進步的文化前驅，也對彼邦此一時期之文化特徵性格之附與及形成有極大貢獻。

宗、華嚴宗、律宗。這些宗派不僅注重本宗的經典學術研究，也還兼學他宗。

六　芳賀幸四郎，《中世禪林の學問および文學に關する研究》，頁三。

七　五山，中世官寺制度裏所定禪宗寺院之格式，模仿南宋之官寺制度而來。有鎌倉五山及京都五山，前者爲建長、圓覺、壽福、淨智、淨妙五寺，後者則爲天龍、相國、建仁、東福、萬壽五寺。此外，又有五山之上的南禪寺，而它們有一定之序次。

朱子學之東傳始於南宋寧宗嘉定四年（建曆元年，一二一一），日僧不可棄俊仍自華留學東歸之際。[八]其後經日本禪僧之入宋學禪，及華僧之赴日定居、弘揚禪學與朱子學，遂使日域的禪學與朱子學大爲發達。朱子學發達以後終於成爲日本中世學術的主流，給當時的儒學研究帶來一個高峰，形成了五山文學。

當禪林儒學盛行以後，在公卿之間亦風行朱子新註之研究，地方儒學也受其影響而盛行此一方面的鑽研。惟至江戶時代（一六〇三—一八六七），日本的儒學內容已不完全祖述宋儒之說而有其獨自的見解，其本質也從前此學術、宗教、文學混合狀態中建立自己的領域。因此，本文擬對朱子學在日本發展的情形作一概觀，以求題正。

二、禪僧的儒學觀

（一）中國禪林文學發展的契機

禪宗之宗旨爲「教外別傳，不立文字」，所以它不似天台宗之以《法華經》，真言宗之以

八　足利衍述，《鎌倉室町時代之儒教》（東京：有明書房，一九七〇年），頁七。不可棄俊（一一六六—一二二七），字我禪，號不可棄，敕號大興正法國師，鎌倉初期八宗兼學之僧侶，肥後（熊本縣）人。一一九九年入宋學戒律，兩年後東歸，明庵榮西將其迎至建仁寺。擅長書法，泉涌寺留有墨蹟。

《大日經》爲其所依之經典，而以禪定三昧[九]之功，「一超直入如來地」[一〇]，亦即舉轉迷開悟之實，來「直指人心，見性成佛」。[一一]因它注重徹底的「行」，故其純粹的祖師禪[一二]之原有立場，對以教理、教相[一三]爲主的內典未予重視，因此有關外典的學術作品，當然在排除之列。

然而，相傳達摩曾把《楞伽經》帶到中國，將它傳予二祖慧可（四八七—五九三）而百丈懷海（七四九—八一四）之撰《百丈清規》以定禪林規矩，及華叟宗曇編《碧巖集》之根據《楞嚴經》第二之經文所爲「楞嚴不見時」之則，即表示禪並未完全否定智慧與戒律。[一四]而中國禪林對（楞嚴經）、《楞伽經》、《金剛經》等的內典研究，從禪宗發達之初期已開始，而強調「慧」方面的教相與禪宗接近、融合，這種傾向在唐末至五代之間已經顯著。

中國禪林的特色之一，就是深受士大夫階層的影響。中國的士大夫多經由科舉爲官，但由於政權的隆替，既有在官場得意的，也有下野爲民的。而後者則間有因此失意而隱逸山林，

九　禪定三昧，三昧，因將心專注於一境，所以也叫「心一境性」，係指統一精神之禪定而言。

一〇　一超直入如來地，就是一腳踏入其中，亦即不經修行階段而直證佛位。《證道歌》云：「爭似無爲實相門，一超直入如來地」。

一一　直指人心，見性成佛，即直指人心之本身，而自覺自己心性之不外乎爲佛性，就是成佛。此與「教外別傳，不立文字」，同爲表示禪之極致之常用語。

一二　祖師禪，祖師菩提達摩所正傳之禪，指主張「教外別傳，不立文字」之六祖慧能以下之南宗禪而言。

一三　教理，即佛教的道理，指經典、論書之思想內容。教相則是教法的說相，佛所說之教義體系。

一四　芳賀幸四郎，《中世禪林の學問および文學に關する研究》，頁二三。

終爲禪宗所吸引者。不過那些在野者未必都一直隱逸，俟得機會，又重返廟堂。當他們復仕後，或許仍不忘禪而予以關懷、愛護，乃將金錢、土地捐贈禪寺，禪僧們便因此能過足衣足食的生活，有較多時間來讀書。[一五]然禪僧裏也有因科舉失敗才皈依佛門，在禪林求發展的，如晦機元照，他即因對仕宦死心，方纔遁入空門。[一六]

禪宗雖標榜不立文字，但它在中國卻是獲得愛好學問與文學的士大夫階層之支持而發展的中國式佛教，故從唐代開始，在其內部就產生以偈頌爲中心的宗教文學，此一傾向在宋代更形顯著。尤其在南宋（一一二七－一三六七）時曾經刊行許多詩文集──外集，而自南宋至元代（一二八〇－一三六七）之間，以文筆名聞於世的禪僧輩出，如無學祖元（一二二六－一二八六）、兀庵普寧（一一九七－一二七六）、古林清茂（一二六三－一三二九）等人既是當時禪林的泰斗，也是傑出偈頌作家。由於當時東渡日本的禪僧多出在他們門下，而至中國學習佛法的日本僧侶也多以他們爲師，所以南宋、元代的中國禪林學習外典的風潮對日本有很大影響，乃自然趨勢。

一五　玉村竹二，〈教團史的に見たる宋元禪林の成立〉，頁三八。

一六　晦機元照，如據《會元續略》三、《續傳燈錄》三六、（增續傳燈錄）三等的記載，他屬臨濟宗楊崎派大慧派。江西南昌人。俗姓唐。原期望爲進士，與兄元齡同讀書。後從西山明出家，遇物初大觀於玉元開法，遂侍之而嗣其法。歷舉百丈山、淨慈寺、仰山。元仁宗延祐六年閏八月二十七日示寂，世壽八十二。玉村竹二，〈教團史的に見たる宋元禪林の成立〉，收於《墨蹟資料集》（美術研究資料），附冊。

當禪宗東傳日本的時期（一一七〇年前後），中國方面的教與禪，禪與淨土已經融合，所以對教理、教相的關心隨著高昂，研究內典的風氣漸盛。這種風氣也隨禪宗之東傳而傳至日本，這可由首先將此宗傳至扶桑的明庵榮西（一一四一—一二一五）之台、密兼修，八宗兼學，及在京都一帶奠定禪宗基礎的圓爾辨圓（一二〇二—一二八〇）之八宗兼學事獲得佐證。[一七]而從辨圓之於留華東歸時（一二四一），將許多有關佛教的書籍帶回日本，便可知他教禪一致的立場，與他對內典修養之深厚情形。辨圓的這種態度，成爲他創京都建東福寺及建仁寺日後活動的傳統，而此傳統又爲採取禪教不分之態度之夢窗疏石（一二七五—一三五一）一派僧侶所繼承。因此，日本禪僧不僅閱讀內典，而且設法輸入內典。[一八]

（二）中國禪林的文學觀

衆所周知，戒、定、慧三學，可謂爲佛教成立的基本條件，它們有如鼎之三足，缺一不可。所謂戒，就是戒律，乃是要防非止惡，以求身、口、意之清淨；定即禪定，攝散亂心以處無爲之凝寂，以明心性。因此戒與定兩者之間的關係是相依相助，而修此兩者後方纔產生

一七　圓爾辨圓，日本鎌倉時代禪僧。曾於一二三五年至中國，參徑山之無準師範而得其印可。返日後，爲其三位天皇授戒，且曾三度前往鎌倉弘通佛法。敕謚聖一國師。其門流稱聖一派或東福寺派。

一八　鄭樑生，《元明時代東傳日本的文獻：以日本禪僧爲中心》（台北：文史哲出版社，一九八四年），頁四一。

智慧——解脱知，復由於開悟解脱知而能使戒愈益清淨，定愈益澄明寂靜，所以戒、定、慧三學是三即一，一即三。並且禪宗又與經由戒律、智慧所爲的佛道修行是漸修的、漸悟的，或道德的、學解的相對的，特別重視定，而以專修它來徹見人人本來所具有，個個圓成底之佛性，從而求取頓證成佛。是以禪宗本來就包攝戒與慧而未予忽視，此事亦可由菩提達摩之將《楞伽經》傳與二祖慧可（四八七—五九三），百丈懷海之定清規以爲禪林規矩之事實獲得佐證。[一九]

就禪宗之立場言之，它雖認爲「醉心於外書，立業於文筆者，此是剃頭俗人也，不足以作下等」，[二〇]而持否定論，但懷有容許禪僧學習文學之立場，並作理論的闡明者，其出現時期卻相當早。如嗣古林清茂（一二六三—一三二九）之法，於元明宗天曆二年（元德元年，一三二九）東渡日本的竺仙梵僊（一二九二—一三四八），他曾與其日籍弟子裔翔侍者作如下問答。

裔翔問：

大凡作詩及文章，何者宜為僧家本宗之事？

竺仙曰：

一九　芳賀幸四郎，《中世禪林の學問および文學に關する研究》，頁二二一－二二三。

二〇　夢窗疏石，〈三會院遺戒〉。

僧者先宜學道為本也，文章次之，然但能會道，而文不能，亦不妨也。

裔者再問：

多見日本僧以文為本，學道次之。翔見杜子美曰：「文章一小技，於道未為尊。」以此觀之，況緇流乎。故竊以為恨，然如何學道可也？

竺仙答曰：

汝能知之，猶可敬也，我國之僧有但能文而宗門下事絕不知者，人乃誚之，呼其為「百姓僧」。若僧為文不失宗教，乃可重也。[二二]

亦即竺仙認爲：站在僧侶的立場，只要能夠領悟禪旨，則即使拙於文章，也不可恥，若只會文章而不知宗門之事，那纔是可恥的。然如能將學道與文章這兩件事都做得很好，那就最爲可敬了。對於裔翔在那以後的問題，竺仙更進一步地回答曰：

但以道為大事，以文助之，乃可發揚。凡世間一切，不可嗜而執著之。道法雖大事，成偏僻，為法塵，況文章乎！然譬如人食，有飯乃主也，若復有羹，方為全食；無羹之食，未免咽滯而少滋味。以道之飯，得文之羹，百家技能為菜，為饌，斯為妙也。[二三]

此乃將道與文章的關係比作飯與羹的關係，亦即竺仙以文章爲助道之一而加以肯定。也就是

二二　竺仙梵僊，〈問答〉，《竺仙和尚語錄》，下卷。

二三　同前註。

說，在轉迷開悟之際，既無需文字，也與它無涉；在開悟之前如涉及文字，不僅成爲修道之障礙，即使在開悟以後，若仍執著於它，亦屬邪道。惟當體得道法以後，則未必須要迴避，此乃因它扮演著虀對主食的作用，所以身爲禪僧者，以道、文兼備爲理想。[二三]嗣法古林清茂的大禪師竺仙梵僊之既出此言，則他對日本禪林的影響當非淺鮮。

（三）日本禪林的文學觀

我們從木宮泰彥著《日華文化交流史》所列宋、元時代留學中國的日僧名單推知，當時的日本僧侶有強烈的崇華思想，[二四]而這種情形至明代也沒有改變。[二五]這就如室町幕府第三任將軍足利義滿（一三五八—一四〇八）對明朝皇帝所呈〈表文〉之內容，及日本朝野對中國之態度所顯示，當時的日本人士普遍具有濃厚的崇華思想，不僅足利義滿向明成祖自稱「日本國王臣某某」，其後的歷任將軍也都向大明皇帝陛下作如此自稱；其貴族，公卿亦多稱中國爲「中華」、「上國」，更有將中國國書尊稱爲「天書」者，而此一事實見諸載籍，斑斑可考。

二三　芳賀幸四郎，《中世禪林の學問および文學に關する研究》，頁二四八。鄭樑生，《朱子學之東傳日本與其發展》（台北：文史哲出版社，一九九九年），頁五九

二四　木宮泰彥，《日華文化交流史》（東京：富山房，一九五五年），頁四四五-四六四、六〇二-六一四。

二五　玉村竹二，〈教團史的に見たる宋元禪林の成立〉，頁五一-六〇。鄭樑生，《明代中日關係研究》（台北：文史哲出版社，一九八五年），頁一五七-二〇二

[26]在這種風潮之下，日本禪林便原原本本的模仿中國禪林的風儀與其好尚。而此一事實之使日本自禪宗東傳以後，成爲促使其禪林顯著傾向於漢文學的一大契機，此事實無須贅言。[27]

日本的初期禪林，其所持意見亦有與竺仙梵僊相仿的，如被譽爲五山文學雙璧之一的義堂周信（一三二五—一三八八），他說：

> 君子學道，餘力學文。然夫道者，學之本也；文者，學之末也。譬諸錦江，則道者錦之經也，文者錦之緯也；而本者江之源也，末者江之流也。然則未有無經而有緯者，又未有無源而有流者也。上人其為學之本乎？將其為學之末乎？老杜以文章自負者尚不曰乎，文章一小技，於道未為尊。念哉！[28]

此用以告誡晚輩。又說

> 一文一藝，空中小蚋，此梁亡名子之言也。文章一小伎，於道未為尊，此唐杜甫子之言也。如二子言，則文章與乎道，遠者明矣。而《雜華經》則說：「菩薩能於離文字法中，出生文字。」又說：「雖隨世俗演說文字，而恆不壞離文字法。」子劉子則說：「心之精微，發而為文。」如此二者說，道固不外乎文字矣。[29]

二六　鄭樑生，《元明時代東傳日本之文獻》，頁四二；《朱子之東傳日本與其發展》，頁五八。
二七　瑞溪周鳳，《善鄰國寶記》（續群書類從本）所錄〈遺明表〉。
二八　義堂周信，《空華集》（五山學全集本），第一六，〈錦江說〉「送機上人歸里」。
二九　同前註，第一六，〈文仲說〉。

義堂以爲：如從自利向上之第一義而言，就應將文章加以否定；從利他向下的立場來說，則在不執著於文字的條件下予以肯定。且言禪僧與學詩文之本義與功用曰：

> 凡吾徒學詩，則不為俗子及第等，蓋七佛以來，皆以一偈見意。一偈之格，假俗子詩而作耳，諸于勉之。又，詩有補於吾宗，□□詠矣！[三〇]

由此觀之，義堂對文學的見解是：詩文於禪門有益。時代稍晚於義堂的仲方（一作芳）圓伊（一三五四—一四一三）則在其《懶室漫稿》〈夕佳樓詩後序〉裏舉：「古曰『文有二道，曰著述者，曰比興者』」後說：

> 凡二者之為也，雖非吾曹之專門，而黼黻（文章）宗教之一助，是亦不可偏廢者也。[三一]

亦即仲方認爲詩文爲禪道之一助，反對一概禁止。至於曾於明憲宗成化三年（應仁元年，一四六七），以居座[三二]身分至中國朝貢的桂菴玄樹（一四二七—一五〇八），他對此一問題的見解是：

> 禪與詩文一樣同，紫陽今不可無翁；當軒坐斷熊峰上，四海空來雙眼中。[三三]

而認爲禪與詩文無異，可以兼學。

三〇　義堂周信，《空華日用工夫略集》（東京：太洋社，一九三九年），應安二年（一三六九）九月二日條。
三一　仲芳圓伊，〈夕佳樓詩後序〉，《懶室漫稿》。
三二　居座，日本於明代所遣朝貢使節團團員的職稱，其地位相當於船長。
三三　桂菴玄樹，《島隱集》上，文明丁酉年（一四七七）條。

日本禪僧既然認爲作詩製文於禪門有益，於道無害，遂孜孜於學習詩文，致有忘其身爲僧侶之本分者。

三、禪林儒學的開展

（一）朱王的禪學觀

陸王心學與程朱理學同爲宋明儒學相對峙的兩系，它們分別從不同層面將儒家的內聖之學推向了顛峰。宋明儒學能走上這一步，一方面出於鞏固後期中國封建秩序的實際需要，另一方面則在於吸收改造釋、道兩教，以其本體論、認識論的理論成果爲資料，建構細密嚴謹的思想體系，實現孔孟傳統的再建。就摭取佛教而言，心學與理學二系所受佛教的影響還有唯識、華嚴，固不限於禪宗，不過影響最深最大者，又非禪宗莫屬。[三四]王陽明《傳習錄》有如下一段話：

先生曰：「你看這個天地中間，甚麼是天地的心？」對曰：「嘗聞人是天地的心」。曰：「人又甚麼叫做心？」對曰：「只是一個靈明」。「可知充天塞地，中間只有這個靈明。人只為形體間隔了。我的靈明，便是天地鬼神的主宰。……天地鬼神萬物，離卻我的

三四　張石、王樹海、吳作橋、張錫坤，《禪與中國文學》（長春：吉林文史出版社，一九九二年），頁七九—八〇。

靈明，便沒有天地鬼神萬物了。我的靈明，離卻鬼神萬物，亦沒有我的靈明。如此便是一氣流通的，如何與他間隔得？」

陽明此語與禪宗本體論無二致。禪以本心規定客觀外物的本質，否認實在有此岸與彼岸的區分，此岸即彼岸，彼岸即此岸，他們只是一個世界，而非兩個。此世界即「心」，或自性、人性，亦即佛。它是一元的，本自具足的絕對本體。[三五]陽明又認爲心有「人心」與「道心」。雜私欲者爲「人心」，不雜私欲者爲「道心」，「道心」即天理。「人心」得其正爲「道心」，「道心」失其正爲「人心」；去私欲即去過分之欲，是爲「正心」（意識），即返於「天理」（明德之境）。[三六]

朱熹訓「格」爲「至」，格物即使人直接「至」於事物；王守仁則爲「正」，格物即去過分之欲，使事物歸於「正」，而以「良知」認識；此處兼取「感應」之義，蓋障礙既去，心自能正常直接感應於事物而認識之。格物致知，爲正心之功夫。其程序：物格而後知至，知至而後意誠，意誠而後心正，心正而後身修。[三七]

聖人致知之功，至誠無息。其良知之體，皦如明鏡，略無纖翳。妍媸之來，隨物見形，

三五 同前註，頁八二。

三六 《大學》〈傳之七章〉云：「所謂修身，在正其心者，心有所忿懥，則不得其正，有所好樂，則不得其正，有所憂患，則不得其正」。

三七 陳式銳，《唯人哲學》（廈門：立人書報社，一九四九年），頁一〇。

而明鏡曾無留染；所謂情順萬事而無情者也。「無所住而生其心」，佛氏曾有是言，未為非也。明鏡之應物，妍者妍，媸者媸，一過而不留，即是無所住處。三八

以「明鏡」喻「心」，乃禪門慣用的手法，禪僧說：

真如自性起念，六根雖有見聞覺知，不染萬鏡，而真性常自在。三九

王守仁則說：「妍媸之來，隨物見形，而明鏡曾無留染；所謂情順萬物而無情者也」。「情順萬物而無情」，即龐居「但自無心於外物，何妨萬物常圍繞」之意。亦即提出《金綱經》所謂「無所住而生其心」，而以「一照而皆真」，以「一過而不留」釋「無所住」，分別從兩方面概括了禪宗「無心」的要旨——動靜合一。四〇

朱、王等儒者對禪的見解既如此，則禪對他們所作文章，自然會產生重大影響，此乃自然趨勢。

（二）中國禪林的宋學觀

中國文人接受佛教的契機，是魏晉玄學的興起。魏末正始中，何晏、王彌祖述《老》、《莊》，

三八　王守仁，《傳習錄》，中。
三九　《壇經》〈定慧品〉，第四。
四〇　張石等，《禪與中國文學》，頁八八。

而玄學就是儒學的老莊化。至於晉代，玄學形成了一代風氣，名士們競談虛無，並發現了玄學與佛教初傳時的大般若相似處。在此情形之下，玄學家以佛教來豐富自己，佛學家則依附玄學發展自己的「般若」理論，從而使釋子與文人大大改變了漢魏時期相互隔離的局面。[四一]

迄至東晉，士大夫崇佛已相當普遍，而僧人與名士交往者亦復不少。由於思想與生活情趣上的同調，遂導致文學上的同步。當時在文壇上玄言詩頗為盛行，詩的言玄與佛家言空有一致性，於是那些擅長詩文的高僧覺得這種詩正是闡揚禪機佛理的方便工具，很自然的衝破了將詩視為「外學」的桎梏，以詩言起佛來。[四二]因此，佛教東傳，與「道」融合，促使文人與釋子攜手，玄詩與禪詩相接，形成了詩僧產生的內在機制與外在動力。在有宋一代，禪宗禪、教一致的思想益形顯著。其間雖有過禪徒學究天台、華嚴，或與儒學、老莊多所關涉，卻始終未改變其禪佛的立場，而企待一超直入如來地的頓悟之法，乃訴諸揚眉瞬目，舉拳棒喝等禪機，作為以心傳心，禪之極限的捷便手段。[四三]

佛教注重文字，以文字為般若，經、論、律浩如煙海，禪宗反對，不屑於此，表示另有傳授。禪祖師之所以否定文字的功用，在於他由世俗的觀念出發，認為文字不能超越萬有、

四一　同前註，頁三六五。
四二　同前註，頁三六六。
四三　同前註，頁三六二。

傳達以至承載至微至高的妙道。[四四]這就如蘭溪道隆（一二一三—一二七八）之《大鑑禪師遺誡》所謂：「參禪學道者，非四六文章，宜參活祖意，莫念死話頭」似的，「如其醉心於外書，立業於文筆者，此是剃頭俗人也，不足以作下等」。如從標榜「教外別傳，不立文字」之禪原有之立場言之，他們之說這種話固爲理所當然之事，但禪宗是在重視文字的中國，並且又是以愛好學問的士大夫知識階層爲其主要支持者而發展的，非常中國式的佛教，所以從唐代開始，其內部便已興起以偈頌爲中心的宗教文學。非僅如此，這種傾向至宋代而更形顯著。尤其到了南宋，編纂、刊行了許多禪僧們的詩文集——外集，並且從南宋至元代之間，以文筆著稱的禪僧輩出，如：蘭溪道隆、癡絕道沖、無學祖元、一山一寧等是。他們對朱子學的造詣尤深，而日本禪僧之朱子學之受此二師之薰陶者甚夥，故他們在日本儒學史上所居地位既崇高，影響亦甚大。

（三）日本禪林的宋學觀

眾所周知，性理學之奠基者周敦頤、張載、程氏昆仲、及集其大成之朱熹等人都曾經參禪而受禪宗之影響，卻有過排佛的言論而被非難。然因其所主張者與禪之教理靈犀相通，其

四四　鄭樑生，《朱子之東傳日本與其發展》，頁五二。

作爲實修的居敬窮理，與禪之打坐見性有一脈相通之處，故使禪僧們容易理解，且使他們產生親近感。所以程、朱等人雖有排佛的沿言論，明教契嵩（一〇〇七—一〇七二）、北澗居簡（一一六四—一二四六）、癡絕道沖（一一六九—一二五〇）、無準師範（一一七八—一二四九）等禪僧卻俱言儒佛不二，採包容儒學的立場，而此一立場爲宋代禪林的風潮。另一方面，藉宋學之概念與理論來說禪，對於在親近宋學的上層士大夫階層或一般知識階層傳布禪教，頗有功效。職此之故，自宋代至元代禪林，尤其江南的禪林，對儒家經典，尤其對宋儒的學說有所研究。[四五]當日本禪僧不畏艱險地逾越萬里波濤至中國學禪之際，適逢宋學風靡於學術界、思想界的南宋之後，故他們從事禪之修行時，也多肯定宋學而加以接受。至於在此一時期東渡日本弘揚禪教的華僧們，也都出自同一世界，因之，宋學便隨著那些禪僧傳到日本。那麼，當時日本禪林的宋學觀如何？就周敦頤而言，系出華僧一山一寧，且曾私淑宋之碩學明教契嵩禪師，而有學富五車之舉的虎關師錬（一二七八—一三四六）評之曰：

仲尼沒而千有餘載，縫掖之者幾許乎，惟周濂溪獨擅興繼之美矣。[四六]

而給與相當高的評價。至中國師事古林清茂（一二六二—一三一九）等名衲，而嗣北居簡之直系東陽德輝之法的中巖圓月（一三〇〇—一三七五），他雖有「本朝緇林，有文章以還，無

四五　芳賀幸四郎，《中世禪林の學問および文學に關する研究》，頁五一—五二。
四六　虎關師錬，〈榮西傳〉「贊語」，《元亨釋書》，二卷。

抗衡者，可謂空前絕後也。」[四七]之令譽，卻也對周、程、張等人之僅引禪者之片言隻字而加以非難曰：

> 伊洛之學，張、程之徒，夾註孔、孟之書，而設或問辨難之辭，亦有恁地便是恰好，不要者般什麼說話，無道理了。那理得個不理會得，卻較些子等語，然其主意存於抛提佛、老之道也，此等非禪也審也。[四八]

中巖對周、程、張諸夫子的評語雖如此，對朱晦菴（一一三〇—一二〇〇）卻說：

> 朱之為儒，補罅苴漏，鉤玄闡微，可以繼周紹孔者也。[四九]

而以朱子爲周公、孔子以後的第一人。時代稍晚於中巖的義堂周信則曰：

> 凡孔、孟之書，於吾佛學，乃人天教之分，齊書也，不必專門，姑為助道之一耳。經云：「法尚可舍，又何況非法」。如是講則儒書即釋書也。[五〇]

義堂不僅認爲讀儒書對弘揚佛法有助益，他自己也有精湛的研究。對於漢唐古註與宋儒新註，則給後者的評價較高，曰：

> 近世儒書有新、舊二說，程、朱等，新義也。宋朝以來學者皆參吾禪宗，一分發明心

四七　義堂周信，〈中巖傳〉，《空華集》，二三卷。
四八　中巖圓月，〈問禪篇〉，《中正子》。
四九　中巖圓月，〈辨朱文公易傳重剛之說〉，《東海一漚集》。
五〇　義堂周信，《空華日用工夫略集》，應安四年（一三七一）卷末〈附記〉。

地，故註書與章句學迥然別矣。《四書》盡朱晦菴，菴，及第以大慧書一卷，為理性學本，云云。五一

亦即他認爲因宋儒曾經參禪而得禪旨，所以對孔孟學說能夠擺脫前人的見解而有所發明，對儒家經典的解釋與漢唐古註迥然有別。至儒書新、舊二學之差異，在於：

漢以來及唐儒者，皆拘章句者也，宋儒乃理性達，故釋義太高。其故何？則皆以參吾禪也。五二

由前舉文字可知，義堂對宋儒新說持肯定態度。曾於宣德年間（一四二六—一四三五）至蘇、杭地方的翺之慧鳳（一四一四—一四六三）對宋學的見解是：

建安朱夫子，出於趙宋南遷之後，有泰山巖巖之氣象。截戰國、秦、漢以來上下數千歲間諸儒舌頭，躬出新意，聖賢心胸，如批霧而見太清。數百年後，儒門偉人名流，是其所是，非其所非，置之於鄒魯聖賢之地位。仰之如泰山北斗，異矣哉！三光五嶽之氣，鍾乎是人，不然，奚以至有此乎？五三

五一　同前註，永德元年（一三八一）九月二十五日條。
五二　同前註，應安四年（一三七一）六月三日條。
五三　翺之慧鳳，〈晦菴序〉，《竹居清事》。

由這段話可知翺之對朱子之尊崇，從而亦可推知他對宋學的態度。

曾於明代以朝貢人員身分至中國的笑雲清三也稱讚朱子說：

> 以一心究造化之妙，至性情之妙，正《四書》、《五經》之誤，作《集註》、作《易本義》，流傳儒道之正路於天下者，莫若朱文公。不以朱子為宗，非學也。[五四]

而將朱子捧上了天。由上舉文字，當可瞭解日本中世禪林對宋學態度之一斑。

四、日本禪林文學的發展

（一）宋學關係圖書之東傳

禪宗雖然標榜「教外別傳，不立文字」，以「禪定三昧」[五五]之行，「一超直入如來地」，一切皆得「自肯自得，冷暖自知」[五六]，而有如《臨濟錄》〈語錄〉所謂：「三乘十二分教，皆是拭不淨故紙」，[五七]認爲五千四十餘卷黃卷赤軸對修禪無益。但禪是佛教的一個宗派，則它絕非

五四　笑雲清三，〈朱文公勸學文〉，《古文珍寶抄》，前集。

五五　三昧，梵語 samadhi 之音譯。因將心專注於一境，所以也稱心一境性，指精神統一之禪定。

五六　自肯自得，冷暖自知，自肯之境界，不待他人之教導而自肯自信，達到大悟大信之境界。冷暖自知則指有如人之飲水，冷暖自知。即悟道之境界只有本人自知而他人難窺其情形。

五七　三乘十二分教，皆是拭不淨故紙，指在廁所丟棄的故紙。所謂故紙，即舊而無用之紙，引申爲舊圖書因禪門極端厭惡過分重視經典而輕視參禪之實踐，故有時將經典、祖錄之類喻爲「拭不淨故紙」。《臨濟錄》〈示

忽視「戒」與「慧」。這就如前文所提菩提達摩曾攜帶《楞伽經》至中國，將它傳給二祖慧可；後來百丈懷海制訂《百丈清規》，以爲禪林之準繩。

將臨濟宗黃龍派虛庵懷敞之禪東傳日本的明庵榮西（一一四一－一二一五），如據其《興禪護國論》的記載，則其主張尚未逸出教乘[五八]禪的立場而「融祖通意教意」[五九]。與明庵同爲日本禪宗之奠基者的圓爾辨圓，他雖曾至中國學佛而嗣無準師範之法，且開創京都東福寺，然其宗風亦教乘禪的成分居多而八宗兼學。[六〇]

禪宗東傳日本之初，既因明庵、圓爾等僧侶之個人性向與教養，及因爲緩和日本原有之舊佛教勢力之壓迫與毀謗，並與之妥協，受到規範而不得不採教禪融台的立場，或朝學解的方向走，故其教乘禪的傾向極爲濃厚。在此以後，固有東渡日本的華僧如蘭溪道隆、兀庵普寧、無學祖元，及系出留華日僧南浦紹明（一二三五－一三〇八）之法系宗峰妙超（一二八二－一三三七）、關山慧玄（一二七七－一三六〇）等僧侶之出現，而由教相的教乘禪逐漸展

眾〉云：「三乘十二分教，皆是拭不淨故紙。佛是幻化身，祖是比丘尼」。

五八　教乘，佛教之經教，乘爲載運之意。此言佛之教導能載人從迷界之此岸至悟界之彼岸。小乘、大乘、一乘之乘爲此意。

五九　祖意，祖師達摩西來意之簡稱，即祖師從印度至中國之意。教意，佛爲芸芸眾生所說之教之本意。言教外別傳的禪宗，它參究西來意，與教意相對的尊重祖意。

六〇　無住，《雜談集》。

開成爲祖師禪，但日本禪宗的開展卻因奠基者所流傳之教乘禪的傾向形成一個伏流，長久流傳下去，致引發他們對研究內典的關心，從而隨著時代的進展與其他各種契機相互纏繞，成爲加強日域禪林學習外典的契機，[六一]此一事實難於否認。

對重視禪機的祖師禪而言，以棒喝及臨濟義玄（？—八六七）所謂全體作用而直率的直指事物的方法，固爲第一義的傳達知識的方式，惟此根據直觀的傳達方式，只要是倚靠直觀，則無論在時間上或空間上，其所傳達的，自非侷限於窄狹的範圍不可。亦即禪僧如想將自己的內心世界廣泛的傳達給一般社會，或將它留傳後世，則非採取直觀的直指以外的方式不爲功。雖然如此，禪既然在其本質上，不許以概念符號來說明之傳達方式，而教乘禪容或在某種程度上允許採此方式但祖師禪卻採峻拒的立場。在此情形下，禪僧勢必利用第三種傳達知識的方式，亦即非採取以指示的象徵方式不可。如：永嘉玄覺（六六五—七一三）的《證道歌》，或〈寒山詩〉等，乍看起來，似在歌詠自然界風物，其實是在表達其內心的風光與禪的宗旨。[六二]

於是禪林間便流行製作含有宗教玄旨的韻文——偈頌，將自己內心的旨意傳達給別人。並且在他們之間又興起製作與古則公案相對的拈弄、評唱、著語、下語等；興起禪僧住院時

六一　芳賀幸四郎，《中世禪林の學問および文學に關する研究》，頁三〇。

六二　同前註，頁三四。

自致莊重華美的入寺法語，其周圍人員則用山門、諸山、道舊、法眷、江湖等疏以祝賀之風習。此外，每當將法號或字號授與弟子之際，則製作含有祝福與警策惕勵之意之「字說」；參加喪葬之際從事佛事、製作佛語。當此之時，他們所作偈頌、法語、字說的好壞便成為對一個禪僧評價之高低的標準。於是原以道力的大小或道眼的明暗為第一義的，如今卻不加聞問，反而以文學的表現之巧拙作為評價禪僧之標準之風氣漸盛。在此風潮之下，雖然仍有為道力、道眼而修行不懈者，但此風習昂揚的結果，大多數的禪僧除他們原應有的修養外，平日也留意於外典及詩文的修養，俾使自己有關故事成語的知識更加豐富。禪僧之對詩文與外典表示關心，從而加以研究並著述之風氣，這就如許多外集之出現所顯示，從唐末開始逐漸興起，至宋代大為盛行。在此情形之下，其至中國修禪的日僧與赴日的華僧們，除自已親身體驗這種風潮，也還將它移植東土。所以日本禪林研究外典之風氣之所以興起，文字禪的傾向之所以能夠開展的必然性，在禪宗東傳之初便已具備了。六三

日本禪林既然傾向於學問研究，尤其傾向於宋儒新說之研究，則他們必需從中國進口此一方面的圖書。宋學關係圖書東傳日本之可資查考者，當首推於端平二年（一二三五）。至中國師事徑山無準師範，獲其印可之圓爾辨圓於六年後東歸之際帶回的數千卷內、外典籍。如

六三　同前註。

據京都東福寺《普門院經論章疏語錄儒書等目錄》所錄辨圓帶回的朱子學關係圖書有《呂氏詩記》五冊、《胡文定春秋解》四冊、《無垢先生中庸說》二冊、《晦菴大學》一冊、《晦菴大學或問》三冊、《晦菴中庸或問》七冊、《論語精義》三冊、《論語直解》三冊、《孟子精義》三冊、《五先生語》二冊、《鐔津文集》十冊、《鐔津文集》五冊、《北　文集》六冊、《北　文集》四冊、《北　外集》一冊，以上俱爲宋槧本。《癡絕語錄》一冊、《無準和尙語錄》二部，各三冊。[六四]

上舉朱子學關係圖書之數量雖不多，但這僅是圓爾辨圓個人帶回者，因宋代中，日兩國僧侶、商賈之往來頻繁，貿易也非常興盛[六五]，故經由他們之手帶至日域的此一方面的圖書必不在少數。

（二）三教一致論的開展

六四　文定爲胡安國諡號，無垢先生爲張九成之號，朱震、薛季宜、汪革俱有與《論語集解》同一書名之著作。此三子皆爲程子之再傳弟子。雖無從得知此書之註出自何人之手，但因朱震註書早已刊行之事見趙希辨之〈跋〉，及《郡齋讀書志》〈附志〉，並且該《目錄》又言其爲宋槧，故可能爲朱震之註。王應麟《小學紺珠》稱周茂叔、程明道、程伊川、張橫渠、朱晦菴爲「五先生」。參看鄭樑生，《元明時代東傳日本的文獻——以日本禪僧爲中心》。

六五　有關宋代中、日兩國貿易的情形，請參看森克己，《日宋貿易の研究》（東京：立書院，一九四八年）及木宮泰彥，《日華文化交流史》（東京：山房，一九六八年），頁二三九—四〇九。

釋教雖於東漢傳到中國，而為中國人所接受，且在洛陽建築白馬寺，從而逐漸傳布於全國各地，成為民間信仰的主要宗教之一，終於和中國傳統思想的儒教、道教思想鼎足而三，對中國人的思想、信仰之影響至深且鉅。佛教東傳中國以後，不僅影響了儒、道兩教，也受到儒、道兩教的影響，於是在中國遂產生儒、釋、道三教一致思響。

中國禪僧之言儒釋兩教一致雖始自宋代，但早在唐朝時，張融已在其所著《弘明集》中言：「佛與儒、道，其本同，其末異。」宋代禪僧之言儒、釋兩教一致者，如於南宋景定元年（一二六〇）東渡扶桑，咸淳元年（一二六五）回國的兀庵普寧（？—一二七六），他在日本時不僅住京都東福寺，且被鎌倉幕府執權（職稱）北條時賴（一二二七—一二六三）迎住於建長寺而向他執弟子禮。兀庵教導時賴曰：「憂人不憂己，乃是菩薩用心如此。」[六六]又曰：「天下無二道，聖人無兩心，若識得聖人心，即是本源自性。」[六七]憂人不憂己，儒教亦言之，「識得聖人心」，則為宋儒所常言。此乃兀庵取儒、佛之相同處，使之佛教化，以教導時賴者。兀庵曾言儒、釋兩教之一致曰：

儒教亦云：「君子務本，本立而道生。」此本即是自己本命元辰，本來面目。得此本立，

六六　兀庵普寧，《語錄》，中卷。

六七　同前註。

方可得道生。本若不立，何緣得道？[六八]

此係舉《論語》〈學而篇〉有子所言「務本」之本以爲心性，以爲此本與禪教本來面目同一不二。[六九]兀庵不僅認爲儒、佛不二，也還認爲它們與道教同樣以勸善懲惡，明心見性爲宗，只是其布教方式相異而已。曰：

三教聖人，互相出興，各立門庭，示真實向，無非只要天下人遷善遠惡，明心見性，雖然殊途，究竟同歸一理。[七〇]

兀庵之以儒教爲心性教，當是根據宋學而來。於元泰定三年（一三二六）赴日的明極楚俊了（一二六四—一三三八）也曾說：

三教聖人，各立本法：儒教，大雅之法，其行端確無邪；釋教，大覺之法，其性圓融無礙；道教，大觀之法，其智廓達無滯，如鼎三足，缺一不可。雖然，且三聖人中那一合受人天供養。[七一]

而倡導三教一致。可見這些奠定日本禪宗之基礎之華僧們，曾經原原本本的把宋元禪風傳至日域，以言三教，尤其是儒、釋兩教一致的見解。惟當時倡導三教一致的華僧並非僅有

六八　同前註，卷上。
六九　足利衍述，《鎌倉室町時代之儒教》，頁五八。
七〇　兀庵普寧，《語錄》，卷上。
七一　明極楚俊，〈三教圖贊〉，《明極禪師語錄》。

上舉諸人，乃是宋代禪林之風潮，[七二]而此風潮也隨禪宗之東傳而東傳日本。

在日本倡導三教一致的並不侷限於赴日華僧，日本五山禪林也有許多僧侶持此一見解。由於儒、釋、道三教一致論係從儒、釋兩教一致論展開，所以擬先介紹他們的二教一致論，然後言其對三教一致的見解。後醍醐天皇之子無文元選（一三二三—一三九〇）曰：

> 佛教萬行，以戒為始，戒則以孝為本。佛教萬行，以仁為首，仁亦以孝為本。是故曰：「孝悌也者，其為仁之本歟？」儒、釋二教皆尊崇之，我豈不肯行耶？[七三]

既然佛教之行與儒教之行都以孝爲本，則此兩教之歸趨自然一致。無文的此一說法，當係祖述前舉兀庵之言。在元代至中國學禪的雪村友梅（一二九〇—一三四六），他也持儒、佛兩教一致的見解。曰：

> 天下無二道，聖人無兩心。心也者，周乎萬物而不偏，卓乎三才而不倚，可謂大公之言，中正之道也。竺土大仙證此心而成道，魯國先儒言此道而修身，以至治國平天下。[七四]

先儒之道，以人生哲學爲中心，其思想體系可於《大學》八條目見之，故雪村乃引其〈經一章〉來說明此兩教之一致。

七二　鄭樑生，〈日本五山禪僧的三教一致論〉，見於鄭著《中日關係史研究論集》，九（台北：文史哲出版社，一九九九年），頁八。

七三　無文元選，〈覺元公禪定門〉，《無文禪師語錄》。

七四　雪村友梅，〈三條殿頌軸序〉，《岷峨集》，上卷。

虎關師鍊則認爲不僅儒，釋兩教一致，儒、道兩教亦一致。曰：

> 夫儒之五常，與我教之五戒，名異而義齊，云云。儒、釋同異，只是六識之邊際也，至七八識，儒無分焉。[七五]
>
> 夫至理者，天下只一也，何也？正也，道合則離異域如符契，武王製武也，先儒者百餘年，而致右憲左，其禮相同。蓋君臣之間，其教皆同，是其正也。[七六]

此言儒、釋兩教相同而異。又曰：

> 夫道者，理也；述者，事也，儒之斥老莊者也，其道多不乖矣。有仲尼之質而言玄虛者，老莊也；有老莊之質而言名教者，仲尼也。[七七]

此則言儒教與道教之本源相同而異。既然儒教與釋教相同，而儒教與道教又無異，則儒、釋、道三教自然一致。天祥一麟（一三三九—一四〇七）則曰：

> 魯國孔丘周老聃，就中添個竺瞿曇，雖然立教有同異，三即一兮一即三。[七八]

上舉者固爲日本室町時代前期的五山禪林對儒、釋、道三教一致的看法，迄至中期則漫然言三教一致者減少，言儒、佛一致者多。並且他們不只言「理一也」，而從各種角度來論證此三

七五　虎關師鍊，〈通衡〉之三，《濟北集》，一八卷。
七六　同前註。
七七　同前註，二〇卷，〈通衡〉之五。
七八　天祥一麟，〈三教合面圖贊〉，《龍涎集》。

教內容之一致。此一傾向不僅可認爲儒、釋、道三教之一致，也可認爲儒、佛不二理論之成長。此一事實非但促進禪林文學的發達，同時也使三教一致論開展。七九

五、日本禪僧對新儒學的銓釋

日本禪林接受宋學的經緯已如上述，那麼他們對此一方面的研究心得如何？茲以《大學》八〇、《易經》八一爲例介紹如下：

（一）對《大學》的銓釋

就《大學》之三綱領八條目作簡單介紹。

大家都知道，宋朝以前的經學研究以《五經》爲主，趙宋以後則偏重於朱熹所註《四書》。《四書》乃儒家人生哲學之大全，也是每個讀書人必讀之書。它教人以窮理、正心、修己、治事之道，人們日常行爲之規範。《中庸》提出「性」——良知、良能；《大學》提出「明德」——

七九　鄭樑生，《中日關係史研究論集》，九，頁二二一。
八〇　鄭樑生，〈日本五山禪僧對宋元理學的理解及其發展——以《大學》爲中心〉，收錄於鄭著《中日關係史研究論集》，三（台北：文史哲出版社，一九九三年），頁五三—九〇。
八一　鄭樑生，〈日本五山禪林對《易經》的理解與其發展〉，收錄於鄭著《中日關係史研究論集》，九，頁三五—七八。

欲與情之調節，率「性」之道，則可明德，此乃《大學》之根本，亦可謂《大學》之發端。[八二]

朱熹云：

> 明德者，人之所得乎天，而虛靈不昧，以具眾理而應萬事者也。但為氣稟所拘，人欲所蔽，則有時而昏。然其本體之明，則未嘗息者。故學者當因其所發而遂明之，以復其初也。[八三]

日僧歧陽方秀（一三六一—一四二四）云：

> 予考于《周易》〈離卦〉，說之曰：離，明也。明也者，明德也。明德也者，乃吾聖人之德，所謂一心也，人人所具素有之大本。寂而常照，若止水焉，若明鏡焉，若帝網珠焉。然則明德，一心之用。一心，明德之體，惟人不明之作狂，惟狂克明之，則作聖。聖之與狂，其在一心之明與不明也歟？[八四]

從這段文字看來，歧陽係將「明德」視爲父母未生以前之本來面目，亦即與每一個人圓成之佛性異曲同工，與見性悟道同義。他把晦菴之見解與禪之見性予以渾融統一，以引導人們獲得佛果。[八五]

八二　陳式銳，〈唯人哲學〉，頁一。

八三　朱熹，《大學章句》（台北：世界書局，一九五七年，乙種本），頁一，「大學之道，在明明德」之註語。

八四　歧陽方秀，〈明之說〉，《不二遺稿》，下卷。

八五　芳賀幸四郎，《中世禪林の學問および文學に關する研究》，頁一〇八。

月舟壽桂（一四六〇—一五三三）在此一方面也有他的獨到見解，曰：

> 湯之盤〈銘〉曰：「苟日新，日日新」，蓋滌爾心垢。豁爾胸天，昨日如此，明日如此。〈康誥〉曰：「作新民」。蓋鼓舞日新之道，俾萬民警發焉。《詩》曰：「周雖舊邦，其命維新」。蓋文王能新其德，始受天命。戴氏〈大學〉篇舉此三語以述新民之義。大哉！在我新其德；至載！令人新其德。[八六]

由此觀之，爲政者必須在自明一己之德的基礎上，使民眾不斷的自我更新，自明其明德，亦即所謂「新民」。從明德至新民，了無間斷，而皆臻於極，使心靈所具之真理普遍，具體地呈現於人倫日用之間，令萬事萬物無一不恰如其理，此即爲「止於至善」。[八七]而我們行道之始，即應知所止爲「至善」，施情至誠能感化。更深造之，施情之至，人亦報之。如此能應付萬事萬物，自能左右逢源，達其最終「自得」之境。[八八]岐陽方秀曰：

> 一旦廓然躋乎真俗不二之域，而後愍彼蠢而無知之氓，道之齊之，使其造乎道奧。此乃馬鳴祖師以謂義有三大而在心處物者也。先儒明德新民之要，亦不外於此。[八九]

可見岐陽以爲《大學》之三綱領與佛家之說並無二致，而《詩》〈小雅〉所謂「邦畿千里，惟

八六　月舟壽桂，〈新甫字說〉，《幻雲文集》。
八七　岑溢成、楊祖漢，《大學中庸義理疏解》（永和：鵝湖月刊雜誌社，一九八三年），頁三五。
八八　陳式銳，《唯人哲學》，頁八。
八九　岐陽方秀，〈義海〉，《不二遺稿》，下卷。

民所止」者，亦當指此而言。

《大學》之道既在明明德，就是要明明德於天下，明明德於天下，就是平天下。平天下的關鍵，在於修身，而修身則在正其心。《大學》〈傳之七章〉云：

> 所謂修身在正其身者，身有所忿懥，則不得其正；有所恐懼，則不得其正；有所好樂，則不得其正；有所憂患，則不得其正。

王陽明以爲「人心」得其正爲「道心」，「道心」失其正則爲「人心」；去私慾，則能意誠而返於天理——明明德。義堂周信云：

> 要正家國，先宜正身；要正身，先宜正心。九〇

可見禪者也認爲治國、修禪須先正心、誠意，則無論爲政者或修禪者，均須先正心、修身，確定目標。

村菴靈彥（一四〇四—一四八九）曾以《大學》八條目之例來釋「居家四本」，且深深體會了《大學》「物有本末，事有終始」之本末先後思想，認爲人能齊家，則可以治國。九一義

九〇　義堂周信，《空華日用工夫略集》，至德元年（一三八四）十一月十日條。

九一　村菴靈彥，《村菴稿》，下，〈居家四本補亡書後題〉云：「《事林廣記》〈警世人事類〉載：余氏家所鐽居家四本者，其一曰：讀書，起家之本。其二曰：循理，保家之本。其三曰：勤儉，治家之本。其四曰：和順，齊家之本。予嘗論此四本，繇《大學》八條目之例可辨焉。若夫讀書起家而後，循理保家，勤儉治家；勤儉而後，和順齊家。其先後次第，自然吻合矣。凡公侯及士庶人之家，造次顛沛，目想心存，不忘斯言，

堂周信也模倣八條目之說法來立說，以爲安心、正心才是治國平天下的根本。曰：

> 心安則身安，身安則家安，家安則國安，國安則天下安。天下安則凡寓形於宇內者，皆安寧而居，苟心未安，則反之。[九二]

然義堂之作如是言，並非解釋八條目之含義，乃是要告訴人們如欲正心、安心，則以禪之修行最爲捷徑。因此，他是利用八條目來誘引大家步入禪門的。[九三]

（二）對《易經》的詮釋

大家都知道，宋儒性理之學爲與釋教或老莊之壯大幽玄的世界拮抗而樹立自己的世界觀之體系時，係以《易經》、《中庸》爲依據，故《易經》便隨著性理學的發展而愈益受到重視。[九四]而周敦頤的〈太極圖說〉、〈通書〉，張載的《正蒙》之洋溢著易理，程頤有《易傳》四卷，朱熹有《周易本義》十二卷，《易學啓蒙》四卷，即可推知宋學重視《易經》之傾向。如據《普門院經論章疏語錄儒書等目錄》的記載，圓爾辨圓自華返日時曾攜帶許多易學方面的經書，由此當可推知日本禪林對易學所表示之關心與興趣。日本禪林既傾倒於性理之學，則他們之

則其本必立，而其末必成矣」。

九二　義堂周信，〈心山說〉，《空華集》，第一六。

九三　芳賀幸四郎，《中世禪林の學問および文學に關する研究》，頁一〇七。

九四　同前註，頁七二。

對《易經》表示關心，乃自然趨勢。

日本禪林之學《易》的，當首推中巖圓月。中巖精於程、朱之學，留學中國時，曾與學士張觀瀾會晤，論無極、太極之義，及一貫不二之道。[九五]其著作之有關《易經》者有〈辨朱文公易傳重剛之說〉、〈復初說〉、〈漚中說〉、〈龍躍池記〉、〈革解篇〉等，其中〈革解篇〉可謂爲其易學之代表作。該〈篇〉云：

> 離下兌上革，〈序卦〉曰：「井道不可不革，故受之以革」。〈雜卦〉曰：「革，去故也」。中正子曰：「離，火也；兌，金也。火能克金，金曰從革，改更之，銷鑄之，可以為器也。離之於時，夏也，於日為丙，丙者，炳也。兌之於時，秋也。於日為更，庚者，更也。四時之運，春生夏養，秋殺冬靜。靜，故能生。生則養之，是則治之道也。既生既養而殺之，是革之道也。是故自離而兌，有革之象也。自乾之革，凡四十有九。是以〈象〉曰：「治曆明時」。〈易〉曰：「巳之日乃孚」。仲尼曰：「革而信之」。中正子曰：「改革之道，不可疾行也」。是故周公於初曰：「鞏用黃牛之革」。於次曰：「巳日乃革之」。人心未信之時，不可改也，人心已信之日，可以革之。[九六]

中正子爲中巖之號。由這段文字可知，其《易經》研究，係使它與現實的政治發生關聯，從

九五 中巖圓月，《東海一漚集》，一卷。

九六 中巖圓月，《中正子》。

而把握《易》理，以諷時政。其有關此一方面的研究雖據朱晦菴新註立說，而折衷程伊川及其他諸家之言以出心得，[九七]但並未盲從宋儒之說而有他自己的見解，此可由其《東海一漚集》〈辨朱文公易傳重剛之說〉獲得佐證。[九八]

桃源瑞仙（一四三〇—一四八九）則將《易經》所謂太極解作相對未分以前的一味平等之地位，把它看作禪所謂父母未生以前的本來面目。並且站在此一味平等，本爲山是山，水是水，柳綠花紅之萬般差別的世界之禪理，平等即是差別，差別即是平等：文殊即普賢，普

九七足利衍述，《鎌倉室町時代之儒教》，頁二六五。

九八中巖圓月，《東海一漚集》〈朱文公易傳重剛之說〉云：「凡《易》中以陽爻而居位者，謂之位常也是矣，謂之重剛則非矣。吾嘗考之，水在火上既濟，其初九、九三、九五，舉位陽而爻亦陽也。六二、六四、上六，舉位陰而爻亦陰也。故〈易傳〉曰：「剛柔正而位當也」。又如臨、蹇、家人之六四，履、否、兌、中孚之九五，此八爻聖人皆以位當也繫焉。陰陽相正而居者，聖人直言位當也，反之則直言位不當也。吾亦考之，火在水上未濟，其初六、六三、六五，舉位陽而位陰也，九二、九四、上九，舉位陰而爻陽也，故〈易傳〉曰：「雖不常位，剛柔應也」」。……陽爻而剛也者，非以陽爻而居陽爻之謂也，然則何言之？曰上下二體六位連陽者，當言之重剛也，六十四卦獨乾而已，於他不合當有復言重剛者也，何故無故也。且夫乾有六爻，特於三四言之何如？曰下體之上，上體之下，二體相間之地，而六爻舉陽而剛，剛剛相重，而其相間之地者，則三四也。三百八十四爻之內，唯乾之三四而已。若陽爻而居陽位，言之重剛，則《易》中陽爻一百九十二，陽位亦如之，而以陽爻而居隊者九十六，獨以乾之九三爲重剛，其他九十五不言之且爾。乾九四以陽爻而居陰位，而重剛也，是故明矣。重剛也者，非以陽爻而居陽位者之謂也。朱氏《易傳》乾之九三曰九陽爻，三陽位，重剛不中也。且以〈文言〉九三重剛不中，以爲合義，然於九四重剛不中，則無故而言九四非重剛，重字疑衍也，甚矣。以已之惑之，而嫌聖人之言以爲衍也。朱之爲儒，補峙苴漏，鉤深闡微，可以繼周紹孔者也，而未稽之，何也？」

賢即文殊之禪理上，以言太極是一味平等——文殊，六十四卦爲萬般差別——普賢。故太極即六十四卦，六十四卦即太極。收之爲太極，開之則爲六十四卦，[九九]而以禪理來解釋《易經》。這種解釋不僅充滿禪味，日本禪林易學也躍然紙上。

桃源除對太極兩字作如上解釋外，對《周易》之所以稱陽爻以九，稱陰爻以六，也有他自己的看法。曰：

> 陽之數，一、三、五、七、九也，其中九者，陽數之極也，故云九，職是之故，皆附九字。曰：初九、九二、九三、九五、上九。陰之數，二、四、六、八、十也，因陰數之極為十，故應言十而不言十，乃因超陽之九而言十，將有違尊陽之義。陰退為主而言二，惟不言二而言六，乃舉其中數。陽者，君也，男也，故舉極數稱之。陰者，臣也，女也，故舉中數，言進退得其中之義也。故陰爻稱初六、六二、六三、六四、六五，此極數、中數之說，乃庵所任意猜測。[一〇〇]

又曰：

> 於此又有一疑惑。既云初九、初六，初爻是否亦應言二九、二六？然非如此而言九三、六三；九四、六四，是又何故？言第一以初為主，將初字冠以陰陽之數而云初九、初

九九　桃源瑞仙，《百衲襖》，五卷。

一〇〇　同前註，〈乾卦〉，九卷。

六。惟自第二以後何以將九、六置其上？此乃在初時已以初九、初六而將陰陽分開來說。因將陰陽分開為先，故自第二以後，以言陽與陰之心情說九二、九三，六二、六三，直言至九五、六五。在上不言上九六、六六，而言上九、上六，其故在於言九六雖尚可，但言六六則易混淆而過於複雜，故亦不言九六。上乃居頂上之極位，故以上為主，言上九、上六，此乃對初九、初六而說。此亦庵之主觀臆斷。一〇一

由上舉文字觀之，桃源不僅對《易經》有相當研究，而且在某些方面有其獨到見解，此一事實，亦可由其所著《百納襖》〈同人卦〉、〈觀卦〉、〈隨卦〉、〈說卦〉等篇什獲得佐證。

六、朝廷公卿的新儒學研究

(一)朝廷之儒教

隋唐文化東傳之初，日本人士所接受者大抵為其外表，唐式文化之真正滲入日本人之精神，乃是弘仁（八一〇—八二四）以後之事。嵯峨天皇（八〇九—八二三在位）本身酷愛中國文物，不僅是漢詩文的大家，也是書法名人。因此平安（七九四—一一八五）初期的文化至九世紀時，便以之嵯峨宮廷為中心而形成。淳和、仁明兩朝（八二三—八五〇）繼其餘緒

一〇一　同前註。

而開花結果。迄至平安末期，後嵯峨天皇（一二四二—一二四六在位）登極後，不僅勵精圖治，也致力於儒學之鑽研，而以文章博士菅原爲長、淳高、藤原經範爲侍讀，且皈依蘭溪道隆及圓爾辨圓兩禪師。

後嵯峨薨後，皇統分爲二，即大覺寺與持明院，前者始自龜山天皇（一二五九—一二七四在位），後者則始於伏見天皇（一二八八—一二九八在位），而兩統俱遵崇儒學。龜山不僅以明經博士清原良季，文章博士菅原長成、長貞、在章、在匡爲侍讀而大與儒教，更召圓爾辨圓及其弟子無關普門（一二一二—一二九一）修習禪道於程朱之學。其子後宇多天皇則以明經博士清原良季，文章博士菅原在公、在匡、在嗣，藤原兼倫爲侍讀，且召華僧一山一寧垂詢禪要，以爲世道之所以頹廢，其故在於儒教式微，[一〇二]因而致力於研讀儒書。大覺寺統之後醍醐天皇（一三一八—一三三九在位），則不僅於經筵之際採用朱子學，也還鑽研禪學，並任用學朱子學之儒僧玄惠法印（一二七九—一三五〇）以振興新儒學。後醍醐（一三一八—一三三八在位）之振興朱子學，實成爲他推動中興政治（建武中興）之原動力。而其所以採用朱子學的理由有二：即朱晦菴鼓吹尊王攘夷；主張培養道義精神，注重大義名分。持明統的花園院（一三〇八—一三一八在位）譬之曰：

一〇二《本朝文集》，六八卷，〈法勝寺供養願文〉。

近日政道歸淳素，君已為聖王，臣又多人歟。[一〇三]

又云：

近日朝臣多以儒教立身，尤可然。政道之中興，又因茲歟？[一〇四]

花園稱後醍醐爲聖王，而渴望聖王乃日本當時京師之輿論。[一〇五]

當時翼贊建武中興之儒臣多出玄惠法印門下，他們大都體會儒教精神，以道義爲終始而留下忠勇義烈之功名。就日野資朝（一二九〇—一三三二）言之，他曾參與後醍醐之討伐鎌倉幕府而犧牲生命。他臨終時作偈一首與其子邦光曰：

天地無定主，日月無定時。舉有三才，彊有三綱，謂之如夢幻泡影。爰和翁懷屈平之楚思，八回優游以至今日。為汝一言，秋霜三尺。曾不埋貞松，士見之豁開眼睛，洒洒落落，獨立乾坤之間。咄！[一〇六]

和翁爲資朝之道號，他以忠臣先驅自任，而誡子要爲國盡忠。其所以懷有如此情操，可能受到朱子學之影響。

至於花園上皇，其儒學方面的造詣，在日本中世的皇室裏實無與倫比。花園之儒學初時

一〇三 花園上皇，《宸記》，元亨二年（一三二二）十二月二十五日條。
一〇四 同前註，元亨三年（一三二三）七月十九日條。
一〇五 足利衍述，《鎌倉室町時代之儒教》，頁一四四。
一〇六 同前註，頁一五〇。

從日野種範、菅原在兼兩博士學漢唐古註，後來則與日野資朝等儒臣切磋朱子學。故其對經典的解釋雖兼採新、古兩註，然於儒教教義，則完全根據朱子學。他認爲學問在於明天賦之性，修中正之大道——道義而加以活用曰：

> 夫學之為用，豈唯多識文字，博記古事而已哉！所以達本性，修道義，識禮義，辨變通，知往鑒來也。而近來學者之弊雖多，大抵在二患：其一者，中古以來以強識博聞為學之本意，不知大中本性之道，而適有好學之儔，希聖人之道者□。雖知古昔以來，帝王之政，變革之風，猶疏達性修情之義。此人則在朝任用之時，能雖練習政化，猶於己行跡或有違道之者，何況未學之輩，只慕博學之名，以讀書之多少為優劣之分，未曾通一之義理，於政道無要，於行跡有過，又其於風月文章為宗，不知義理之所在，是不足備朝臣之員，只是□冷（素餐？）尸祿之類也。此三者雖有差異，皆是好博學之失也，今所不取也。三者欲明大中之道，盡天性之義，不好博學，不宗風月，只以聖人之道為己之學，是則所本在王佐之才，所學明德之道也。既軼近古之學，有君子之風，學之所趣，以此為本。一〇七

花園所謂「達本性，修道義」、「大中本性之道」、「達性修情」、「明德之道」云云，俱爲朱子

一〇七　花園上皇，〈學道之記〉，《宸記》。

學之語，可見他對此一領域的研究頗有心得。他稱許《論語》曰：

> 《論語》每句有甚深重重義，明珠蘊含六合之譬誠哉！只恨末代學者知其一，不辨妙理涉萬端而已，云云。此書為聖人之言，仍每章有無邊之深義，淺見者淺得之，深見者亦深識義理。不得體道，孰盡其義理乎。一〇八

由於《中庸》言大中之道，故亦爲花園所喜讀，所以他根據《論語》與此書來論道之不可離曰：

> 夫道不可須臾離，可離非道，云云。又曰：「道猶戶」，誰不由戶出？道之為體，誰人不依之乎？以禍福不可論之，若論之以禍福者，不志道之人也。一〇九

花園又以孟子爲發揮孔子之道者而以之爲正統，一一〇此亦當係祖述朱子之言。

（二）公卿之儒教

自古以來由公卿社會，尤其以儒學爲世襲家職的博士家之儒學，無不根據馬融、鄭玄、何晏、皇侃、孔安國等人之註疏，亦即以所謂古註來講授。而清原、菅原、大江等博士之家

一〇八 同前註，正中元年（一三二四）四月二日條

一〇九 同前註，元應元年（一三一九）十月二十六日條。

一一〇 同前註，原應三年（一三二一）三月二十四日條。

之儒學，至平安時代末期已各自形成家說而秘傳化，不將其學傳與第三者。因此，自由、獨創的研究受阻，導致形式化、僵化而了無生氣。[一一一]當此之時，禪僧們從大陸輸入了新儒學，並在各種契機的支持下興隆、普及起來。

當新儒學盛行於禪林後，向來以漢唐古註爲主的諸博士家的儒學研究，也受其影響而逐漸傾向於朱子學。就菅原家言之，此一家族曾先後出現公時、豐長等鴻儒而顯赫一時。如據花園天皇之日記所記，公時曾師事玄惠法印研讀朱子新註書，爲文章博士，歷任大學頭、宮內卿、大藏卿、式部大輔等職。其子時親繼承家學而亦爲文章博士，累官至治部卿。至其同族菅原秀長，亦曾擔任大學頭而爲文章博士。他精於朱子之學，曾獲室町幕府第三任將軍足利義滿之聘，爲其講授《四書》、《五經》。他認爲日本人士自古以來所相信的辛酉革命說裏的命期家、曆占家、算卜家之秘傳不足採信，不必從事術數纖緯之事而委婉言之曰：

> 楊萬里曰：「易者，變易也，不易也，簡易也。」依之思之，四正卦配六十年，其餘雜卦亦配六十年。古來周環無端，是不易也。抑亦天元甲寅，伏羲命起以來，距年今年辛酉，積二百七十六萬一千八百八年，其間合四時卦五等雜卦總六十四卦，以之次第配當六十年者，或可有辛酉而革卦之合年，是亦反易也。易則易知，簡則易從，不用

一一一 芳賀幸四郎，《鎌倉室町時代之儒教》，頁一三九。

智而生物者乾也，不努力而成物者坤也，不事術數緯候而乘變知時者，聖人之德也，可謂簡易焉。大凡三教經書，醫、卜、算、曆，多有師說秘訣，其中或就本經，雖推原文證，幽奥難覈。或隱語亂秘而不說，或口傳之後，自勘例證，或全不知來處，或示後昆自解事等，傍例非一。《易經》特有家家口傳歟？即此帝王運數，命期算術，古來推究本經，以〈繫辭〉原始反終，故知死生之說之文為本據歟？算術之支證，猶是彷彿微妙也。占行之術數，雖似狂誕，南究本據。近來朱文公真贊云：上無所傳，下無所授，然則無傳已，傳雖無據，授其道不可泯歟？唯無其人而已。……先先勘文，度度奏言，雖未盡若斯之煩辭，以便于革卦，不配今年之勤事，何勞師說於改革，為銘帝祥於新鼎者也。一一二

因他引用宋儒楊萬里、朱熹之言，可知他對新儒學有所鑽研，而有相當之心得。

自古以來，日本朝廷都遵奉纖緯學之辛酉革命說，每於辛酉歲改元。而後醍醐天皇之元應三年（一三二一）為辛酉，故當時廷臣乃依舊例引纖緯書之文，言如不在辛酉歲改元以表示革新政治之實，則將有災異出現。對此意見，中原師緒上奏駁之曰：

……《古文尚書正義》云：「其緯文鄙近，不出聖人，前賢共疑，有所不取也。」又云：

一一二　菅原秀長，〈今年辛酉當革命否勘申內二個條事〉，收於《續本朝通鑑》。

> 「前漢之時，有東萊之張霸，偽為緯也。」《毛詩正義》云：「緯候之說，偽多而實少也。」《禮記正義》云：「伏羲之後，年代參差，所說不一，緯候紛紜相乖背，且復煩而無用也。」今就是等之文，按其義，緯候之說，偽謬而實少，不出於孔子之說，又非於門徒之錄，是故疑難之文，竹帛多存之。縱雖本書設文，不足為證。矧亦其文不祥，彌招疑殆者歟？凡術數之藝者，聖人之所賤也。吾道一以貫之，百慮而一致也。猥不據經史之義，可用纖緯之說乎？[一一三]

此言應廢依據妄說之舊例，以垂法於將來。中原師緒根據孔子之正道，以排除纖緯迷妄之說，雖引《尚書正義》、《毛詩正義》、《禮記正義》諸書來論述，但他之所以提出此一建議，應是受當時朱子學風之影響所致。[一一四]

值得注意的是公卿儒者與禪僧的交往，例如：中巖圓月與古註派藤原忠範「相忘爾汝」[一一五]的深交；室町（一三三三—一五七三）中期公卿儒者之第一人清原業忠與瑞溪周鳳之間「彼問佛教，我問儒教」的親近關係等，禪僧反而要向公卿請教儒學問題。就此一時期最孚盛名的學者一條兼良（一四〇二—一四八一）而言，他在其註釋書《日本書紀纂疏》對儒書所作

一一三 足利衍述，《鎌倉室町時代之儒教》，頁二〇二。

一一四 同前註。

一一五 中巖圓月，《東海一漚集》，一卷，〈寄藤刑部忠範〉云：「昨日訪我過談齋，相忘爾汝論文細學尚漢唐不言今，奮然欲救伊洛弊。」

解釋是：

中者，道之極也。《中論》曰：「因緣所生法，我說即是空。」亦為假名，亦為中道義。《尚書》曰：「人心惟危，道心惟微，惟精惟一，允執厥中。」朱熹達：「中者，不偏不倚，無過無不及之名也。」故二教之所宗，神道之所本，唯中而已。一一六

其《四書童子訓》〈大學童子訓〉對「敬」字所作解釋則爲：

朱子守敬之一字曰工夫成。此敬之一字，度大學小學，為治一心之公案。敬者慎之義也。曲禮之首曰莫不敬。禮者雖言有三百三十條目，可以敬之一字治之。萬事因疏忽而有誤，如有敬心，則其所為皆合乎理……敬之一字，誠聖學始終之要道也，學者思之思之！

此乃將朱子所爲居敬窮理的解釋，作平易的說明者。由上述可知，公卿社會的儒學在十五世紀中葉已傾向於宋學，完全根據宋儒新註來立說。在此情形之下，其他公卿學者之會受其影響，自不待言。

一一六 一條兼良，《日本書紀纂疏》，上卷。

七、對近世儒學的影響

日本古代的儒學研究，雖注重訓詁，多作駢儷，而模仿六一居士之詩風，然至中世，卻排斥漢唐訓詁之學，接受宋儒性理之學；文以韓昌黎、柳子厚爲宗，詩則以蘇東坡、黃山谷爲範，中亦出入中、晚唐詩文之間。因此，宋人黃堅編輯的《古文真寶》，與周弼編輯的《三體詩》成爲初學者必讀流行之書。然至室町中期以後，其文運卻逐漸僵化而無生氣。迄至安土桃山時代（一五七四—一六〇二），便完全陷於停滯狀態。[一一七]

江戶時代（一六〇三—一八六七）則有近世文藝復興之稱，而進入日本漢文學的全盛期。與中世五山文學爲僧侶之文學相對的，江戶時代（一六〇三—一八六七）的文學乃儒者之文學。江戶時代之所以會出現一種新的職稱「儒者」，其因有六：

（1）因僧侶們之墮落，致無論在思想或學問方面都無法維持前一時代的權威。

（2）織田信長（一五三四—一五八二）、德川家康（一五四二—一六一六）以下，各藩之爲政者都在獎勵儒學。

（3）因進入太平盛世，無法以戰事立功，卻可以學問贏得尊敬，及藉此較容易獲得相當的地位。

一一七　鄭樑生，《元明時代東傳日本的文獻——以日本禪僧爲中心》，頁一二九—一三〇。

（4）圖書的刊行頗盛，且當時雖屬鎖國時代，卻可經由長崎輸入中國圖書，故較容易取得圖書。

（5）除幕府設大學，各藩設藩學以培養人材外，一般民眾也受其刺激而引發研究學問之風氣，促使私塾的發達。

（6）儒者不僅能夠較自由的從事學問研究，而且無論官、私，都能過較安定的生活，結果，許多人材都出於儒者而成為時代的領導者。一一八

在江戶時代初期，雖仍保留前一時代的遺風，但當藤原惺窩（一五六一—一六一九）出，遂奠定日本近世儒學之基礎，從而造成彼邦研究儒學的另一個高峰。藤原名以肅，簡稱肅，字斂夫，號惺窩，又號柴立子、都勾墩、惺齋、北肉山人。名其所居處為妙壽院。鎌倉時代歌人藤原定家（一一六二—一二四一）之十二世孫。其父為純累官至參議中納言（正四位上）。惺窩生於播磨國（兵庫縣）美囊郡細川莊冷泉家，以俊秀見稱。七八歲時從同國龍野景雲寺之東明宗昊與文鳳宗韶學禪一一九。年十八，因其父及長兄為勝與別所長治作戰陣亡，乃偕母及季弟為將寄寓京都相國寺。二十五歲時，已有學才五山第一之令譽，而為該寺首座。三十歲那年八月，於京都大德寺與朝鮮使者金鶴峰、許山前會談，從而得知半島及大陸學術界之情

一一八 口篤志，《日本漢文學史》（東京：角川書店，一九八四年），頁二三一—二三六。

一一九 林羅山，〈惺窩先生行狀〉，收入《林羅山文集》四〇卷（京都：京都史蹟會編纂，一九七九年）。

況，乃立志學習程朱之學。次年，認識德川家康（一五四二—一六一六），兩年後，獲家康之邀遊江戶，講解《貞觀政要》及《大學》。明年三月，因得母親逝世之訃聞返回京都。旋還俗，居二條銅駝坊。一五九三年，啓程前往中國。途中，避風濤於薩摩（鹿兒島縣）山川港，偶得曾以居座身分至中國留學長達七年之久之桂菴玄樹（一四二七—一五〇八）之「和點」儒家經典而歸，遂提倡朱子學說。

藤原獲桂菴訓讀之儒家經籍後，不僅接受晦菴個人之學說，也同時容納陸象山、王陽明等人之思想。其門下有林羅山（一五八三—一六五七）、石川丈三（一五八三—一六七二）、堀杏庵（一五八五—一六四二）、松永尺五（一五九二—一六五七）、那波活所（一五九五—一六四八）等俊秀，他們將原爲禪僧所擅長的儒學繼承下來，開展近世文運的先聲。[一二〇]其文學觀就如《文章達德錄綱領》所窺見者似的，文非載道之具不可。因此，其致林羅山之尺牘裏說：「道外無文，文外無道。」[一二一]

藤原的弟子以林羅山最爲傑出，他博覽強記，日本程朱之學經他以後，遂奠定屹立不可

一二〇 鄭樑生，〈日本中世禪林的儒學研究〉，收於鄭著《中日關係史研究論集》，十三（台北：文史哲出版社，二〇〇四年），頁三六—三七。

一二一 芳賀幸四郎，《鎌倉室町時代之儒教》，頁一五二—一五三。

動搖的基礎。一二三林氏，名忠，一名信勝，也稱又三郎。號羅山。法號道春，又稱羅浮子。原姓藤原，中世時居加賀（石川縣）之林鄉，因稱林氏。後來遷至紀伊（和歌山縣）。至其父信時時，轉徙至京都。羅山生於京都四條新町，爲其伯父吉勝之養子。幼時有神童之稱。年十三，從京都建仁寺大統庵之古澗慈稽和尙讀書。因精敏，故有人勸其剃髮爲僧，因惡之而返家獨學，昕夕手不釋卷。年十八，讀朱子註《四書》而深受感動，遂以復興朱子學自許。年二十，講朱註《論語》。三年後入惺窩之門。七月，經城和泉守之嚮導，謁見德川家康於京都二條城，對家康之垂詢應答如流，故家康稱許他「真有用之材也」。年二十四，以文筆仕家康，參與教學及制度之計畫，家康死後，歷仕秀忠、家光、家綱等幕府將軍，而當時的外交文書多由其執筆。一六五七年，江戶大火，宅第及官贈書庫俱罹其殃，因歎曰：「天亡我！」不出旬日，溘然而逝，年七十五。著有《羅山詩文集》百五十卷、《本朝神社考》六卷、《貞觀政要諺解》十卷等。

羅山擔任幕府儒官後極力排佛，駁莊、老，斥陸、王，難耶穌教，致力於朱子學之振興。然因他過分忠於朱子之學，故其說有時難免陷於偏狹，發生矛盾。其子孫世爲幕府儒官，負責江戶幕府二百六十餘年的文教工作。江戶幕府之所以將朱子學立爲官學，並非其創建者德

一二二　藤原惺窩，《惺窩先生文集》，二卷。

川家康特別尊崇朱子學，乃由於朱子君君、臣臣、父父、子子之倫理思想適合其幕藩體制[一二三]所致。惟其如此，幕府曾於古義學、古文辭學、陽明學、折衷學派之學盛行，朱子學逐漸式微的寬政年間（一七八九—一八〇一），爲加強封建教學而發布「異學之禁」[一二四]。並且將林家講學的湯島聖堂（孔子廟）作爲官學而改稱昌平黌，以朱子學爲舉辦登用官吏考試時的命題範圍。因此，當時雖未禁止朱子學以外的各學派之學術活動，而僅將他們視爲異端，各藩也以此爲契機改授朱子學，獲得與禁止同樣的效果。雖然如此，其在民間的古學派之伊藤仁齋（一六二七—一七〇五），與荻生徂徠（一六六六—一七二八）的學風仍風靡天下。

伊藤名維楨，字源吉，號仁齋，別號棠隱、櫻隱。其堂曰「古義堂」。京都堀川人。木

一二三　幕藩體制，江戶幕府的組織在第三任將軍德川家光時已確定。幕府將全國三千萬石貢賦的約四分之一七百萬石之土地作爲直轄地，并控制全國各重要都市、港灣、礦山，獨佔貨幣鑄造權，且擁有號稱八萬騎的旗本——直屬部隊，實現了富國強兵的目的，從而實施其強權政治。諸藩雖擁有某種程度的自治權，卻不許有逸出幕府統治體制之行爲。這種以幕府爲頂點，以藩爲底的，對土地、人民的強烈統治政治形態叫做幕藩體制。

一二四　異學之禁，江戶幕府對朱子學以外之學派的禁令。老中（職稱）松平定信在寬政年間（一七八九—一八〇一）所爲政治改革措施之一。江戶幕府成立後，雖以朱子學爲官學，但在中期幕藩體制發生動搖之際，負責幕府文教工作的林家不振，而古學派、折衷學派的學問盛行。因此，幕府爲加強封建教學，乃以林家之湯島聖堂作爲官學，而將它改稱昌平黌，且以朱子學作爲登用官吏時所舉行考試的命題範圍。因此，並非禁止朱子學以外的學派，而將它們視爲擾亂風俗的異端。各藩的藩學也多以此爲契機改授朱子學，收到與禁止相同的效果。

材商之子。古義學派創始人。畢生未仕而在貧苦中致力研究學問，於十七世紀六十年代，言朱子學爲宋儒之獨斷論，而主張直接從孔、孟之原典中求取聖人之本旨之復古學。因此他與朱子學之理氣說，及忽視現實之靜的世界觀相對的，倡導宇宙人道之活動的立場之一元氣論。其學風以道德論爲中心，透過仁與義的闡明，以開展政治論。他死後，由其子東涯（一六七〇—一七三六）守護古義堂，完成乃父之古義學，與江戶之荻生徂徠拮抗而風靡於學界。仁齋著有《孟子古義》、《童子問》、《語孟字義》等。東涯則著述甚多，最著者爲《制度通》十三卷，論述中國古代制度之變遷，中國之制度與日本古代制度的關係，以及日本之制度之特殊性等。

荻生名雙松，字茂卿，幼名傳次郎，通稱總右衛門。其祖原爲浪人，後來習醫，在江戶開業，其父方庵爲幕府第五任將軍德川綱吉（一六四六—一七〇九）之御醫。一六九六年仕於幕府老中（職稱）柳澤吉保（一六五八—一七一四），除講學外，也答詢政治方面的問題。吉保失位後辭去官職，在江戶開創古學派之新風氣，完成了古文辭學。此一學派的特色在政治論方面，尖銳地指出元祿、享保（一六八八—一七三六）年間幕藩體制動搖情形，藉此以維護封建制。其學派稱古文辭學派或萱園學派。

長於詩文的荻生對李攀龍、王世貞的古文辭學發生共鳴，認爲朱子不知古文辭，所以不通《六經》，以今文見古文，何能闡明先王之教？遂鼓吹文宗秦、漢，詩法唐人，而引起日本漢學界的一大革新。並且因其獨創的學說使太宰春臺（一六八〇—一七四七）、服部南郭（一六八三—一七五九）等俊秀聚集其門下，風靡了享保年間（一七一六—一七三六）以後的學術界。其中服部南郭且將李攀龍的《唐詩選》加以校刊，致力使之普及。於是它取代前此《三體詩》之地位而流行至十八世紀末。徂徠的主要著作有《井道》、《弁名》、《政談》、《論語徵》、《學庸解》、《萱園隨筆》、《徂徠集》等。

迄至十九世紀的文化、文政年間（一八〇四—一八三〇），日本漢文學界又有了新風尚，亦即因市河寬齋（一七四三—一八二〇）、大窪詩佛（一七六七—一八三七）、菊地五山（一七六九—一八五三）等詩人出，鼓吹南宋詩，遂開宋詩流行之機運。文章方面則唐宋八大家之文上場，取代李、王之古文辭。之後，直到清朝桐城派古文之東傳爲止，唯流行八大家之文。[一二五]

在此附帶一提的是，當時的日本儒學界，除朱子學、古學派外，尚有以中江藤樹（一六〇八—一六四八）爲中心的陽明學派，及綜合各學派之說的折衷學派。陽明學派祖述王守仁的知行合一，主張注重德行，也是當時在野學術的一股宏流。

中江，名原，字惟命，俗稱與右衛門。號藤樹、西江、頤軒、默軒。近江（滋賀縣）高

一二五　鄭樑生，《元明時代東傳日本的文獻——以日本禪僧爲中心》，頁一三八。

島郡小山村人。自幼爲祖父吉長所扶養。吉長原仕伯耆國（鳥取縣）米子藩主加藤貞泰。一六一七年，貞泰被移封伊豫國（愛媛縣）之大洲，乃隨之遷徙。年十一，讀《大學》而深有所感，乃立志修習聖賢之學。一六二五年，父吉次歿，遂繼其職而仕加藤氏。之後，有意致仕而未獲准，故於二十七歲時逃回近江，集徒講學。中江在初時雖學朱子學，及讀陽明全書，遂信奉陽明良知說。他爲人溫厚，重實踐而後文詞，以《孝經》爲標旨，揭「愛敬」兩字以教人，故廣受人們之尊信而有近江聖人之令譽「日本陽明學之祖」。門人有熊澤蕃山（一六一九—一六九一）、中川謙叔（一六二四—一六五八）、淵岡山（一六一七—一六八六）等。著有《易卦圖》、《翁問答》、《孝經啓蒙》、《四書考》、《大學解》、《中庸解》及其他多種。

儒學的派別

（一）正學（官學）

朱子學，宋人朱熹探究人之本性之學問（日本近世學術之源流）

（1）京學派：藤原惺窩—林羅山—林鳳岡—柴野栗山
　　　　　　　　└木下順庵—新井白石—三浦梅園

（2）南學派：谷時中—山崎闇齋（垂加神道）

*朱子學之別支有朱舜水（水戶學）、貝原益軒（以《養生訓》著稱）

（二）異學

對朱子學持批判態度的學派（不時受幕府壓制）

（1）古學派：主張直接接觸孔、孟之書以回歸儒教本來面目。主要人物爲《聖教要錄》三卷之作者山崎闇齋

1.掘川學派（京都）：伊藤仁齋（古義學）

2.萱園學派（江戶）：荻生徂徠（古文辭學）

（2）陽明學派：主張明人王陽明知行合一學說（近世在野派之儒學）

中江藤樹（近江）——熊野藩山（仕岡山藩）[一二六]

八、結語

日本古代的儒學雖由公卿、博士之家執其牛耳，然自武士崛起，公卿失其政權以後，文化便顯著式微，一切學問都成爲師承的，世襲的，各學閥相互傾軋、排斥，致學術研究了無

一二六　鄭樑生，《日本通史》（台北：明文書局，一九九三年），頁三〇八—三〇九。

生氣。官職世襲之風雖從平安時代中期開始，但學術方面如儒學諸道的博士，歌道、書道、陰陽道各方面，亦為少數流派所獨佔而如非屬某一流派，則無論具備如何卓越的學識也無法升遷。在此情形之下代之而起的，就是以五山，尤其以京都五山禪僧為中心的禪林儒學。

五山禪林所修習之儒學與前此公卿、博士家之修習漢、唐古著者不同，乃以宋儒新註為宗。自從新儒學於南宋末年隨禪宗之東傳傳至日本以後，隨著該宗之興隆，大家對宋元文化的鍾愛，便處處呈現著儒學復興之機運。由於宋代禪僧不僅學性理之學，也還採用朱晦菴新註之精神而倡儒禪一致說。這種風尚在禪宗東傳之際同時傳到日本。

當禪林儒學盛行以後，在朝廷、公卿之間也風行朱子新註之研究，後醍醐天皇不僅於經筵之際採用朱子學，也還鑽研禪學，並登用學宋儒新說的儒僧玄惠法印以振興新儒學。而此新儒學竟成其推動中興政治的原動力，而花園上皇在此一學術領域也有相當之造詣。當此之時，在公卿之間也逐漸風行朱子新註之研究，地方儒學也受其影響而盛行此一方面的鑽研，例如桂菴玄樹應島津氏之聘至薩摩（鹿兒島縣）弘揚朱子學，遂開薩南學派；南村梅軒（生卒年不詳，室町時代末期人）前往土佐（高知縣）倡導朱子學，成為南學派始祖；及關東管領（職稱）上杉憲實（一四一一—一四六六）在下野（□木縣）重整足利學校，以振興儒學

等。[一二七]

迄至江戶時代，日本儒學的內容已從中國獨立，亦即不完全祖述宋儒之說，而其本質亦從前此學術，宗教、文學混合狀態中建立獨自的領域。在初期，雖有藤原惺窩、林羅山等名家，但在文章方面並無可觀者。至伊藤仁齋、貝原益軒（一六三〇—一七一四）出，方漸進步。齋藤拙堂《拙堂文話》謂：

> 貝原益軒、伊藤仁齋並為元祿（一六八八—一七〇四）以前人，當時文章道未開，然其集中往往有可觀者，不可不謂為豪傑之士。

而指出在元祿以前的文章道未開。之後，室鳩巢（一六五八—一七三四）、荻生徂徠等人出，文章之道遂開，因此拙堂乃謂：「室鳩巢、荻生徂徠出，扶桑之文始雅」。尤其徂徠倡古文辭而風靡一世。服部南郭、安藤東野（一六八三—一七一九）固爲名手，至安永（一七七二—一七八一）、天明（一七八一—一七八九）之際，山本北山（一七五二—一八一二）、中井竹山（一七三〇—一八〇四）、中井履軒（一七三二—一八一七）等出而與之對立。一七七九年，北山著《作文志彀》、《作詩志彀》以排擊古文辭，提倡文以韓、柳爲主，詩以宋詩之清新爲範，而文之新途遂開。及寬政（一八一八—一八三〇）三博士柴野栗山（一七三六—一八〇

一二七　鄭樑生，〈日本中世禪林的儒學研究〉，收於鄭編《中日關係史研究論集》，十三，頁四一。

七）、尾藤二洲、古賀精里（一七五〇—一八一七）出，文遂雅馴而崇唐宋八家。之後，至文化（一八〇四—一八一八）、文政（一八一八—一八三〇）前後，江戶有佐藤一齋（一七七二—一八五九），京都則有賴山陽（一七八〇—一八三二）、安積艮齋（一七九〇—一八六〇）、齋藤拙堂（一七九七—一八六五）等名家出來。一齋之文精鍊整齊，長於議論，山陽才氣縱橫，長於敘事。繼則松崎慊堂（一七七一—一八四四）及其門下之安井息軒（一七九九—一八七六）、鹽谷宕陰（一八〇九—一八六七）、中村敬宇（一八三二—一八九一）、重野成齋（一八二七—一九一〇），三島中洲（一八三〇—一九一九）等傑出儒者相繼出現而進入明治時代（一八六七—一九一二）。

鄭樑生教授著作目錄

A. 期刊論文：

一九七二年一二月　吉川幸次郎全集　書和人　一九九期　頁五—八

一九七三年三月　陳固亭先生遺著四種　書和人　二〇八期　頁一—三

一九七三年三月　鶴龜老師　文壇　一五三期　頁一九二—二四二（譯，源氏雞太撰）

一九七三年六月　《五山文學新集》簡介　書和人　二一二期　頁五—八

一九七三年一〇月　川端康成的生平與著作　書和人　二二二期　頁一—八

一九七四年四月　賴世和與《圓仁入唐求法巡禮記》　書和人　二三七期頁一一—八

一九七五年三月　宋代都市的歲賦　食貨　復刊四卷二期　頁四四—四七（譯，衣川強撰）

一九七四年八月　以文臣為中心論宋代的俸給　食貨　復刊四卷五期　頁四四—五六（譯，衣川強撰）

一九七四年九月　以文臣爲中心論宋代的俸給　食貨　復刊四卷六期　頁一三—三三（譯，衣川強撰）
一九七四年九月　林泰輔與《論語源流》　書和人　二四六期　頁五—八
一九七四年一二月　北宋與遼的貿易及其歲贈　食貨　復刊四卷九期　頁三二—四七（譯，衣川強撰）
一九七五年三月　日本漢學家狩野直喜及其《中國文學史》　書和人　二五五期　頁一—八
一九七五年三月　小川環樹與其《中國小說史研究》　書和人　二五七　頁一—八
一九七五年六月　元初江南的徵稅體制　食貨　復刊五卷四期　頁三五—五四（譯，植松正撰）
一九七五年八月　五代北宋的府州折氏　食貨　復刊五卷五期　頁二九—四九（譯，衣川強撰）
一九七五年九月　〈唐大和尚東征傳〉——中國佛教東傳的一幕　書和人二七〇期　頁一—八
一九七五年一〇月　彙輯《至元新格》及其解說　食貨　復刊五卷七期　頁三二—四八（譯，植松正撰）
一九七六年四月　宋代的左藏與內藏　食貨　復刊五卷一二期　頁三四—六六（譯，衣川

強撰）

一九七六年九月 《滄浪詩話》與《潛溪詩眼》 書和人 二九五期 頁一－八（譯，荒井健撰）

一九七七年一月 日本漢學者神田喜一郎的著述生活 書和人 三〇五期頁一－八

一九七八年三月 倭寇 東吳大學日本語教育 三期 頁二九－三六

一九七八年九月 日本當代史學家島田正郎的學術生活 書和人 三四七期頁一－八

一九八〇年一〇月 明・日國交の初まり 東吳日本語教育 六期 頁二一－三〇

一九八〇年一一月 《水滸傳》裏的兩個宋江 書和人 三四七期 頁一－八（譯，宮崎市定撰）

一九八一年一二月 明朝と征西將軍府との交涉 東吳日本語教育 六期 頁二一－三〇

一九八二年一〇月 《朝鮮通交大紀》簡介 韓國學報 二期 頁一一九－一二四

一九八二年一二月 明・日使節について 東吳日本語教育 七期 五－三四

一九八三年六月 明朝海禁與日本的關係 漢學研究 一卷一期 頁一三三－一六二

一九八三年一二月 日本元龜以降の國內事情 東吳日本語教育 八期 頁一－四

一九八四年九月 壬辰倭禍：萬曆朝鮮之役⑵ 已在政大公企中心召開之中華民國韓國研究學會年會裏宣讀

一九八六年六月　元明時代東傳日本的醫學與醫書　中央圖書館館刊　一九卷一期　頁一三五—一四八
一九八六年九月　《明史研究》簡介　明史研究通訊　一期　頁八四—八五
一九八七年二月　中國地方志の倭寇史料　日本歷史　四六五期　頁四三—六〇
一九八七年一二月　宋元時代東傳日本的《大藏經》　中央圖書館館刊　二〇卷二期　頁六三—八三
一九八八年一二月　嘉靖年間明廷對日本貢使的處置始末　漢學研究　六卷二期　頁一九一—二一一
一九八九年六月　明萬曆年間朝鮮哨報倭情始末　淡江史學　一期　頁四七—六六
一九九〇年六月　明治「教育敕語」與日本近代化——由明治時期的小學課本內容之變遷看日本的軍國主義教育　淡江史學　二期頁一四七—一七二
一九九一年九月　漢學研究之回顧與前瞻國際會議紀實(1)　漢學研究通訊一〇卷三期　頁二〇二—二一〇
一九九一年一二月　漢學研究之回顧與前瞻國際會議紀實(2)　漢學研究通訊一〇卷四期　頁三一九—三二九
一九九一年一二月　日本五山禪僧的中國史書研究　中央圖書館館刊　二三卷二期　頁一五

一月一七〇

一九九二年三月　第二屆國際華學研究會議紀實(1)　漢學研究通訊　一一卷一期　頁一一—一四

一九九二年六月　第二屆國際華學研究會議紀實(2)　漢學研究通訊　一一卷二期　頁一一八—一二一

一九九二年一二月　壬辰之役始末　歷史月刊　五九期　頁二四—三六

一九九二年一二月　張經與王江涇之役　漢學研究　一〇卷二期　頁三三三—三五四

一九九三年六月　日本五山禪僧的三教一致論　淡江史學　五期　頁八五—一〇二

一九九三年一二月　日本五山禪僧的仁義論　中央圖書館館刊　新二六卷二期頁一一三—一三一

一九九四年六月　日僧中巖圓月有關政治的言論　淡江史學　六期　頁九三—一一〇

一九九四年六月　日本的武士與切腹　歷史月刊　七七期　頁三四—四〇

一九九四年六月　胡宗憲與靖倭之役　漢學研究　一二卷一期　頁一七九—二〇二

一九九四年一二月　明嘉靖間靖倭督撫之更迭與趙文華之督察軍情——一五四七—一五五六　漢學研究　一三卷二期　頁九九—一二七

一九九四年一二月　日僧義堂周信的儒學研究　中央圖書館館刊　新二七卷二期　頁一四

三一一六一

一九九五年八月　太平洋戰爭期間日本政府的思想統制　歷史月刊　九一期　頁八一－八六

一九九五年一二月　日本五山禪僧的儒、釋、道三教一致論　漢學研究一三卷二期　頁頁九九一一一七

一九九五年一二月　山根幸夫與其《明清時代華北定期市研究》　中央圖書館館刊　新二八卷二期　頁一二七－一四四

一九九六年一二月　水野明著《東北軍閥政權研究》　國家圖書館館刊　八五年一期　頁一七九－一九九

一九九七年六月　豐臣秀吉的對外侵略　淡江史學　七－八合期　頁一三九－一六四

一九九七年一二月　五山禪林の老莊研究　國史談話會雜誌　三八期　頁一二四－一三八

一九九八年六月　日本五山禪林的《中庸》研究——以中論、性情論爲中心淡江史學　九期頁八五－一〇八

一九九八年六月　森田明著《清代水利社會史研究》　國家圖書館館刊一九九八年一期　頁一五五－一八〇

一九九九年六月　再論明代勘合　淡江史學　一〇期　頁一－一八

二〇〇〇年六月　明代倭寇研究之回顧與前瞻——兼論倭寇史料——淡江史學　一一期　頁

七九—一〇四

二〇〇一年一二月 靖倭將軍俞大猷 淡江史學 一二期 頁八九—一二〇

二〇〇二年六月 寧波事件始末——一五二三 淡江史學 一三期 頁一三五—一六八

二〇〇二年九月 五山禪林の儒學觀——仁について （日本東北大學）國史談話會雜誌 第四三號 頁三九—五二

二〇〇三年一二月 太田弘毅著《倭寇——商業·軍事史的研究》淡江史學一四期頁二九七—三二三

二〇〇四年六月 靖倭將軍戚繼光 淡江史學 一五期 頁一一九—一五〇

二〇〇五年六月 明嘉靖間的倭亂與靖倭官軍 淡江史學 一六期 頁九五—一二六

二〇〇六年八月 松浦章《清代中國琉球貿易史研究》 淡江史學 一七期 頁一〇七—一四〇

B.研討會論文：

一九八三年四月 明代勘合貿易（PROCEEDINGS OF THE CONFERENS ON SINO- KOREAN-JAPANESE CULTURAL RERASIONS, TAIPEI, 一九八三） 臺北 太平洋文化基金會 頁五八一—五九九

一九八五年一二月 方志之倭寇史料 漢學研究 方志學國際學術研討會論文專號 第二冊 頁八九五—九一四
一九八七年一〇月 元明時代東傳日本的經史子集 第一屆中國域外漢籍國際學術會議論文集 臺北 聯合報文化基金會國學文獻館 頁四〇七—四五〇
一九八八年六月 日本五山禪僧對宋元理學的理解及其發展——以《大學》爲例 第二屆中國域外漢籍國際學術會議論文集 臺北，聯合報文化基金會國學文獻館頁五八一—六一九 中央圖書館館刊 二二卷一期 頁九一—一一一
一九八九年三月 明代中琉兩國封貢關係的探討 第二回琉中歷史關係國際學術會議報告——琉中歷史關係論文集 琉中歷史關係學術會議實行委員會 頁二二五—二五〇
一九八九年六月 漢籍之東傳對日本古代政治的影響——以聖德太子爲例中外關係史國際學術研討會論文集——思想與文物交流 淡江大學歷史學系 頁一五—二八
一九八九年六月 佚存日本的《全浙兵制考》 第三屆中國域外漢籍國際學術會議論文集 臺北 聯合報文化基金會國學文獻館頁二八九—三一四
一九八九年七月 佚存日本的《甓餘雜集》 第四屆中國域外漢籍國際學術會議論文集 臺北 聯合報文化基金會國學文獻館頁二六五—二八八
一九八九年八月 元明時代中日關係史研究之過去與未來 民國以來國史研究之回顧與前瞻

國際研討會論文集　臺灣大學歷史系所

一九八九年一二月　善本書的明代日本貢使資料　中央圖書館館刊　二二卷二期　善本書史料國際學術會議論文　頁一二九－一三八

一九九一年六月　明代倭寇研究之回顧與前瞻　已在新嘉坡大學召開之「漢學研究之回顧與前瞻國際會議」中宣讀

一九九一年一二月　佚存日本的《經國雄略》　第五屆中國域外漢籍國際學術會議論文集　頁三三一－三三四

一九九一年一二月　明嘉靖間浙江巡撫朱紈執行海紀始末——一五四七－一五四九　已在臺北召開之「第二屆國際華學研究會議」中宣讀

一九九二年九月　明代中日兩國外交管窺　第二屆中外關係史國際學術研討會論文集　頁二一一－二二六

一九九三年四月　琉球在清代冊封體制中的定位——以順治、康熙、雍正三朝為例　第四屆琉中歷史關係國際學術會議論文集頁二一九－二四三

一九九三年六月　胡宗憲與靖倭之役——一五五五－一五五九　明史論集頁三一九－三四九

一九九三年七月　日本五山禪僧接受新儒學的心路歷程　中國與亞洲關係學術研討會論文集頁一〇七－一四〇

一九九四年九月　甲午戰爭前日本陸軍的動態　甲午戰爭百周年紀念國際學術討論會論文集　頁二七七—三〇一

一九九四年一一月　日本五山禪僧的《易經》研究　已在日本福岡召開之「第九屆中國域外漢籍國際學術會議」中宣讀

一九九五年八月　明嘉靖間之倭寇與東南沿海地區之社會殘破　已在北戴河召開之「傳統社會與現代中國社會史」學術討論會中宣讀

一九九五年一〇月　佚存日本的《四書》與其相關論著　已在韓國大邱召開之「第十屆中國域外漢籍國際學術會議」中宣讀

一九九五年一〇月　日本五山禪僧之《論語》研究及其發展　第七、八屆中國域外漢籍國際學術會議論文集　頁三一三—三四四

一九九五年一〇月　日本五山禪僧之《孟子》研究　第七、八屆中國域外漢籍國際學術會議論文集　頁六八五—七二二

一九九五年一二月　甲午戰爭前的中日兩國動態　甲午戰爭與近代中國和世界　頁三三五—三四六

一九九五年一二月　嚴嵩與靖倭之役　已在香港大學召開之「明史國際學術討論會」中宣讀

一九九六年七月　東南沿海地區倭亂對明朝財賦所造成之影響　已在政大召開之「第一屆兩

岸明史學術討會」中宣讀

一九九六年七月　明清兩朝對琉球貢使的處置　第五屆中琉歷史關係學術討論會論文集　頁三四五—三八六

一九九六年八月　楊梅的鄭氏家族　已在揚州召開之「第六屆中國譜牒學學術研討會」中宣讀

一九九六年一〇月　明清兩朝對琉球官生的處置——以《琉球入學聞見錄》所見爲中心　已在北京召開之「第六屆中琉歷史關係國際學術討論會」中宣讀

一九九七年八月　明代中韓兩國靖倭政策的比較研究　已在長春召開之「第七屆明史國際學術討論會」中宣讀

一九九八年八月　明代倭亂對江南地區人口所造成的影響——一五五二—一五五六已在蘇州大學召開之「家庭、社區、大衆心態變遷國際學術研討會」中宣讀

一九九八年一〇月　清廷對琉球遇劫貨船的處置始末　已在臺北召開之「第七屆中琉歷史關係國際學術會議」中宣讀

一九九八年一一月　壬辰倭亂期間的和談始末　已在漢城召開之第二次「四溟堂記念國際學術會議論文集——壬亂當時的韓、中、日三國關係」頁一—七二

二〇〇〇年一〇月　日本江戶時代的儒學研究　已在臺北召開之「中央研究院第三屆國際漢

學會議」中宣讀

二〇〇一年五月　日本五山禪林的心性論　已在臺灣大學日本文學系主辦之國際會議中宣讀

二〇〇二年八月　鄭舜功《日本一鑑》之倭寇史料　已在武夷山召開之「明史國際學術研討會」中宣讀

二〇〇三年一〇月　日本中世禪林的儒學研究　已在第二屆淡江大學姊妹校「漢語文化學術研討會」中宣讀　獻研究所主辦之國際學術研討會中宣讀

二〇〇三年一一月　乙未割臺始末　已在武漢中南財經政法大學主辦之「海峽兩岸『海峽兩岸關係史』學術研討會中宣讀

二〇〇六年一一月　朱子學在日本　已在國立中央大學大學主辦之「牟復禮教授紀念學術研討」會中宣讀

C.專書及專書論文：

一九七一年三月　明・日交渉と中國文化の流入　仙臺　東北大學　二五〇頁

一九七一年八月　國立中央圖書館館藏日文期刊目錄　臺北　國立中央圖書館　五〇頁

一九七二年二月　《日本簡明百科全書》所錄有關日本風俗、飲食之各條

一九七六年一〇月　清代雍正朝的養廉銀研究　臺北　臺灣商務印書館一六七頁；一九九六

年七月再版，更名《清雍正朝的養廉銀研究》，一九九頁

一九七七年一月　宋代文官俸給制度　臺北　臺灣商務印書館　一三一頁

一九七七年四月　司馬遷的世界　臺北　志文出版社　二五七頁（編譯）

一九七七年四月　史記的故事──中國一部最偉大的傳記故事　臺北　志文出版社　五四八頁（編譯）

一九七七年　中國文學思想史　臺北　開明書店（與張仁青合譯）

一九七八年四月　日本の國號　臺北　名人出版事業公司　四九頁

一九七八年四月　絢爛的中國文化　臺北　地球出版社　二一二頁（翻譯）

一九七八年四月　諾貝爾傳　臺北　志文出版社　三〇一頁

一九八一年四月　明史日本傳正補　臺北　文史哲出版社　一一〇五頁

一九八三年二月　日本民族學博物館　臺北　出版家文化事業公司　一八六頁（監修）

一九八三年八月　萬曆朝鮮　役(1)　韓中關係研究論集漢城　高麗大學亞細亞問題研究所　頁二三五─二七七

一九八三年一二月　萬曆朝鮮之役　中韓關係史論文集　臺北　中華民國韓國研究學會　頁二八一─三一七

一九八四年一月　中國歷史地名大辭典　臺北　三通圖書公司　第一冊四八〇頁　與吳文

星、葉劉仙相合編
一九八四年一月 中國歷史地名大辭典 臺北 三通圖書公司 第二冊五一四頁 與吳文星、葉劉仙相合編
一九八四年一月 中國歷史地名大辭典 臺北 三通圖書公司 第三冊五〇六頁 與吳文星、葉劉仙相合編
一九八四年一月 中國歷史地名大辭典 臺北 三通圖書公司 第四冊五〇〇頁 與吳文星、葉劉仙相合編
一九八四年一月 中國歷史地名大辭典 臺北 三通圖書公司 第五冊四八八頁 與吳文星、葉劉仙相合編
一九八四年一月 中國歷史地名大辭典 臺北 三通圖書公司 第六冊四七六頁 與吳文星、葉劉仙相合編
一九八四年八月 元明時代東傳日本的文獻——以日本禪僧爲中心 臺北 文史哲出版社 一八〇頁
一九八五年一月 明・日關係史の研究 東京 雄山閣 六六七頁
一九八五年二月 明の對外政策と明・日交涉 臺北 名人出版事業公司 二二〇頁
一九八五年二月 臺灣公藏日文漢學關係資料彙編 臺北 國立中央圖書館 七八六頁 與

王芳雪、江琇英合編

一九八五年四月　明代中日關係研究　臺北　文史哲出版社　七六八頁

一九八六年六月　元明時代東傳日本的水墨畫　臺北　文史哲出版社　一八七頁（編著）

一九八七年五月　明代倭寇史料　第一輯　臺北　文史哲出版社　四三二頁（編校）

一九八七年一〇月　明代倭寇史料　第二輯　臺北　文史哲出版社　四〇三頁（編校）

一九八七年一一月　明永樂年間的中日貢舶貿易　陶希聖先生九秩榮慶祝壽論文集——國史釋論　上冊　臺北　陶希聖先生九秩榮慶祝壽論文集編輯委員會　頁一六七—一八二

一九九〇年七月　中日關係史研究論集　第一集　臺北　文史哲出版社　一七四頁

一九九二年一月　中日關係史研究論集　第二集　臺北　文史哲出版社　一八〇頁

一九九三年二月　中日關係史研究論集　第三集　臺北　文史哲出版社　二一〇頁

一九九三年六月　清廷對琉球遭風難民的處置　慶祝王鐘翰教授八十壽辰學術論文集　頁二三九—二五三　瀋陽　遼寧大學出版社

一九九三年一二月　日本通史　臺北　明文出版社　六三六頁

一九九四年三月　中日關係史研究論集　第四集　臺北　文史哲出版社　一九六頁

一九九五年四月　中日關係史研究論集　第五集　臺北　文史哲出版社　一七九頁

一九九五年一〇月　日僧虎關師鍊的華學研究　慶祝八十周年論文集　頁三五七—三九六

臺北 國立中央圖書館臺灣分館

一九九五年一〇月 日本國會的立法過程 臺北 國立編譯館 二三三頁

一九九六年二月 中日關係史研究論集 第六集 臺北 文史哲出版社 二二二頁

一九九六年七月 清代水利社會史研究 臺北 國立編譯館 五三二頁

一九九七年二月 中日關係史研究論集 第七集 臺北 文史哲出版社 二二二頁

一九九七年八月 明代倭寇史料 第三輯 臺北 文史哲出版社 四一二頁

一九九七年八月 明代倭寇史料 第四輯 臺北 文史哲出版社 四九四頁

一九九七年八月 明代倭寇史料 第五輯 臺北 文史哲出版社 四七九頁

一九九八年四月 《洪芳洲公文集》之倭寇史料 洪芳洲研究論集 臺北 洪朝選研究會 頁一七一—一九六

一九九八年四月 中日關係史研究論集 第八集 臺北 文史哲出版社 二三九頁

一九九八年五月 東北軍閥政權研究——張作霖・張學良之抗外與協助統一國內的軌跡 臺北 國立編譯館 四四五頁

一九九八年六月 《再造藩邦志》所見之豐臣秀吉 大邱 韓國世明大學 校長金燁教授停年紀念論文集 頁一〇一—一三六

一九九八年一一月 壬辰倭亂期間的和談始末 第二次四溟堂記念國際學術會議「壬亂當時

的韓中日三國關係——戰爭期間講和始末 第二次四溟堂記念國際學術會議論文集 頁一—七二

一九九九年三月 中日關係史研究論集 第九集 臺北 文史哲出版社 二五八頁

一九九九年一二月 朱子學之東傳日本與其發展 臺北 文史哲出版社 二二五頁

二〇〇〇年九月 中日關係史研究論集 第十集 臺北 文史折出版社 二三四頁

二〇〇一年六月 中日關係史 臺北 五南書局 六七五頁

二〇〇一年一一月 中日關係史研究論集 第十一集 臺北 文史哲出版社 二四二頁

二〇〇二年七月 史學方法 臺北 五南書局 六〇四頁

二〇〇三年四月 中日關係史研究論集 第十二集 臺北 文史哲出版社 二八六頁

二〇〇三年七月 日本史 臺北 三民書局 二三三頁

二〇〇四年四月 中日關係史研究論集 第十三集 臺北 文史哲出版社 二五〇頁

二〇〇五年一月 明代倭寇史料 第六輯 臺北 文史哲出版社 五〇〇頁

二〇〇五年一月 明代倭寇史料 第七輯 臺北 文史哲出版社 五一四頁 鄭樑生・傅錫壬・劉增泉 二〇〇四 續修連江縣志 連江縣政府 一五〇〇頁

二〇〇六年六月 日本古代史 臺北 三民書局 五四二頁

二〇〇八年一月 史學入門 北京 北京大學出版社 二二四頁

鄭樑生教授捐贈國家圖書館圖書清單

正體字中文圖書

序號	題　　名	作　者	出版者	出版年
1	中國近代外交史　上冊	陳志奇	南天書局有限公司	民國 82 年
2	中國近代外交史　下冊	陳志奇	南天書局有限公司	民國 82 年
3	中國海洋發展史論文集	張彬村等	中央研究院中山人文社會科學研究所	民國 82 年
4	戰後中日關係之實證研究	林金莖	中日關係研究會	民國 73 年
5	中日關係史	李則芬	臺灣中華書局	民國 71 年
6	鄭天杰先生訪問紀錄	陸寶千等	中央研究院近代史研究所	民國 79 年
7	劉航琛先生訪問紀錄	沈雲龍等	中央研究院近代史研究所	民國 79 年
8	21 世紀華人經濟活動之潛力	曾慶輝	中華民國海外華人研究學會	民國 87 年
9	近代中國的變局	郭廷以	聯經出版事業公司	1987 年
10	說文解字注	段玉裁	藝文印書館	民國 44 年
11	檢字一貫三	三家村學	藝文印書館	民國 44 年
12	臺灣風俗誌	片岡巖	大立出版社	民國 79 年
13	語譯廣解四書讀本　孟子	宋・朱熹集註	啓明書局	
14	語譯廣解四書讀本　論語	宋・朱熹集註	啓明書局	
15	語譯廣解四書讀本　學庸	宋・朱熹集註	啓明書局	
16	中日問題之真相	國民政府外交部	臺灣學生書局	民國 74 年
17	抗戰以前之中日關係	周開慶	臺灣學生書局	民國 74 年
18	歐戰期間中日交涉史	劉　彥	學海出版社	
19	日本出兵山東與中國排日運動民國十六年～十八年	樂炳南	國史館	民國 77 年
20	清末留日學生	黃福慶	中央研究院近代史研究所	民國 72 年

21	張之洞的外交政策	李國祁	中央研究院近代史研究所	民國 73 年
22	影響中國現代化的一百洋客	胡光麃	傳記文學出版社	民國 72 年
23	日本在中國～**中國**にありこの**日本人**～	向多耐志邁	台北郵政三九一二號信箱	民國 62 年
24	近代日中關係史研究入門	周啓乾	金禾出版	民國 84 年
25	日本論	戴季陶	故鄉出版社有限公司	民國 76 年
26	近代日本論	許介鱗	故鄉出版社有限公司	民國 76 年
27	中日關係簡史	杜新吾	華國出版社	民國 43 年
28	原始中國　上	本社編緝部	地球出版社	民國 80 年
29	原始中國　下	本社編緝部	地球出版社	民國 80 年
30	白色封印	盧兆麟等	國家人權紀念館籌備處	2003 年
31	臺灣地區漢學論著選目彙編本（民國 71 年～75 年）	漢學研究資料及服務中心	漢學研究資料及服務中心	民國 76 年
32	明代倭寇史料　第三輯	文史哲出版社	鄭樑生	民國 86 年
33	中日關係史研究論集（一）	文史哲出版社	鄭樑生	民國 79 年
34	中日關係史研究論集（二）	文史哲出版社	鄭樑生	民國 81 年
35	中日關係史研究論集（三）	文史哲出版社	鄭樑生	民國 82 年
36	中日關係史研究論集（四）	文史哲出版社	鄭樑生	民國 83 年
37	中日關係史研究論集（五）	文史哲出版社	鄭樑生	民國 84 年
38	中日關係史研究論集（六）	文史哲出版社	鄭樑生	民國 85 年
39	中日關係史研究論集（七）	文史哲出版社	鄭樑生	民國 86 年
40	中日關係史研究論集（八）	文史哲出版社	鄭樑生	民國 87 年
41	中日關係史研究論集（九）	文史哲出版社	鄭樑生	民國 88 年
42	中日關係史研究論集（十）	文史哲出版社	鄭樑生	民國 89 年
43	中日關係史研究論集（十一）	文史哲出版社	鄭樑生	民國 90 年
44	中日關係史研究論集（十二）	文史哲出版社	鄭樑生	民國 92 年
45	中日關係史研究論集（十三）	文史哲出版社	鄭樑生	民國 93 年
46	唐宋名家詞選	龍沐勛	臺灣開明書店	民國 51 年
47	淡紅史學　第十七期　葉鴻麗教授榮退紀念	淡江史學編審委員會	淡江大學歷史系	2006 年
48	中日甲午戰爭之外交背景附：日誌・條約附錄	王信忠	文海出版社	1964 年
49	明太子、福王亡命在日本 — 化名張振甫、張壽山 —	徐堯輝	臺灣中華書局	1984 年
50	中華文化在琉球　琉球歷史文物考察紀要		中琉文化經濟協會	民國 78
51	中韓關係史論文集	中華民國韓國研究學會	中華民國韓國研究學會	民國 72
52	百年來中日關係論文集	孫科		

53	清代中琉關係檔案選編	中國第一歷史檔案館	中華書局	1993
54	清代中琉關係檔案續編	中國第一歷史檔案館	中華書局	1993
55	清韓宗藩貿易 1367~1894	張存武	中央研究院近代史研究所	民國 74
56	經略復國要編（一）	宋應昌	台灣文華書局	
57	經略復國要編（二）	宋應昌	台灣文華書局	
58	歷代寶案 一		國立臺灣大學	民國 61
59	歷代寶案 七		國立臺灣大學	民國 61
60	歷代寶案 九		國立臺灣大學	民國 61
61	歷代寶案 八		國立臺灣大學	民國 61
62	歷代寶案 十		國立臺灣大學	民國 61
63	歷代寶案 十一		國立臺灣大學	民國 61
64	歷代寶案 十二		國立臺灣大學	民國 61
65	歷代寶案 十三		國立臺灣大學	民國 61
66	歷代寶案 十五		國立臺灣大學	民國 61
67	歷代寶案 十四		國立臺灣大學	民國 61
68	歷代寶案 五		國立臺灣大學	民國 61
69	歷代寶案 六		國立臺灣大學	民國 61
70	朝鮮李朝實錄中的中國史料一	吳晗	中華書局	1980
71	朝鮮李朝實錄中的中國史料二	吳晗	中華書局	1980
72	朝鮮李朝實錄中的中國史料三	吳晗	中華書局	1980
73	朝鮮李朝實錄中的中國史料四	吳晗	中華書局	1980
74	朝鮮李朝實錄中的中國史料五	吳晗	中華書局	1980
75	朝鮮李朝實錄中的中國史料六	吳晗	中華書局	1980
76	朝鮮李朝實錄中的中國史料七	吳晗	中華書局	1980
77	朝鮮李朝實錄中的中國史料八	吳晗	中華書局	1980
78	朝鮮李朝實錄中的中國史料九	吳晗	中華書局	1980
79	朝鮮李朝實錄中的中國史料十	吳晗	中華書局	1980
80	朝鮮李朝實錄中的中國史料十一	吳晗	中華書局	1980
81	朝鮮李朝實錄中的中國史料十二	吳晗	中華書局	1980

簡化字中文圖書

序號	題名	作者	出版者	出版年
1	中國地方志聯合目錄	中國科學院北京天文臺主編	中華書局	1985 年
2	世界歷史　總一〇四～一〇九期	世界歷史雜志社《世界歷史》編輯部	世界歷史雜志社	1994 年

3	近代在華日人顧問資料目錄	衛藤瀋吉　等	中華書局	1994 年
4	從九一八到七七事變～原國民黨將領抗日戰爭親歷記～	黨德信	中國文史出版社	1987 年
5	東方風雲　下冊	董志正	大連出版社	1994 年
6	近代中外關係史　上冊	劉培華	北京大學出版社	1986 年
7	近代中外關係史　下冊	劉培華	北京大學出版社	1986 年
8	日本外交史　上冊	信夫清三郎	商務印書館	1992 年
9	日本外交史　下冊	信夫清三郎	商務印書館	1992 年
10	今井武夫回憶錄	今井武夫	中國文史出版社	1987 年
11	中日甲午戰爭研究論著索引（1894-1993）	中國甲午戰爭博物館・北京圖書館閱覽部	齊魯書社	1994 年
12	近代中日關係史研究	王曉秋	中國社會科學出版社	1997 年
13	近代中日文學交流史稿	王曉平	湖南文藝出版社	1987 年
14	近五十年中國與日本 1932-1982 第 1 卷 1932-1934	張篷舟	四川人民出版社	1985 年
15	近五十年中國與日本 1932-1982 第 1 卷 1935-1937	張篷舟	四川人民出版社	1985 年
16	『九・一八』抗戰史	丁炳麟	遼寧人民出版社	1991 年
17	近代中日文化交流史	王曉秋	中華書局	1992 年
18	蘆溝橋殘陽如血七七事變實錄	曹英	團結出版社	1994 年
19	日特禍華史	王振坤　等	群眾出版社	1988 年
20	中外關係史論叢　第 1 輯	朱杰勤	世界知識出版社	1985 年
21	華北危局紀實	蕭振瀛	中國國際廣播出版社	1989 年
22	甲午戰爭與東亞政治	戴逸　等	中國社會科學出版社	1994 年
23	日本軍國主義　第 1 冊	井上清	商務印書館	1985 年
24	日本軍國主義　第 3 冊	井上清	商務印書館	1986 年
25	中外關係史譯叢　第 1 輯	中外關係史學會　等	上海譯文出版社	
26	中外關係史譯叢　第 2 輯	中外關係史學會　等	上海譯文出版社	
27	中外關係史譯叢　第 4 輯	中外關係史學會　等	上海譯文出版社	
28	中外關係史譯叢　第 5 輯	中外關係史學會　等	上海譯文出版社	
29	中外關係史論叢　第 3 輯	中外關係史學會	世界知識出版社	1991 年
30	甲午戰爭與翁同龢	掌熟市人民政府・中國史學會	中國人民大學出版社	1995 年
31	浙江近代經濟史稿	沈雨梧	人民出版社	1990 年
32	北洋海軍的興衰～紀念中日	董進一	威海市新聞出	1994 年

	甲午戰爭一百周年～		版管理辦公室	
33	護國運動資料選編　上	李希泌　等	中華書局	1984年
34	護國運動資料選編　下	李希泌　等	中華書局	1984年
35	福建經濟發展簡史	廈門大學歷史研究所　等	廈門大學出版社	1989年
36	戚繼光傳	范中義	中華書局	2003年
37	忽必烈	周良霄	吉林教育出版社	1986年
38	中華帝國的文明	【英】萊芒·道遜	上海古籍出版社	1994年
39	甲午日本外交內幕	信夫清三郎		1994年
40	甲午中日戰爭（下）盛宣懷檔案資料選輯之三	陳旭麓　等	上海人民出版社	1982年
41	日本文化史～一個剖析～	日本外務省	日本外務省	1992年
42	世界史研究年刊（總第一期）	世界史研究年刊編輯部	世界歷史雜志社	1995年
43	戚繼光研究叢書　戚少保年譜耆編	高揚文 等	中華書局	2003年
44	戚繼光研究叢書　紀效新書	高揚文 等	中華書局	2001年
45	戚繼光研究叢書　止止堂集	高揚文 等	中華書局	2001年
46	戚繼光研究叢書　練兵實紀	高揚文 等	中華書局	2001年
47	寧波港海外交通史日文選集	中國海外交通史研究會　等		1983年
48	蔣介石傳	楊樹標	團結出版社	1989年
49	近五十年中國與日本 1932-1982 第3卷 1938-1939	張篷舟	四川人民出版社	1987年
50	近五十年中國與日本 1932-1982 第3卷 1938-1939	張篷舟	四川人民出版社	1987年
51	洋務運動與改革開放	姜鐸	上海市新聞出版局	
52	蜀道話古	李志勤　等	西北大學出版社	1986年
53	比較文化論集	金克木	生活·讀書·新知三聯書店出版	1984年
54	方伯謙問題研討集	林傳功　等	知識出版社	1993年
55	李秉衡集	戚其章	齊魯書社	1993年
56	東方風雲　上冊	董志正	大連出版社	1994年
57	宋明思想和中華文明	祝瑞開	學林出版社	1995年
58	中國宗教史　上冊	王友三	齊魯書社	1991年
59	中國宗教史　下冊	王友三	齊魯書社	1991年
60	廖仲愷研究	曾憲志	廣東人民出版社	1989年
61	儒家文化與現代文明　國際學術討論會文集	李紹庚	吉林人民出版社	1992年
62	史學論叢　第三輯	雲南大學歷史系編	雲南人民出版社	1988年

63	史學論叢　第四輯	雲南大學歷史系編	雲南人民出版社	1989 年
64	日本風土人情	賈蕙萱	北京大學出版社	1987 年
65	田中角栄	王泰平	浙江人民出版社	1989 年
66	第五屆中琉歷史關係學術會議論文集		福建教育出版社	1996 年
67	韓國學論文集 第四輯	北京大學韓國學研究中心	社會科學文獻出版社	1995 年
68	韓國學論文集 第六輯	北京大學韓國學研究中心	新華出版社	1997 年
69	史學理論研究 1996（2）	《史學理論研究》編輯部	世界歷史雜誌社	1996 年
70	史學理論研究 1996（3）	《史學理論研究》編輯部	世界歷史雜誌社	1996 年

第一批日文圖書

序號	題　　名	作　者	出版者	出版年
1	日本歷史 1~原始および古代 1~	石母田正　等	岩波書店	1962
2	日本歷史 2~古代 2~	上田正昭　等	岩波書店	1962
3	日本歷史 3~古代 3~	井上光貞　等	岩波書店	1962
4	日本歷史 4~古代 4~	北山茂夫　等	岩波書店	1962
5	日本歷史 5~中世 1~	林屋辰三郎　等	岩波書店	1962
6	日本歷史 5~中世 1~	黒田俊雄　等	岩波書店	1975
7	日本歷史 6~中世 2~	中村栄孝　等	岩波書店	1963
8	日本歷史 6~中世 2~	新田英治　等	岩波書店	1975
9	日本歷史 7~中世 3~	田沼睦　等	岩波書店	1976
10	日本歷史 7~中世 3~	佐藤進一　等	岩波書店	1963
11	日本歷史 8~中世 4~	鈴木良一　等	岩波書店	1963
12	日本歷史 8~中世 4~	小林清治　等	岩波書店	1976
13	日本歷史 9~近世 1~	奈良本辰也　等	岩波書店	1963
14	日本歷史 10~近世 2~	藤野保　等	岩波書店	1963
15	日本歷史 11~近世 3~	辻達也　等	岩波書店	1967
16	日本歷史 12~近世 4~	阿部真琴　等	岩波書店	1967
17	日本歷史 13~近世 5~	矢木明夫　等	岩波書店	1964

18	日本歴史 14~近代 1~	遠山茂樹　等	岩波書店	1967
19	日本歴史 15~近代 2~	原口清　等	岩波書店	1967
20	日本歴史 16~近代 3~	楫西光速　等	岩波書店	1967
21	日本歴史 17~近代 4~	大島太郎　等	岩波書店	1968
22	日本歴史 18~現代 1~	井上清　等	岩波書店	1963
23	日本歴史 19~現代 2~	江口朴郎　等	岩波書店	1963
24	日本歴史 20~現代 3~	江口圭一　等	岩波書店	1963
25	日本歴史 21~現代 4~	島恭彦　等	岩波書店	1963
26	日本歴史 22~別巻 1~	尾藤正英　等	岩波書店	1963
27	日本歴史 23~別巻 2~	鈴木尚　等	岩波書店	1968
28	中世法制史料集~第一巻　鎌倉幕府法~	佐藤進一、池内義資	岩波書店	昭和 30 年
29	中世法制史料集~第一巻　室町幕府法~	佐藤進一、池内義資	岩波書店	昭和 32 年
30	朱印船と日本町	岩生成一	至文堂	昭和 53 年
31	ｱｼﾞｱ歴史研究入門　別巻　総目次·総索引	井谷鋼造　等	同朋舎出版	昭和 62 年
32	空華日用工夫略集	辻善之助	太洋社	昭和 14 年
33	日本の歴史　1　神話から歴史へ	井上光貞	中央公論社	昭和 41 年
34	日本の歴史　2　古代国家の成立	直木孝次郎	中央公論社	昭和 40 年
35	日本の歴史 3 奈良の都	青木和夫	中央公論社	昭和 43 年
36	日本の歴史 4 平安京	北山茂夫	中央公論社	昭和 42 年
37	日本の歴史 5 王朝の貴族	土田直鎮	中央公論社	昭和 48 年
38	日本の歴史 6 武士の登場	竹内理三	中央公論社	昭和 44 年
39	日本の歴史 7 鎌倉幕府	石井進	中央公論社	昭和 43 年

40	日本の歴史 8 蒙古襲来	黒田俊雄	中央公論社	昭和 44 年
41	日本の歴史 9 南北朝の動乱	佐藤進一	中央公論社	昭和 44 年
42	日本の歴史 10 下剋上の時代	永原慶二	中央公論社	昭和 44 年
43	日本の歴史 11 戦国大名	杉山博	中央公論社	昭和 44 年
44	日本の歴史 12 天下一統	林屋辰三郎	中央公論社	昭和 43 年
45	日本の歴史 13 江戸開府	辻達也	中央公論社	昭和 41 年
46	日本の歴史 14 鎖国	岩生成一	中央公論社	昭和 44 年
47	日本の歴史 15 大名と百姓	佐々木潤之介	中央公論社	昭和 41 年
48	日本の歴史 16 元禄時代	児玉幸多	中央公論社	昭和 41 年
49	日本の歴史 17 町人の実力	奈良本辰也	中央公論社	昭和 42 年
50	日本の歴史 18 幕藩制の苦悶	北島正元	中央公論社	昭和 41 年
51	日本の歴史 19 開国と攘夷	小西四郎	中央公論社	昭和 41 年
52	日本の歴史 20 明治維新	井上清	中央公論社	昭和 44 年
53	日本の歴史 21 近代国家の出発	色川大吉	中央公論社	昭和 42 年
54	日本の歴史 22 大日本帝国の試練	隅谷三喜男	中央公論社	昭和 41 年
55	日本の歴史 23 大正ﾃﾞﾓｸﾗｼｰ	今井清一	中央公論社	昭和 42 年

56	日本の歴史 24 ﾌｧｼｽﾞﾑへの道	大内力	中央公論社	昭和 42 年
57	日本の歴史 25 太平洋戦争	林茂	中央公論社	昭和 42 年
58	日本の歴史 26 よみがえる日本	蠟山政道	中央公論社	昭和 42 年
59	蔭涼軒日録　巻一	玉村竹二、勝野隆信	史籍刊行会	1953
60	蔭涼軒日録　巻二	玉村竹二、勝野隆信	史籍刊行会	1954
61	蔭涼軒日録　巻三	玉村竹二、勝野隆信	史籍刊行会	1954
62	蔭涼軒日録　巻四	玉村竹二、勝野隆信	史籍刊行会	1954
63	蔭涼軒日録　巻五	玉村竹二、勝野隆信	史籍刊行会	1954
64	前近代の国際交流と外交文書	田中健夫	吉川弘文館	平成 8 年
65	長崎の唐人貿易	山脇悌二郎	吉川弘文館	昭和 39 年
66	中国の海賊	松浦章	東方書店	1995
67	日本史年表（第 4 版）	日本歴史大辞典編集委員会	河出書房新社	1998
68	図説伊達政宗	仙台市博物館編	河出書房新社	1987
69	図説伊達政宗	仙台市博物館編	河出書房新社	1991
70	図説伊達政宗	仙台市博物館編	河出書房新社	1992
71	（月刊）This is 読売 11		読売新聞社	1997

72	万葉の遣唐使船~遣唐使とその混血児たち~	高木博	教育出版センター	昭和 59 年
73	清朝文化東傳の研究~嘉慶道光學壇と李朝の金阮堂~	藤塚鄰	国書刊行会	昭和 50 年
74	元·日関係史の研究	魏栄吉	教育出版センター	1985
75	東北軍閥政権の研究~張作霖.張学良の対外抵抗と対内統一の軌跡~	水野明	国書刊行会	平成 6 年
76	中世禅宗史の研究	今枝愛真	東京大学出版会	1970
77	論集近代中国と日本	山根幸夫	山川出版社	昭和 51 年
78	五山文学~大陸文化紹介者としての五山禅僧の活動~	玉村竹二	至文堂	昭和 41 年
79	武士団と村落	豊田武	吉川弘文館	昭和 44 年
80	豊太閤の私的生活	渡邊世祐	創元社	昭和 14 年
81	維新の内乱	石井孝	至誠堂	昭和 43 年
82	講座日本史 1 古代~古代国家~	歴史学研究会／日本史研究会	東京大学出版会	1970
83	北欧神話と伝説	グレンベック著、山室静訳	新潮社	1971
84	日華文化交流史	木宮泰彦	冨山房	昭和 40 年
85	新訂増補國史大系 令集解第一	黒板勝美國史大系編修會	吉川弘文館	昭和 60 年
86	新訂増補國史大系 令集解第二	黒板勝美國史大系編修會	吉川弘文館	昭和 58 年
87	新訂増補國史大系 令集解第三	黒板勝美國史大系編修會	吉川弘文館	昭和 60 年
88	新訂増補國史大系 令集解第四	黒板勝美國史大系編修會	吉川弘文館	昭和 60 年

89	新訂增補國史大系　令義解	黒板勝美國史大系編修會	吉川弘文館	昭和 43 年
90	新訂增補國史大系　日本三代実録 前編	黒板勝美國史大系編修會	吉川弘文館	昭和 63 年
91	新訂增補國史大系　日本三代実録 後編	黒板勝美國史大系編修會	吉川弘文館	昭和 58 年
92	新訂增補國史大系　日本後記	黒板勝美國史大系編修會	吉川弘文館	昭和 59 年
93	新訂增補國史大系　續日本後記	黒板勝美國史大系編修會	吉川弘文館	昭和 56 年
94	新訂增補國史大系　續日本記前編	黒板勝美國史大系編修會	吉川弘文館	昭和 61 年
95	新訂增補國史大系　續日本記後編	黒板勝美國史大系編修會	吉川弘文館	昭和 61 年
96	新訂增補國史大系　日本書紀前編	黒板勝美國史大系編修會	吉川弘文館	昭和 60 年
97	新訂增補國史大系　日本書紀後編	黒板勝美國史大系編修會	吉川弘文館	昭和 61 年
98	新訂增補國史大系　日本文德天皇實錄	黒板勝美國史大系編修會	吉川弘文館	昭和 59 年
99	新訂增補國史大系　吾妻鏡第一（前篇上）	黒板勝美國史大系編修會	吉川弘文館	昭和 43 年
100	寬政重修諸家譜　第一輯		榮進舍出版部	大正 6 年
101	寬政重修諸家譜　第二輯		榮進舍出版部	大正 6 年
102	寬政重修諸家譜　第三輯		榮進舍出版部	大正 6 年
103	寬政重修諸家譜　第四輯		榮進舍出版部	大正 6 年
104	寬政重修諸家譜　第五輯		榮進舍出版部	大正 6 年

105	寛政重修諸家譜 第六輯		榮進舍出版部	大正 6 年
106	寛政重修諸家譜 第七輯		榮進舍出版部	大正 6 年
107	寛政重修諸家譜 第八輯		榮進舍出版部	大正 6 年
108	寛政重修諸家譜 總索引		榮進舍出版部	大正 7 年
109	白木蓮の咲くころ	豊田芳子		昭和 59 年
110	日本の国号	岩橋小弥太	吉川弘文館	昭和 45 年
111	明治維新	遠山茂樹	岩波書店	1972
112	新版 飛鳥 その古代史と風土	門脇禎二	日本放送出版協会	1977
113	日本歴史の視点 1 原始·古代	児玉幸多 等	日本書籍	昭和 48 年
114	日本倫理思想史 上巻	和辻哲郎	岩波書店	昭和 27 年
115	日本倫理思想史 下巻	和辻哲郎	岩波書店	昭和 27 年
116	日本古代政治史	利光三津夫	慶応通信	昭和 63 年
117	日本古代王権試論~古代韓国との関連を中心に~	大和岩雄	名著出版	昭和 56 年
118	日本古代兵制史の研究	直木孝次郎	吉川弘文館	昭和 43 年
119	日本古代の政治と宗教	井上薫	吉川弘文館	昭和 41 年
120	日本帝国主義下の満州移民	満州移民史研究会	龍渓書舍	1976 年
121	隣交徵書	伊藤松	国書刊行会	昭和 50 年
122	古代東ｱｼﾞｱの日本と朝鮮	坂元義種	吉川弘文館	昭和 53 年

123	上代日本対外関係の研究	栗原朋信	吉川弘文館	昭和 53 年
124	日本政治史 I ~西欧の衝撃と開国~	信夫清三郎	南窓社	昭和 51 年
125	東ｱｼﾞｱ世界の形成	藤間生大	春秋社	昭和 52 年
126	明治初期の日本と東ｱｼﾞｱ	石井孝	有隣堂	昭和 57 年
127	東ｱｼﾞｱ政治史研究	江藤瀋吉	東京大学出版会	1968 年
128	近代日本と中国~日中関係史論集~	安藤彦太郎	汲古書院	1989 年
129	日明関係史の研究	佐久間重男	吉川弘文館	平成 4 年
130	近代東ｱｼﾞｱ世界の形成~東ｱｼﾞｱ世界の形成~第二巻	藤間生大	春秋社	1977 年
131	日本国家の起原 上	原田大六	三一書房	1975 年
132	日本国家の起原 下	原田大六	三一書房	1976 年
133	西欧文明と東ｱｼﾞｱ	榎一雄	平凡社	1971 年
134	日本ﾌｧｼｽﾞﾑの興亡	万峰	六興出版	1989 年
135	孫文の革命運動と日本	兪辛焞	六興出版	1989 年
136	明治の経済発展と中国	周啓乾	六興出版	1989 年
137	奈良文化と唐文化	王金林	六興出版	1988 年
138	日中儒学の比較	王家驊	六興出版	1988 年
139	近世日本と日中貿易	任鴻章	六興出版	1988 年
140	日本の大陸政策と中国東北	易顕石	六興出版	1989 年
141	日中近代化の比較	馬家駿	六興出版	1988 年
142	明治維新と中国	呂万和	六興出版	1988 年
143	織豊政権と東ｱｼﾞｱ	張玉祥	六興出版	1989 年
144	近世初期実学思想の研究	源了圓	創文社	1980 年
145	近世伝統文化論	林屋辰三郎	創元社	昭和 49 年
146	近代日中民衆交流外史	渡邊龍策	雄山閣出版	昭和 56 年
147	日本帝国主義と中国	依田憙家	龍渓書舎	1988 年

148	近世対外関係史の研究	中田易直	吉川弘文館	昭和 59 年
149	近代日本の大陸政策	古川万太郎	東京書籍	1991 年
150	増訂海外交通史話	辻善之助	内外書籍	昭和 5 年
151	支那日本通商史	淺井虎夫		
152	日中戦後関係史	古川万太郎	原書房	1988 年
153	地域ｼｽﾃﾑ	溝口雄三　等	東京大学出版会	1993 年
154	中国人の日本研究史	武安隆　等	六興出版	1989 年
155	日露戦争はいかにして戦われたか	黒羽茂	文化書房博文社	昭和 63 年
156	策彥入明記の研究 下	牧田諦亮	法藏館	昭和 34 年
157	幕末西洋文化と沼津兵學校	米山梅吉	三省堂	昭和 10 年
158	中世の歌人たち	佐佐木幸綱	日本放送出版協会	昭和 51 年
159	講座日本史 2~封建社会の成立~	歴史学研究会／日本史研究会	東京大学出版会	1970 年
160	東ｱｼﾞｱ世界史探究	滕維藻 等	汲古書院	1986 年
161	日本佛教史 第一巻 上世篇	辻善之助	岩波書店	昭和 19 年
162	日本佛教史 第二巻 中世篇之一	辻善之助	岩波書店	昭和 22 年
163	日本佛教史 第三巻 中世篇之二	辻善之助	岩波書店	昭和 24 年
164	日本佛教史 第四巻 中世篇之三	辻善之助	岩波書店	昭和 24 年
165	日本佛教史 第五巻 中世篇之四	辻善之助	岩波書店	昭和 25 年
166	日本佛教史 第六巻 中世篇之五	辻善之助	岩波書店	昭和 26 年
167	日本佛教史 第七巻 近世篇之一	辻善之助	岩波書店	昭和 27 年
168	日本佛教史 第八巻 近世篇之二	辻善之助	岩波書店	昭和 28 年
169	日本佛教史 第九巻 近世篇之三	辻善之助	岩波書店	昭和 29 年
170	日本佛教史 第十巻 近世篇之四	辻善之助	岩波書店	昭和 30 年

171	明末中国佛教の研究~特に智旭を中心として~	張聖厳	岩波書店	昭和 50 年
172	日本朱子學派之哲學	井上哲次郎	富山房	
173	日本古學派之哲學	井上哲次郎	富山房	
174	日本陰陽道書の研究	中村璋八	汲古書院	昭和 60 年
175	道教 1~道教は何か~	福井康順　等	平河出版社	1983 年
176	道教 2~道教の展開~	福井康順　等	平河出版社	1983 年
177	道教 3~道教の伝播~	福井康順　等	平河出版社	1983 年
178	中国民衆と秘密結社	酒井忠夫	吉川弘文館	平成 4 年
179	古代ｱｼﾞｱと九州	福岡ユネスコ協会	平凡社	1973 年
180	外来文化と九州	福岡ユネスコ協会	平凡社	1973 年
181	武家政権の形成	井上光貞　等	山川出版社	1996 年
182	南北朝内乱と室町幕府[上]	井上光貞　等	山川出版社	1996 年
183	南北朝内乱と室町幕府[下]	井上光貞　等	山川出版社	1996 年
184	戦国動乱と大名領国制	井上光貞　等	山川出版社	1996 年
185	幕藩体制の成立と構造[上]	井上光貞　等	山川出版社	1996 年
186	幕藩体制の成立と構造[下]	井上光貞　等	山川出版社	1996 年
187	幕藩体制の展開と動揺[上]	井上光貞　等	山川出版社	1996 年

188	幕藩体制の展開と動揺[下]	井上光貞　等	山川出版社	1996 年
189	開国と幕府政治	井上光貞　等	山川出版社	1996 年
190	明治国家の成立	井上光貞　等	山川出版社	1996 年
191	明治憲法体制の展開[上]	井上光貞　等	山川出版社	1996 年
192	明治憲法体制の展開[下]	井上光貞　等	山川出版社	1996 年
193	第一次世界大戦と政党内閣	井上光貞　等	山川出版社	1997 年
194	革新と戦争の時代	井上光貞　等	山川出版社	1997 年
195	復興から高度成長へ	井上光貞　等	山川出版社	1997 年
196	日本政治史Ⅱ	信夫清三郎	南窓社	昭和 53 年
197	日本政治史Ⅲ	信夫清三郎	南窓社	昭和 55 年
198	日本政治史Ⅳ	信夫清三郎	南窓社	1982 年
199	幕藩体制とｷﾘｼﾀﾝ	光島督	成文堂	昭和 47 年
200	日露戦争全史	デニス・ヴォーナー　等	時事通信社	1978 年
201	日明勘合貿易資料	湯谷稔	国書刊行会	昭和 58 年
202	日本史学入門	大久保利謙等	廣文社	昭和 40 年
203	中国英傑伝	海音寺潮五郎	文藝春秋	昭和 46 年
204	ｱｼﾞｱ歴史研究入門 1~中国Ⅰ~	宮崎市定　等	同朋舎出版	昭和 60 年
205	ｱｼﾞｱ歴史研究入門 2~中国Ⅱ・朝鮮~	狭間直樹　等	同朋舎出版	昭和 61 年

206	ｱｼﾞｱ歴史研究入門 3~中国Ⅲ~	勝村哲也　等	同朋舎出版	昭和 61 年
207	ｱｼﾞｱ歴史研究入門 4~内陸ｱｼﾞｱ･西ｱｼﾞｱ~	山田信夫　等	同朋舎出版	昭和 59 年
208	ｱｼﾞｱ歴史研究入門 5~南ｱｼﾞｱ･東南ｱｼﾞｱ･世界史とｱｼﾞｱ~	山崎利男　等	同朋舎出版	昭和 59 年
209	鎌倉室町時代之儒教	足利知夫	有明書房	昭和 45 年
210	中日民族文化交流史	宋越倫	弘文堂	昭和 45 年
211	東方學	東方學會	東方學會	昭和 45 年
212	日本現代文章講座~技術篇~	前本一男	厚生閣	昭和 9 年
213	日本現代文章講座~組織篇~	前本一男	厚生閣	昭和 9 年
214	日本現代文章講座~構成篇~	前本一男	厚生閣	昭和 9 年
215	日本現代文章講座~方法篇~	前本一男	厚生閣	昭和 9 年
216	日本現代文章講座~原理篇~	前本一男	厚生閣	昭和 9 年
217	南京の真実	ジョン・ラーベ	講談社	1997 年
218	日本人の死に方~"白き旅"への幻想	利根川裕	PHP 研究所	昭和 56 年
219	大化改新と東ｱｼﾞｱ	井上光貞　等	山川出版社	1981 年
220	中国から見た日本	河上光一	日本教文社	昭和 42 年
221	江戸時代の日中秘話	大庭脩	東方書店	1980 年
222	講座日本史 3~封建社会の展開~	歴史学研究会等	東京大学出版会	1970 年
223	講座日本史 4~幕府制社会~	歴史学研究会等	東京大学出版会	1970 年
224	日本古代人名辭典 第一巻	竹内理三 等	吉川弘文館	昭和 33 年
225	日本古代人名辭典 第二巻	竹内理三 等	吉川弘文館	昭和 34 年

226	日本古代人名辭典 第三卷	竹內理三 等	吉川弘文館	昭和 36 年
227	日本古代人名辭典 第四卷	竹內理三 等	吉川弘文館	昭和 38 年
228	日本古代人名辭典 第五卷	竹內理三 等	吉川弘文館	昭和 41 年
229	日本古代人名辭典 第六卷	竹內理三 等	吉川弘文館	昭和 48 年
230	日本古代人名辭典 第七卷	竹內理三 等	吉川弘文館	昭和 52 年
231	蒙古襲来の研究 增補版	相田二郎	吉川弘文館	昭和 57 年
232	中国思想辞典	日原利国	研文出版	1984 年
233	通制條格の研究譯註 第三冊	岡本敬二	国書刊行会	昭和 51 年
234	通制條格の研究譯註 第二冊	岡本敬二	国書刊行会	昭和 50 年
235	清代上海沙船航運業史の研究	松浦章	関西大学出版部	昭和 16 年
236	元寇の新研究	池內宏	東洋文庫	昭和 6 年
237	元寇の新研究	池內宏	東洋文庫	昭和 6 年
238	明代白蓮教史の研究	野口鐵郎	雄山閣出版	昭和 61 年
239	中国族譜目録	Ted A. Telford 等	進藤出版社	1988 年
240	六朝江南の豪族会社	大川富士夫	雄山閣出版	昭和 62 年
241	中国の歴史と経済	東洋経済史学会	中国書店	2000 年
242	日本の海賊	村上護	講談社	昭和 57 年
243	元典章年代索引	植松正	周朋舎出版	昭和 55 年

244	中国の歴史 6~元·明~	愛宕松男　等	講談社	昭和 49 年
245	蒙古襲来~その軍事史的研究~	太田弘毅　等	錦正社	平成 9 年
246	中国○会史の研究~青○篇~	酒井忠夫　等	国書刊行会	1997 年
247	清代水利社会史の研究	森田明	国書刊行会	1990 年
248	中国水利史の研究	森田明	国書刊行会	1995 年
249	清代の水利と地域社会	森田明	国書刊行会	2002 年
250	清代水利史研究	森田明	亜紀書房	1974 年
251	中国塩政史の研究	佐伯富	法律文化社	1987 年
252	班田収授法の研究	虎尾俊哉	吉川弘文館	昭和 46 年
253	朱印船貿易史	川島元次郎	内外出版	大正 10 年
254	日本経済史大系 2~中世~	永田慶二	東京大学出版会	1965 年
255	戦後改革 6~農地改革~	東京大学社会科学研究所	東京大学出版会	1975 年
256	ｱｼﾞｱから考える[2] 地域ｼｽﾃﾑ	溝口雄三　等	東京大学出版会	1993 年
257	本邦中世までにおける孟子受容史の研究	井上順理	風間書房	昭和 47 年
258	日本史概説 I	石母田正 等	岩波書店	1955 年
259	日本史概説 II	北島正元 等	岩波書店	1968 年
260	京都	林屋辰三郎	岩波書店	1962 年
261	観阿弥と世阿弥	戸井田道三	岩波書店	1969 年
262	現代日本の思想~その五つの渦~	久野収	岩波書店	1956 年
263	兵役を拒否した日本人~灯台社の戦時下抵抗~	稲垣真美	岩波書店	1972 年

264	世界の歩み 上巻	林健太郎	岩波書店	1964 年
265	世界の歩み 下巻	林健太郎	岩波書店	1964 年
266	日本の政治風土	篠原一	岩波書店	1968 年
267	日本の精神的風土	飯塚浩二	岩波書店	1952 年
268	明治維新と現代	遠山茂樹	岩波書店	1968 年
269	黄表紙·洒落本の世界	水野稔	岩波書店	1976 年
270	元禄時代	大石慎三郎	岩波書店	1970 年
271	日本の時代史 1 倭国誕生	白石太一郎	吉川弘文館	2002 年
272	日本の時代史 2 倭国と東ｱｼﾞｱ	鈴木靖民	吉川弘文館	2002 年
273	日本の時代史 3 倭国から日本へ	森公章	吉川弘文館	2002 年
274	日本の時代史 4 律令国家と天平文化	佐藤信	吉川弘文館	2002 年
275	日本の時代史 5 平安京	吉川真司	吉川弘文館	2002 年
276	日本の時代史 6 摂関政治と王朝文化	加藤友康	吉川弘文館	2002 年
277	日本の時代史 7 院政の展開と内乱	元木泰雄	吉川弘文館	2002 年
278	日本の時代史 10 南北朝の動乱	村井章介	吉川弘文館	2003 年
279	日本の時代史 11 一揆の時代	榎原雅治	吉川弘文館	2003 年
280	日本の時代史 12 戦国の地域国家	有光友學	吉川弘文館	2003 年
281	日本の時代史 13 天下統一と朝鮮侵略	池享	吉川弘文館	2003 年
282	日本の時代史 14 江戸幕府と東ｱｼﾞｱ	荒野泰典	吉川弘文館	2003 年

283	日本の時代史 15 元禄の社会と文化	高埜利彦	吉川弘文館	2003 年
284	日本の時代史 16 享保改革と社会変容	大石学	吉川弘文館	2003 年
285	日本の時代史 17 近代の胎動	藤田覚	吉川弘文館	2003 年
286	日本の時代史 18 琉球·沖縄史の世界	豊見山和行	吉川弘文館	2003 年
287	日本の時代史 19 蝦夷島と北方世界	菊池勇夫	吉川弘文館	2003 年
288	日本の時代史 20 開国と幕末の動乱	井上勲	吉川弘文館	2004 年
289	日本の時代史 21 明治維新と文明開化	松尾正人	吉川弘文館	2004 年
290	日本の時代史 22 自由民権と近代社会	新井勝紘	吉川弘文館	2004 年
291	日本の時代史 23 ｱｼﾞｱの帝国国家	小風秀雅	吉川弘文館	2004 年
292	日本の時代史 24 大正社会と改造の潮流	季武嘉也	吉川弘文館	2004 年
293	日本の時代史 25 大日本帝国の崩壊	山室建徳	吉川弘文館	2004 年
294	日本の時代史 26 戦後改革と逆ｺｰｽ	吉田裕	吉川弘文館	2004 年
295	日本の時代史 27 高度成長と企業社会	渡辺治	吉川弘文館	2004 年
296	日本の時代史 28 岐路に立つ日本	後藤道夫	吉川弘文館	2004 年
297	日本の時代史 29 日本史の環境	井上勲	吉川弘文館	2004 年
298	日本の歴史 13 一揆と戦国大名	久留島典子	講談社	2001 年

299	日本貨幣流通史	小葉田淳	刀江書院	昭和 44 年

第二批日文圖書

序號	題名	作者	出版者	出版年
1	「南進」の系譜	矢野暢	中央公論社	昭和 50
2	中世の開幕	林屋辰三郎	加藤勝久	昭和 51
3	中世文化とその基盤	芳賀幸四郎	思文閣出版	昭和 56
4	中世武家社会の研究	河合正治	吉川弘文館	昭和 48
5	中世禅林の学問および文学に関する研究	芳賀幸四郎	思文閣出版	昭和 56
6	中国·朝鮮の史籍における日本史集成　三国高麗之部	日本史料集成編纂会	国書刊行会	昭和 53
7	中国·朝鮮の史籍における日本史集成　正史之部（一）	日本史料集成編纂会	国書刊行会	昭和 50
8	中国·朝鮮の史籍における日本史集成　李朝實録之部（一）	日本史料集成編纂会	国書刊行会	昭和 51
9	中国·朝鮮の史籍における日本史集成　李朝實録之部（二）	日本史料集成編纂会	国書刊行会	昭和 52
10	中国·朝鮮の史籍における日本史集成　李朝實録之部（三）	日本史料集成編纂会	国書刊行会	昭和 53
11	中国·朝鮮の史籍における日本史集成　李朝實録之部（四）	日本史料集成編纂会	国書刊行会	昭和 54
12	中国·朝鮮の史籍における日本史集成　李朝實録之部（五）	日本史料集成編纂会	国書刊行会	昭和 56
13	中国·朝鮮の史籍における日本史集成　李朝實録之部（六）	日本史料集成編纂会	国書刊行会	昭和 58
14	中国人の見た中国·日本関係史唐代から現代まで	中国東北地区中日関係史研究会	東方出版	1992
15	中国史研究入門　下	山根幸夫	山川出版社	1984
16	中国史研究入門　上	山根幸夫	山川出版社	1983
17	中国正史総目録	国書刊行会	国書刊行会	昭和 52
18	五山詩史の研究	蔭木英雄	笠間書店	昭和 52
19	元寇　蒙古帝国の内部事情	旗田巍	中央公論社	昭和 55
20	天皇の軍隊	大濱徹也	教育社	1978

21	文明の作法	京極純一	中央公論社	昭和 45
22	日中·日朝関係　研究文献目録	石井正敏·川越泰博	国書刊行会	昭和 51
23	日中 15 年戦争（上）	黒羽清隆	教育社	1977
24	日中儒学の比較	王家驊	六興出版	1988
25	日本の歴史 1	三上次男代表	集英社	昭和 49
26	日本の歴史 2	三品彰英	集英社	昭和 49
27	日本の歴史 3	竹内理三代表	集英社	昭和 49
28	日本の歴史 4	川崎庸之代表	集英社	昭和 49
29	日本の歴史 5	彌永貞三代表	集英社	昭和 49
30	日本の歴史 6	貫達人代表	集英社	昭和 49
31	日本の歴史 8	笠原一男代表	集英社	昭和 50
32	日本の歴史 9	今井林太郎代表	集英社	昭和 50
33	日本の歴史 10	岡田章雄	集英社	昭和 50
34	日本の歴史 11	箭內健次	集英社	昭和 50
35	日本の歴史 12	児玉幸多代表	集英社	昭和 50
36	日本の歴史 13	石井孝代表	集英社	昭和 51
37	日本の歴史 14	小西四郎代表	集英社	昭和 51
38	日本の歴史 15	大久保利謙代表	集英社	昭和 51
39	日本の歴史 16	臼井勝美代表	集英社	昭和 51
40	日本の歴史 17	安藤良雄代表	集英社	昭和 51
41	日本の歴史 18	辻清明	集英社	昭和 51
42	日本古代国家の研究	井上光貞	岩波書店	昭和 40
43	日本史講座　中世社会の構造	歴史学研究会·日本史研究会	東京大学出版社	2004
44	日本陽明学派之哲学	文学博士井上哲次郎	富山房	昭和 3
45	日本語の文法		国立国語研究所	[昭和 53]
46	日本禅宗史論集　下之一	玉村竹二	思文閣	昭和 54
47	日本禅宗史論集　下之二	玉村竹二	思文閣	昭和 56
48	日本禅宗史論集　券上	玉村竹二	思文閣	昭和 55
49	日清戦争前後のアジア政策	藤村道生	岩波書店	1995
50	古代末期の反乱 草賊と海賊	林陸朗	教育社	1977
51	古代国家と地方豪族	米田雄介	教育社	1979
52	水戸学研究	立林宮太郎	新興亞社	昭和 18
53	史学概論（新版）	林健太郎	有斐閣	昭和 60
54	台湾総督府	黃昭堂	教育社	1981

55	回顧篇 筑波大學十年史	筑波大學十年史編輯委員會	筑波大學・総務部総務課	昭和 59
56	江戸の木屋（下）	鈴木敏夫	中央公論社	昭和 50
57	村上四男博士和歌山大学退官記念朝鮮史論文論	村上四男博士退官記念論文集編集委員会	開明書院	1981
58	沖縄の文化財	沖縄県教育委員会	南西印刷	昭和 62
59	沖縄文化研究　16	法政大学沖縄文化研究所	法政大学沖縄文化研究所	1990
60	沖縄文化研究　17	法政大学沖縄文化研究所	法政大学沖縄文化研究所	1991
61	沖縄文化研究　18	法政大学沖縄文化研究所	法政大学沖縄文化研究所	1992
62	沖縄文化研究　19	法政大学沖縄文化研究所	法政大学沖縄文化研究所	1992
63	沖縄文化研究　20	法政大学沖縄文化研究所	法政大学沖縄文化研究所	1993
64	沖縄文化研究　21	法政大学沖縄文化研究所	法政大学沖縄文化研究所	1995
65	沖縄文化研究　22	法政大学沖縄文化研究所	法政大学沖縄文化研究所	1996
66	沖縄文化研究　23	法政大学沖縄文化研究所	法政大学沖縄文化研究所	1997
67	沖縄文化研究　24	法政大学沖縄文化研究所	法政大学沖縄文化研究所	1998
68	沖縄文化研究　25	法政大学沖縄文化研究所	法政大学沖縄文化研究所	1999
69	沖縄文化研究　26	法政大学沖縄文化研究所	法政大学沖縄文化研究所	2000
70	沖縄文化研究　27	法政大学沖縄文化研究所	法政大学沖縄文化研究所	2001
71	沖縄文化研究　28	法政大学沖縄文化研究所	法政大学沖縄文化研究所	2002
72	町衆　京都における「市民」形成史	林屋辰三郎	中央公論社	昭和 53
73	明治初期の国際関係	石井孝	吉川弘文館	昭和 52
74	東山文化の研究（下）	芳賀幸四郎	思文閣出版	昭和 56
75	東山文化の研究（上）	芳賀幸四郎	思文閣出版	昭和 56

76	東北戦争	山田野理夫	教育社	1978
77	近世の形成と伝統	芳賀幸四郎	思文閣出版	昭和 56
78	近世日本儒学史	高須芳次郎	越後屋書房	昭和 18
79	近代の政治思想　―その現実的・理論的諸前提―	福田歓一	岩波書店	1940
80	近代日中交渉史話	さねよう けいちゅう	春秋社	1973
81	近代日中交渉史の研究	佐藤三郎	吉川弘文館	昭和 59
82	近代日鮮関係の研究　上巻	田保橋潔	宗高書房	昭和 15
83	近代日鮮関係の研究　下巻	田保橋潔	宗高書房	昭和 15
84	門閥社会成立史	矢野主税	国書刊行会	昭和 51
85	苗字の歴史	豊田武	中央公論社	昭和 46
86	音声と音声教育		[文化庁]	[昭和 45]
87	宮城の研究 6　近代篇	渡辺信夫	清文堂	昭和 59
88	島津氏的研究	福島金治	吉川弘文館	昭和 58
89	琉中歴史関係論全集	琉中歴史関係国際学術会議実行委員会	琉中歴史関係国際学術会議実行委員会	1989
90	琉球の歴史	宮城栄昌	吉川弘文館	昭和 52
91	神仏分離	圭室文雄	教育社	1977
92	教育の森　閉ざされる子ら	村松喬	毎日新聞社	昭和 40
93	異稱日本傳 第一冊	松下見林	国書刊行会	昭和 50
94	異稱日本傳 第二冊	松下見林	国書刊行会	昭和 50
95	朝鮮古代史研究	村上四男	開明書院	昭和 53
96	朝鮮通交大紀	田中健夫・田代和生　校訂	名著出版	昭和 53
97	朝鮮戦争	村上薫	教育社	1978
98	新版日本の思想家　上	朝日ジャーナル	朝日新聞社	1975
99	新版日本の思想家　中	朝日ジャーナル	朝日新聞社	1975
100	新訂補正三正綜覧　付・陰陽暦対照表	内務省地理局	藝林舎	昭和 50
101	豊臣秀吉の朝鮮侵略	北島万次	吉川弘文館	平成 7
102	蒙古襲来研究史論	川添昭二	雄山閣	昭和 52
103	蔡温全集	崎浜秀明	本邦書籍	昭和 59
104	鎖国の思想ケンペルの世界史的使命	小堀桂一郎	中央公論社	昭和 49

105	鎌倉佛教	戸頃重基	中央公論社	昭和 42
106	図説千利休 — その人と芸術	村井康彦	河出書房新社	1989
107	増補版中国人日本留学史	さねとう・けいしゅう	くろしお出版	1970
108	歴史の進歩とはなにか	市井三郎	岩波書店	1971
109	歴史学研究法	今井登志喜	東京大学出版会	1953
110	歴史学叙説	永原慶二	東京大学出版社	1984
111	禅と日本文化	鈴木大拙	岩波書店	1940
112	禅百題	鈴木大拙	春秋社	1975
113	辺境の争乱	庄司浩	教育社	1977
114	雑兵たちの戦場　中世の傭兵と奴隷狩り	藤木久志	朝日新聞社	1995
115	黒船異変－ペリーの挑戦－	加藤祐三	岩波書店	1988
116	汲古	古典研究会	汲古書院	平成 17

韓文圖書

序號	題　名	作者	出版者	出版年
1	四溟堂의生涯와思想	申鶴祥	일영시의선본	1995
2	四溟堂의生涯와思想의照明			1997
3	高麗史 上		亞細亞文化社	1972
4	高麗史 中		亞細亞文化社	1972
5	高麗史 下		亞細亞文化社	1972
6	高麗史節要		亞細亞文化社	1972
7	國朝寶鑑 上編		세종대왕기념사업회	1976
8	國朝寶鑑 下編		세종대왕기념사업회	1976
9	朝鮮王朝實錄 1	國史編纂委員會	國史編纂委員會	1981
10	朝鮮王朝實錄 2	國史編纂委員會	國史編纂委員會	1981
11	朝鮮王朝實錄 3	國史編纂委員會	國史編纂委員會	1981
12	朝鮮王朝實錄 4	國史編纂委員會	國史編纂委員會	1981
13	朝鮮王朝實錄 5	國史編纂委員會	國史編纂委員會	1981

14	朝鮮王朝實錄 6	國史編纂委員會	國史編纂委員會	1981
15	朝鮮王朝實錄 7	國史編纂委員會	國史編纂委員會	1981
16	朝鮮王朝實錄 8	國史編纂委員會	國史編纂委員會	1981
17	朝鮮王朝實錄 9	國史編纂委員會	國史編纂委員會	1981
18	朝鮮王朝實錄 10	國史編纂委員會	國史編纂委員會	1981
19	朝鮮王朝實錄 11	國史編纂委員會	國史編纂委員會	1981
20	朝鮮王朝實錄 12	國史編纂委員會	國史編纂委員會	1981
21	朝鮮王朝實錄 13	國史編纂委員會	國史編纂委員會	1981
22	朝鮮王朝實錄 14	國史編纂委員會	國史編纂委員會	1981
23	朝鮮王朝實錄 15	國史編纂委員會	國史編纂委員會	1981
24	朝鮮王朝實錄 16	國史編纂委員會	國史編纂委員會	1981
25	朝鮮王朝實錄 17	國史編纂委員會	國史編纂委員會	1981
26	朝鮮王朝實錄 18	國史編纂委員會	國史編纂委員會	1981
27	朝鮮王朝實錄 19	國史編纂委員會	國史編纂委員會	1981
28	朝鮮王朝實錄 20	國史編纂委員會	國史編纂委員會	1981
29	朝鮮王朝實錄 21	國史編纂委員會	國史編纂委員會	1981
30	朝鮮王朝實錄 22	國史編纂委員會	國史編纂委員會	1981
31	朝鮮王朝實錄 23	國史編纂委員會	國史編纂委員會	1981
32	朝鮮王朝實錄 24	國史編纂委員會	國史編纂委員會	1981
33	朝鮮王朝實錄 25	國史編纂委員會	國史編纂委員會	1981
34	朝鮮王朝實錄 26	國史編纂委員會	國史編纂委員會	1981
35	朝鮮王朝實錄 27	國史編纂委員會	國史編纂委員會	1981
36	朝鮮王朝實錄 28	國史編纂委員會	國史編纂委員會	1981

37	朝鮮王朝實錄 29	國史編纂委員會	國史編纂委員會	1981
38	朝鮮王朝實錄 30	國史編纂委員會	國史編纂委員會	1981
39	朝鮮王朝實錄 31	國史編纂委員會	國史編纂委員會	1981
40	朝鮮王朝實錄 32	國史編纂委員會	國史編纂委員會	1981
41	朝鮮王朝實錄 33	國史編纂委員會	國史編纂委員會	1981
42	朝鮮王朝實錄 34	國史編纂委員會	國史編纂委員會	1981
43	朝鮮王朝實錄 35	國史編纂委員會	國史編纂委員會	1981
44	朝鮮王朝實錄 36	國史編纂委員會	國史編纂委員會	1981
45	朝鮮王朝實錄 37	國史編纂委員會	國史編纂委員會	1981
46	朝鮮王朝實錄 38	國史編纂委員會	國史編纂委員會	1981
47	朝鮮王朝實錄 39	國史編纂委員會	國史編纂委員會	1981
48	朝鮮王朝實錄 40	國史編纂委員會	國史編纂委員會	1981
49	朝鮮王朝實錄 41	國史編纂委員會	國史編纂委員會	1981
50	朝鮮王朝實錄 42	國史編纂委員會	國史編纂委員會	1981
51	朝鮮王朝實錄 43	國史編纂委員會	國史編纂委員會	1981
52	朝鮮王朝實錄 44	國史編纂委員會	國史編纂委員會	1981
53	朝鮮王朝實錄 45	國史編纂委員會	國史編纂委員會	1981
54	朝鮮王朝實錄 46	國史編纂委員會	國史編纂委員會	1981
55	朝鮮王朝實錄 47	國史編纂委員會	國史編纂委員會	1981
56	朝鮮王朝實錄 48	國史編纂委員會	國史編纂委員會	1981
57	朝鮮王朝實錄總索引	國史編纂委員會	國史編纂委員會	1981
58	사명당 유정	四溟堂記念事業會	시식산업사	[2000]
59	亂中雜錄	民族文化推進會	民族文化推進會	1977 年

60	사명당 유정~그 인간과 사상과 활동~	四溟堂記念事業會	지식산업사	1969 年
61	게긴 사상 90 서을	사회과확원	김준엽	1989 年

英文圖書

序號	題名	作　者	出版者	出版年
1	PROCEEDINGS OF THE CONFERENCE ON SINO-KOREAN-JAPANESE CULTURAL RELATIONS		Pacific Cultural Foundation	1983
2	PROCEEDINGS of the Thirty-First International Congress of HumanSciences in Asia and North Africa I		THE TOHO GAKKAI	1984
3	PROCEEDINGS of the Thirty-First International Congress of HumanSciences in Asia and North Africa II		THE TOHO GAKKAI	1984
4	SOURCES FOR A HISTORY OF BONISM (Legends of Ancient sages of Bonism No,4)	光嶌督	財團法人 西原育英文化事業團	1999
5	SOURCES FOR A HISTORY OF BONISM (Legends of Ancient sages of Bonism No,5)	光嶌督	財團法人 西原育英文化事業團	1999
6	The Bright Light of Bon	光島督	国士館大学教養部	1981
7	XXXI INTERNATIONAL CONGRESS OF HUMAN SCIENCES IN ASIA AND NORTH AFRICA: Congreess Program		Organizing Committee	1983
8	XXXI INTERNATIONAL CONGRESS OF HUMAN SCIENCES IN ASIA AND NORTH AFRICA: List of Participants		Organizing Committee	1983
9	GREAT BRITAIN AND THE OPENING OF JAPAN	W.G. BEASLEY	LUZAC & COMPANY, LTD	1951 年

影印本圖書（僅供典藏不流通）

序號	題　名	作　者	出版者	出版年
1	隋唐帝国と東アジア世界	唐代史研究会	汲古書院	1979 年
2	明末清初日本乞師の研究	石原道博	冨山房	昭和 20 年
3	日中戦争史研究	古谷哲夫	吉川弘文館	昭和 50 年
4	日支交渉史話	秋山謙蔵	内外書籍	昭和 10 年
5	陳元贇の研究	小松原濤	雄山閣出版	昭和 47 年
6	中国仏教史　第一巻　初伝期の仏教	鎌田茂雄	東京大学出版会	1982 年
7	中国仏教史　第二巻　受容期の仏教	鎌田茂雄	東京大学出版会	1983 年
8	元代中日關係論文集（四）			
9	バタヴィア城日誌（一）	中村孝志	平凡社	昭和 45 年
10	バタヴィア城日誌（二）	中村孝志	平凡社	昭和 47 年
11	バタヴィア城日誌（三）	中村孝志	平凡社	昭和 50 年
12	日本関係海外史料　オランダ商官長日記　譯文編之三（下）	東京大學史料編纂所	東京大學出版會	昭和 53 年
13	日本関係海外史料　オランダ商官長日記　譯文編之三（上）	東京大學史料編纂所	東京大學出版會	昭和 52 年
14	日本関係海外史料　オランダ商官長日記　譯文編之一（上）	東京大學史料編纂所	東京大學出版會	昭和 51 年
15	日本関係海外史料　オランダ商官長日記　譯文編之二（上）	東京大學史料編纂所	東京大學出版會	昭和 50 年
16	日本関係海外史料　オランダ商官長日記　譯文編之二（下）	東京大學史料編纂所	東京大學出版會	昭和 50 年
17	長崎オランダ商館の日記　第一輯	村上直次郎	岩波書店	昭和 31 年
18	長崎オランダ商館の日記　第二輯	村上直次郎	岩波書店	昭和 32 年
19	長崎オランダ商館の日記　第三輯	村上直次郎	岩波書店	昭和 33 年

20	平戸オランダ商館の日記第一輯	永積洋子	岩波書店	昭和 44 年
21	平戸オランダ商館の日記第二輯	永積洋子	岩波書店	昭和 44 年
22	平戸オランダ商館の日記第三輯	永積洋子	岩波書店	昭和 44 年
23	平戸オランダ商館の日記第四輯	永積洋子	岩波書店	昭和 45 年
24	日支交通の研究　中近世篇	冨山房	岩波書店	
25	中国古代国家と東アジア世界（上）	西嶋定夫	東京大学出版会	1983 年
26	中国古代国家と東アジア世界（上）	西嶋定夫	東京大学出版会	1983 年
27	日明關係論文集			
28	日宋交通と日宋相互認識の發展			
29	日明關係・室町幕府政治			
30	中国学芸大事典　上冊	近藤春雄	大修館書店	昭和 53 年
31	中国学芸大事典　下冊	近藤春雄	大修館書店	昭和 53 年
32	禅学大辞典　上巻（あ～す）	駒澤大學內禪學大辭典編纂所	大修館書店	
33	禅学大辞典　上巻（せ～わ）	駒澤大學內禪學大辭典編纂所	大修館書店	
34	禅学大辞典　別巻　附錄索引	駒澤大學內禪學大辭典編纂所	大修館書店	
35	明代貨幣史考 1	市古尙三	鳳書房	1977 年
36	明代貨幣史考 2	市古尙三	鳳書房	1977 年
37	明治軍制史論　上巻　上冊～明治初年より西南戦争まで～	松下芳男	有斐閣	昭和 31 年
38	明治軍制史論　上巻　下冊～明治初年より西南戦争まで～	松下芳男	有斐閣	昭和 31 年
39	明治軍制史論　下巻　上冊～明治十一年より明治末年まで～	松下芳男	有斐閣	昭和 31 年

40	明治軍制史論　下卷　下冊～明治十一年より明治末年まで～	松下芳男	有斐閣	昭和 31 年
41	日宋貿易の研究	森克己	国立書院	
42	日宋交通に於ける我が能動的貿易の展開	森克己		
43	明代漳泉人の海外通商發展～特に海澄の餉税制と日明貿易に就いて～	小葉田淳		
44	元明日本關係論文集			
45	日鮮關係史料集			
46	足利時代琉球との經濟的及び政治的關係に就いて	小葉田淳		
47	室町時代の日鮮關係	中村榮孝		
48	中世禪林の官寺制度	今枝愛真		
49	琉球資料叢書　第四	伊波普猷 等	井上書房	昭和 37 年
50	琉球資料叢書　第五	伊波普猷 等	井上書房	昭和 37 年
51	東アジア世界史探究　上	滕維藻　等	汲古書院	1986 年
52	東アジア世界史探究　下	滕維藻　等	汲古書院	1986 年
53	荀子注釋史上における邦儒の活動　上	藤川正数	風間書房	昭和 55 年
54	荀子注釋史上における邦儒の活動　下	藤川正数	風間書房	昭和 55 年
55	日清戦役外交史の研究　上	田保橋潔	東洋文庫	昭和 40 年
56	日清戦役外交史の研究　下	田保橋潔	東洋文庫	昭和 40 年
57	室町時代美術史論	谷信一	東京堂	昭和 17 年
58	日本外交文書　下冊	外務省	日本國際連合會	昭和 28 年
59	伊藤博文	中村菊男	時事通信社	昭和 33 年
60	策彥八明記			
61	細說元朝　上下	黎東方	文星書店股份有限公司	民國 55 年
62	農圃集敘			
63	湖叟先生實紀			
64	萬曆三大徵考	茅瑞徵		
65	日本一鑑（下）	鄭舜功		民國 28 年

鄭樑生教授捐贈淡江大學圖書館圖書清單

正體字中文圖書

序號	題名	作者	出版者	出版年
1	中日戰爭 1	戚其章主編	中華書局	1989 年
2	中日戰爭 2	戚其章主編	中華書局	1989 年
3	中日戰爭 3	戚其章主編	中華書局	1989 年
4	中日戰爭 4	戚其章主編	中華書局	1989 年
5	中日戰爭 5	戚其章主編	中華書局	1989 年
6	中日戰爭 6	戚其章主編	中華書局	1989 年
7	中日戰爭 7	戚其章主編	中華書局	1989 年
8	中日戰爭 8	戚其章主編	中華書局	1989 年
9	中日戰爭 9	戚其章主編	中華書局	1989 年
10	中日戰爭 10	戚其章主編	中華書局	1989 年
11	中日戰爭 11	戚其章主編	中華書局	1989 年
12	中日戰爭 12	戚其章主編	中華書局	1989 年
13	陋室談藝錄	夏美馴	文史哲出版社	民國 78 年
14	中國哲學史記	張起鈞 吳怡	榮泰印書館	民國 53 年
15	憲章外史續編上	許重熙	偉文圖書出版有限公司	民國 66 年
16	憲章外史續編下	許重熙	偉文圖書出版有限公司	民國 66 年
17	中國文化史上		臺灣書店	民國 57 年
18	中國文化史中		臺灣書店	民國 57 年
19	中國文化史下		臺灣書店	民國 57 年
20	細說元朝第一冊	黎東方	大林書店	民國 58 年
21	細說元朝第二冊	黎東方	大林書店	民國 58 年

22	中蘇外交的序幕 — 從侵林到越飛	王聿鈞		民國 67 年
23	中俄外蒙交涉始末	呂邱文	成文出版社	民國 65 年
24	戰爭狂人東條英機	解力夫	世界知識出版社	1985 年
25	余清芳抗日革命案全檔第一輯第一冊	台灣文獻委員會	台灣文獻委員會	民國 63 年
26	中國元極功法卷一	張志祥	辭學出版社	1992 年
27	中國元極功法卷二	張志祥	辭學出版社	1992 年
28	追趕歲月上	岑旭球	辰銘電腦打字行	民國 82 年
29	追趕歲月下	岑旭球	辰銘電腦打字行	民國 82 年
30	日本古代中世史	蘇振中	名人出版社	1974 年
31	日本近代史	蘇振中	名人出版社	1974 年
32	東南亞各國海域法律及條約彙編	陳鴻瑜	國立暨南國際大學東南亞研究中心	1997 年
33	馬祖列島記	林金炎	文胤打字印刷有限公司	民國 80 年
34	馬祖列島記續篇	林金炎	文胤打字印刷有限公司	民國 83 年
35	人的呼聲	林耀川譯	名人出版社	民國 66 年
36	中原（第 20 期）沈剛伯先生百齡冥誕紀念		國立台灣大學歷史學研究所	民國 86 年
37	曾紀澤的外交	李思涵	中央研究近代史研究所	民國 71 年
38	三十三年落花夢	宮崎滔天著 宋越倫譯	台灣中華書局	民國 66 年
39	丁代名人生率年表	梁燦廷	台灣商務印書館	民國 59 年
40	朱子文集 1	陳俊民	德富古籍叢刊	
41	朱子文集 2	陳俊民	德富古籍叢刊	
42	朱子文集 3	陳俊民	德富古籍叢刊	
43	朱子文集 4	陳俊民	德富古籍叢刊	
44	朱子文集 5	陳俊民	德富古籍叢刊	
45	朱子文集 6	陳俊民	德富古籍叢刊	
46	朱子文集 7	陳俊民	德富古籍叢刊	
47	朱子文集 8	陳俊民	德富古籍叢刊	
48	朱子文集 9	陳俊民	德富古籍叢刊	
49	朱子文集 10	陳俊民	德富古籍叢刊	
50	抗日戰爭 軍事上			

51	抗日戰爭 軍事中			
52	抗日戰爭 軍事下			
53	抗日戰爭 政治上			
54	抗日戰爭 政治下			
55	抗日戰爭 外交上			
56	抗日戰爭 外交下			
57	抗日戰爭 七七之前			
58	抗日戰爭 經濟			
59	抗日戰爭 日僞政權			
60	殊域周咨錄	明 嚴從簡	中華書局	
61	中日關係史研究論集（一）	鄭樑生	文史哲出版社	民國 79 年
62	中日關係史研究論集（二）	鄭樑生	文史哲出版社	民國 81 年
63	中日關係史研究論集（三）	鄭樑生	文史哲出版社	民國 82 年
64	中日關係史研究論集（四）	鄭樑生	文史哲出版社	民國 83 年
65	中日關係史研究論集（五）	鄭樑生	文史哲出版社	民國 84 年
66	中日關係史研究論集（六）	鄭樑生	文史哲出版社	民國 85 年
67	中日關係史研究論集（七）	鄭樑生	文史哲出版社	民國 86 年
68	中日關係史研究論集（八）	鄭樑生	文史哲出版社	民國 87 年
69	中日關係史研究論集（九）	鄭樑生	文史哲出版社	民國 88 年
70	中日關係史研究論集（十）	鄭樑生	文史哲出版社	民國 89 年
71	中日關係史研究論集（十一）	鄭樑生	文史哲出版社	民國 90 年
72	中日關係史研究論集（十二）	鄭樑生	文史哲出版社	民國 92 年
73	中日關係史研究論集（十三）	鄭樑生	文史哲出版社	民國 93 年
74	近代在華日人顧問資料目錄	衛藤瀋吉 李遷江	中華書局	1977 年
75	中國文官制度史（上）	楊樹藩	黎明文化事業公司	民國 73 年
76	長沙三次會戰	容鑑光	國史館	民國 79 年
77	延安的陰影	陳永發	中央研究院近代史研究所	民國 79 年
78	高宗純宗實錄上		探求堂	1986 年
79	高宗純宗實錄中		探求堂	1986 年
80	高宗純宗實錄下		探求堂	1986 年
81	高宗純宗實錄總索引		探求堂	1986 年
82	戚繼光研究叢書 戚少保奏議	高揚文 陶琦	中華書局	2001 年
83	戚繼光研究叢書 紀效新書	范中義 張德信	中華書局	2001 年
84	明經世文編 1		中華書局	1987 年

85	明經世文編 2		中華書局	1987 年
86	明經世文編 3		中華書局	1987 年
87	明經世文編 4		中華書局	1987 年
88	明經世文編 5		中華書局	1987 年
89	明經世文編 6		中華書局	1987 年
90	歷代寶案 2		國立台灣大學	
91	歷代寶案 3		國立台灣大學	
92	歷代寶案 4		國立台灣大學	
93	日軍在華暴行-南京大屠殺（上）　革命文獻第 108 輯		裕台公司中華印刷廠	民國 76 年
94	朝鮮「壬辰倭亂」研究	李光濤	中華印刷廠	民國 61 年
95	日本文明開化史略	陳水逢	台灣商務印書館	
96	日本近代史綱	徐光堯	台灣商務印書館	
97	韓語方塊文選	楊人從	華岡印刷廠	民國 79 年
98	中韓關係史文集	中華民國韓國研究學會	南亞彩色印刷有限公司	民國 72 年
99	國榷 1	明　談遷	中華書局	1958 年
100	國榷 2	明　談遷	中華書局	1958 年
101	國榷 3	明　談遷	中華書局	1958 年
102	國榷 4	明　談遷	中華書局	1958 年
103	國榷 5	明　談遷	中華書局	1958 年
104	國榷 6	明　談遷	中華書局	1958 年
105	琉球往復文書及關聯史料（一）		淡江大學	1998 年
106	琉球往復文書及關聯史料（二）		淡江大學	2000 年
107	琉球往復文書及關聯史料（三）		淡江大學	2002 年
108	第八回琉中歷史關係國際學術會議論文集		滙澤股份有限公司印刷	2001 年
109	第八回琉中歷史關係國際學術會議論文集		滙澤股份有限公司印刷	2001 年
110	現代中琉關係		中琉文化經濟協會	1997 年
111	使流球記	李鼎元		1992 年
112	日中交流二千年	藤家禮之助	東海大學出版會	1977 年
113	日中交流二千年	藤家禮之助	東海大學出版會	1979 年
114	漢代文學與思想學術研討會	國立政治大學	文史哲出版社	

	論文集	中文系所		
115	漢代文學與思想學術研討會論文集	國立政治大學中文系所	文史哲出版社	
116	國史館館刊（復刊二十四期）	國史館刊編輯委員會	國史館	民國 87 年
117	國史館之刊（復刊二十五期）	國史館刊編輯委員會	國史館	民國 87 年
118	國史館館刊三十三期	國史館刊編輯委員會	國史館	
119	明代倭寇史料 1	鄭樑生	文史哲出版社	
120	明代倭寇史料 2	鄭樑生	文史哲出版社	
121	明代倭寇史料 3	鄭樑生	文史哲出版社	
122	明代倭寇史料 4	鄭樑生	文史哲出版社	
123	明代倭寇史料 5	鄭樑生	文史哲出版社	
124	明代倭寇史料 6	鄭樑生	文史哲出版社	
125	明代倭寇史料 7	鄭樑生	文史哲出版社	
126	中國文化史略	王德華	正中書局	民國 73 年
127	沙俄侵略朝鮮簡史	宋禎煥	中華民國韓國研究學會	民國 82 年
128	韓國史	李元淳	幼獅文化事業	
129	旅韓六十年見聞 — 韓國華僑史話	秦裕光		民國 72 年
130	中國文化對日韓越的影響	朱雲影	黎明文化事業	民國 70 年
131	中國通史上	傅樂成	大中國圖書公司	民國 73 年
132	中國通史下	傅樂成	大中國圖書公司	民國 73 年
133	唐代蕃將研究	章群	聯經出版社	民國 75 年
134	明史人名索引	李裕民	中華書局	1985 年
134	中國通史	黃大受	五南圖書出版公司	民國 72 年
135	中國通史（上）	黃大受	五南圖書出版公司	民國 78 年
136	中國通史論文選輯下	韓復智	南天書局	民國 73 年
137	吳修齊先生訪問紀錄		中央研究院近代史研究所	民國 81 年
138	丁治盤先生訪問紀錄	毛金陵	中央研究院近代史研究所	民國 80 年
139	楊文達先生訪問紀錄	鄭麗榕	中央研究院近代史研究所	民國 80 年
140	金開英先生訪問紀錄		中央研究院近代史研究所	民國 73 年
141	中國通史	呂思勉		
142	中國通史上	李方晨	三民書局	民國 70 年

143	中國通史下	李方晨	三民書局	民國 73 年
144	紀念七七抗戰六十週年學術研討會論文集上		國史館	民國 86 年
145	紀念七七抗戰六十週年學術研討會論文集下		國史館	民國 86 年
146	中國通史（上）	林瑞翰	三民書局	民國 69 年
147	中國通史（下）	林瑞翰	三民書局	民國 72 年
148	中國通史論文選輯上	輯復智	南天書局	民國 73 年
149	西安事變史料第一冊	朱文原	國史館	民國 82 年
150	西安事變史料第二冊	朱文原	國史館	民國 82 年
151	中英庚款史料彙編上冊		國史館	民國 81 年
152	中英庚款史料彙編中冊		國史館	民國 82 年
153	中英庚款史料彙編下冊		國史館	民國 82 年
154	兩宋財政史（下）	汪聖鐸	中華書局	
155	清史史料學	鴻爾康	台灣商務印書館	1993 年
156	中國史學史	金靜庵	鼎文書局	民國 83 年
157	中國史學史	金靜庵	鼎文書局	民國 75 年
158	毛澤東隱錄之謎（1966.6.17-28）		文史哲出版社	民國 78 年
159	萬古盧溝橋　歷史上的一百二十五位證人	黃文範	文史哲出版社	
160	日本通史	依田熹家	揚智文化事業	1995 年
161	日本通史	趙建民等	五南圖書出版公司	民國 80 年
162	昭和天皇備忘錄	栗元健等譯	國史館	民國 89 年
163	1985 年 8 月第三次世界大戰	英.海克特　楊連仲譯	英國中國郵報	
164	中國近現代史	小島晉治等　葉寄民譯	帕米爾書店	1992 年
165	劍花詩研究	朱學瓊	台灣文獻委員會	民國 79 年
166	清入關前與朝鮮往來圖書彙編（1619-1643）	張存武等	國史館	民國 89 年
167	蒙事論叢	李毓澍	永裕印刷廠	民國 79 年
168	慶祝抗戰勝利五十周年兩岸學術研討會論文及（上冊）		中央研究院近代史研究所	1995 年
169	慶祝抗戰勝利五十周年兩岸學術研討會論文及（下冊）		中央研究院	1995 年
170	乾嘉學術研究論著目錄（1900-1993）	林慶彰	中央研究院中國文哲研究所	
171	平凡人的偉大時代	盧泰愚　傅濟功等譯		民國 77 年

172	馬歇爾使華調處日誌	王成勉	國史館	1945 年
173	中國歷史學會史學集刊（第28期）	中國歷史學會史學集刊編輯委員會		民國 85 年
174	梁肅戎先生訪談錄	劉鳳翰等	國史館	民國 84 年
175	賴名湯先生訪談錄上冊		國史館	民國 83 年
176	甲午戰爭一百週年紀念學術研討會論文集		國立師範大學歷史研究所歷史學系	民國 83 年
177				
178	永恆的證嚴-改變中國命運的重要文獻	吳健民等	名人出版社	民國 66 年
179	中國歷史精神	錢穆	東大圖書公司	民國 73 年
180	五卅慘案後的反英運動	李健民	中央研究院近代史研究所	民國 75 年
181	中日二十一條交涉（上）	李毓澍		民國 71 年
182	李鴻章與中日條約（1871）	王璽		民國 70 年
183	清季中俄東三省界務交涉	趙中孚		民國 59 年
184	旅順大屠殺	木森	警官教育出版社	1993 年
185	史記會注考證（一）本紀	司馬遷	天工書局	
186	史記會注考證（二）本紀	司馬遷	天工書局	
187	史記會注考證（三）本紀	司馬遷	天工書局	
188	史記會注考證（四）本紀	司馬遷	天工書局	
189	史記會注考證（五）本紀	司馬遷	天工書局	
190	史記會注考證（六）本紀	司馬遷	天工書局	
191	元史	楊家駱	鼎文書局	民國 69 年
192	先總統蔣公有關論述與史料	中華民國史料研究中心	中華民國史料研究中心	民國 71 年
193	宋子文與戰時外交	陳立夫	國史館	民國 80 年
194	近代中國史綱（上冊）	郭廷以	曉園出版社	1994 年
195	近代中國史綱（下冊）	郭廷以	曉園出版社	1994 年
196	經史百家雜鈔上	曾國藩	國際書局	民國 46 年
197	經史百家雜鈔下	曾國藩	國際書局	民國 46 年
198	中國哲學史記	勞思光	三民書局	民國 77 年
199	中國哲學史記	勞思光	三民書局	民國 77 年
200	徐福研究	彭雙松		民國 73 年
201	東亞風雲	王曉秋	宏觀文化事業股份有限公司	1995 年
202	史學方法	王爾敏	東華書局	民國 75 年
203	倭變事略	朱九德	廣文書局	民國 56 年
204	明史紀事本末（上）	谷應泰	三民書局	民國 52 年
205	革命開國文獻第二輯	史著	國史館	民國 85 年
206	革命開國文獻第二輯	史著	國史館	民國 86 年
207	清季自強運動研討會論文集上冊	中央研究院中國文哲研究所		民國 77 年

208	現代中國佛教史新論	江燦騰		民國 83 年
209	史學方法論	杜維運	三民書局	民國 76 年
210	第四屆中國域外漢籍國際學術會議論文集		聯合報文化基金會等	民國 80 年
211	日本人	賴世和	五南圖書出版社	民國 80 年
212	日本政治論	許介鱗	聯經出版社	民國 66 年
213	明代東北史綱	楊暘	台灣學生書局	民國 82 年
214	日本軍國主義（第二冊）	（日）井上清 尙永清譯	商務印書館	1985 年
215	人的素質論文集（1999）	戴民義	法鼓人文社會學院	1999 年
216	澳門香港之早期關係	郭永亮	中央研究院近代史研究所	民國 79 年
217	文選	胡克家 仿宋本	藝文印刷館	民國 44 年
218	中國近代史		中華書局	
219	再造藩邦志（一）	申炅用	珪庭出版社	民國 69 年
220	再造藩邦志（二）	申炅用	珪庭出版社	民國 69 年
221	火與火藥	衛聚賢	說文書店	民國 68 年
222	林文訪先生詩文集	林熊祥	青文出版社	民國 71 年
223	史學方法論	杜維運	三民書局	民國 88 年
224	國立中央圖書館善本書目（增訂二版（1））	國立中央圖書館	國立中央圖書館	
225	國立中央圖書館善本書目（增訂二版（2））	國立中央圖書館	國立中央圖書館	
226	國立中央圖書館善本書目（增訂二版（3））	國立中央圖書館	國立中央圖書館	
227	國立中央圖書館善本書目（增訂二版（4））	國立中央圖書館	國立中央圖書館	
228	史學方法論文選集	杜維運	華世出版社	民國 76 年
229	國立台灣大學普通本線裝書目	國立中央圖書館	國立中央圖書館	民國 60 年
230	國立中央圖書館 台灣師範大學 私立東海大學普通本線裝書目	國立中央圖書館	國立中央圖書館	民國 60 年
231	抗戰前的清華大學（1928-1937）	蘇雲鋒	中央研究近代史研究所	民國 89 年
232	私立海南大學（1947-1950）	蘇雲鋒	中央研究近代史研究所	民國 79 年
233	洪芳洲公年譜	洪福增	洪朝選研究會	1993 年
234	洪芳洲先生研究論集	吳智和	洪芳洲研究會	1998 年
235	洪芳洲先生詩文集譯釋（中）	洪福增	洪芳洲研究會	2000 年
236	洪芳洲先生詩文集譯釋（下）	洪福增	洪芳洲研究會	2000 年
237	洪芳洲先生公文集（上卷）	洪福增	洪芳洲研究會	1989 年
238	洪芳洲先生公文集（下卷）	洪福增	洪芳洲研究會	1989 年
239	朱子哲學思想的發展與完成	劉述先	台灣學生書局	民國 84 年
240	朱子學與明初理學的發展	祝平次	台灣學生書局	民國 83 年
241	中俄關係史	李齊芳	聯經出版社	2000 年
242	清代科舉	劉兆璸	東大圖書有限公司	民國 66 年
243	新世紀人類社會大趨勢	陳壞東	三民書局	2000 年

244	認識自己 認識中共	于思專欄彙編	漢唐出版社	民國 85 年
245	劉真先生訪問紀錄	胡國台等	永裕印刷廠	民國 82 年
246	東京玫瑰	陶斯昌代	名人出版社	民國 66 年
247	宋代政治史	林瑞翰	正中書局	民國 78 年
248	中日民族文化交流史	宋越倫	正中書局	民國 55 年
249	戰時經歷之回憶		中國國民黨中央委員會黨史委員會	
250	日本近代史	栗田元次	正中書局	民國 54 年
251	日本史	李永熾	牧童出版社	民國 68 年
252	日本史	林明德	三民書局	民國 75 年
253	日本論叢（上）	陳固亭	中華叢書編審委員會	民國 60 年
254	第二次中日戰爭史（上）	吳相湘		民國 62 年
255	第二次中日戰爭史（下）	吳相湘		民國 62 年
256	國史館現藏重要史料概述		國史館	
257	中國日本交通史	王輯五	台灣商務印書館	民國 54 年
258	典學集刊	薇史	中華書局	
259	新時代的家庭倫理 — 尊重與關懷	戴良義	法鼓人文社會學院	
260	中國現代史	薛化元等	三民書局	2003 年
261	對日本人士的諍言與期望	張寶樹	中華民國日本研究學會	民國 71 年
262	「東北亞僑社網經與近代中國」國際學術研討會	中央研究院東北亞區域研究所		民國 90 年
263	慶祝王恢教授九秩嵩壽論文集	王教授論文集編委會	王教授論文集編委會	
264	楊祥發院士榮退紀念集		中央研究院	民國 88 年
265	陳垣先生往來書札（下）	陳智超	學生書局	民國 81 年
266	陳垣早年文集	陳垣	中央研究院中國文哲研究所	民國 81 年
267	王任光教授七秩嵩慶論文集		文史哲出版社	民國 77 年
268	戰後日本的中國史研究	高明士	東昇出版事業公司	民國 71 年
269	中國東北史	佟冬等	書林文史出版社	1987 年
270	史學彙刊第十二期	史學彙刊編輯委員會	中國文化大學史學系	
271	史學導論	丘爲君	五南圖書出版社	民國 77 年
272	飲冰室文集	梁啓超	新興書局	民國 46 年
273	平凡人的偉大時代	盧泰盧	黎明文化事業公司	民國 77 年

簡化字中文圖書

序號	題　　名	作　者	出版者	出版年
1	近代上海大事記	湯志明	上海辭書出版社	1989 年

2	侵華日軍南京大屠殺史料	江蘇古籍出版社南京圖書館編輯	江蘇古籍出版社南京圖書館	1990 年
3	「八一三」抗戰史料選編		上海人民出版社	1986 年
4	丁日昌生平活動大事記	江村	廣東人民出版社	1982 年
5	唐都長安	張永錄	西北大學出版社	1987 年
6	日本華僑研究	陳昌福	上海社會科學院	1989 年
7	廣東史話	楊萬秀等	廣東人民出版社	1986 年
8	淩十八起義	吳兆奇主編	廣東人民出版社	1989 年
9	淩十八起義史料集	茂名市政協文史資料研究委員會	廣東人民出版社	1991 年
10	淩十八起義論文集		廣東人民出版社	1991 年
11	中國通史 1	白壽彝	上海人民出版社	1989 年
12	辛亥革命與大陸浪人	趙軍譯	中國大百利全書出版社	1986 年
13	托洛茨基評傳	李顯榮	中國社會科學出版社	1986 年
14	舊中國黑幕大觀	金煥　泰川等	吉林文史出版社	1991 年
15	五州運動在天津	天津市總工會運史研究室		1987 年
16	河內血案-行刺汪精衛始末	少石	檔案出版社	1988 年
17	華北事變	李文榮　紹云瑞	開南大學出版社	1989 年
18	中國近代政治思想史	張馨　汪玉凱	陝西人民出版社	1988 年
19	洪秀全傳奇	陳仕元	花城出版社	1990 年
20	太平天國通史上	茅家琦	南京大學出版社	
21	太平天國通史中	茅家琦	南京大學出版社	
22	太平天國通史下	茅家琦	南京大學出版社	
23	太平天國安徽省史搞	徐川一	安徽省社會科學院廣史研究所	1991 年
24	洪秀全思想研究	陳華新	廣東人民出版社	1991 年
25	太平天國史散論	錢任坤	廣西人民出版社	1991 年
26	郭沫若全集 1 歷史		人民出版社	1982 年
27	郭沫若全集 2 歷史		人民出版社	1982 年
28	郭沫若全集 4 歷史		人民出版社	1982 年
29	二十一個亡國之君	孟昕伯　劉沙蒙子	吉林文史出版社	1989 年
30	榮慶日記	謝興蕘	西北大學出版社	1986 年
31	歷史科學概論	葛懋春	山東教育出版社	1985 年
32	元代史	周良霄　顧菊英	上海人民出版社	1993 年
33	中國抗日戰爭與世界反法西斯戰爭		中國檔史資料出版社	1988 年
34	韓國學論文集第四集	北京大學韓國學術研究中心	新華出版社	1995 年

35	韓國學論文集第六集	北京大學韓國學術研究中心	新華出版社	1997 年
36	中日關係史資料匯編		中華書局	1984 年
37	中日文化關係史論	周一良		1993 年
38	藏學研究	中央民族學院藏學研究所	天津古籍出版社	1990 年
39	僞滿魁儡政權	佟冬閻	中華書局	1994 年
40	抗日戰爭與中國歷史「九・一八」事變 60 周年國際學術研討會文集		遼寧人民出版社	1994 年
41	七七事變		中國文史出版社	1987 年
42	九一八事變 1 日本帝國侵華檔案資料選編	中央檔案館等	中華書局	1985 年
43	華北事變 2 日本帝國侵華檔案資料選編	中央檔案館等	中華書局	2000 年
44	僞滿魁儡政權 3 日本帝國侵華檔案資料選編	中央檔案館等	中華書局	1994 年
45	東北大討伐 4 日本帝國侵華檔案資料選編	中央檔案館等	中華書局	1991 年
46	細菌戰與毒氣戰 5 日本帝國侵華檔案資料選編	中央檔案館等	中華書局	1989 年
47	僞滿憲警統治 7 日本帝國侵華檔案資料選編	中央檔案館等	中華書局	1993 年
48	東北歷次大慘案 8 日本帝國侵華檔案資料選編	中央檔案館等	中華書局	1989 年
49	華北大掃蕩 9 日本帝國侵華檔案資料選編	中央檔案館等	中華書局	1998 年
50	華北治安強化運動 10 日本帝國侵華檔案資料選編	中央檔案館等	中華書局	1997 年
51	東北經濟掠奪 14 日本帝國侵華檔案資料選編	中央檔案館等	中華書局	1991 年
52	華北歷次大慘案 日本帝國侵華檔案資料選編	中央檔案館等	中華書局	1995 年
53	南京大屠殺 日本帝國侵華檔案資料選編	中央檔案館等	中華書局	1995 年
54	日汪的清鄉 日本帝國侵華檔案資料選編	中央檔案館等	中華書局	1995 年
55	九一八事變叢書『九・一八』抗戰史	譚譯	遼寧人民出版社	1991 年
56	九一八事變叢書『九・一八』事變實錄	譚譯	遼寧人民出版社	1981 年
57	九一八事變叢書『九・一八』事變前後的日本與中國東北	譚譯	遼寧人民出版社	1991 年
58	九一八事變叢書『九・一八』事變檔案史料精編	譚譯	遼寧人民出版社	1991 年
59	九一八事變叢書 日本侵佔旅大四十年史	林森等		
60	《〝九一八〞事變叢書》	譚譯	遼寧人民出版社	1991 年
61	〝九一八後〞國南痛史（上冊）	陳覺	遼寧教育出版社	1991 年

62	〝九一八後〞國南痛史（下冊）	陳覺	遼寧教育出版社	1991 年
63	統一戰線大事記	李勇等	中國經濟出版社	1988 年
64	汪精衛集團投敵	黃美真等	上海人民出版社	
65	汪精衛國民政府成立	黃美真等	上海人民出版社	
66	五州運動	傅道慈	復旦大學出版社	1985 年
67	抗戰時期的陪都紗磁文化區			1989 年
68	抗戰時期的陪都紗磁文化區	朱慶鈞	科學技術文獻出版重慶分社	1989 年
69	中外關係史譯叢（第四輯）		上海譯文出版社	1988 年
70	中國通史綱要	白壽彝	上海人民出版社	1990 年
71	歷史方法論大綱	茹科夫等	上海譯文出版社	
72	史學研究的新問題新方法新對象	都名瑋	社會科學文獻	1988 年
73	西北歷史研究	周偉淵等	三秦出版社	1989 年
74	西北歷史研究	西北大學西北歷史研究室	三秦出版社	1987 年
75	東夏史	趙鳴峻等	天津古籍出版社	1990 年
76	日軍侵華戰爭 1	王輔	遼寧人民出版社	1990 年
77	日軍侵華戰爭 2	王輔	遼寧人民出版社	1990 年
78	日軍侵華戰爭 3	王輔	遼寧人民出版社	1990 年
79	日軍侵華戰爭 4	王輔	遼寧人民出版社	1990 年
80	明代遼東檔案匯編上	王火書邦	遼沈書社	1985 年
81	明代遼東檔案匯編下	王火書邦	遼沈書社	1985 年
82	明史新編	楊國楨等	人民出版社	1993 年
83	抗日戰爭時期陝甘寧邊區財政經濟史稿	星光等	西北大學出版社	
84	蒙古族哲學思想史	趙智奎等	內蒙古大學出版社	1994 年
85	張學良文集 1	畢萬聞	新華出版社	1992 年
86	張學良文集 2	畢萬聞	新華出版社	1992 年
87	中日漢籍交流史論	王勇等	杭州大學出版社	1992 年
88	中國文化的歷史踪迹	王勇等	杭州大學出版社	1991 年
89	中國典籍在日本的流傳與影響	王勇等	杭州大學出版社	1990 年
90	楊貴妃傳	井上清	陝西人民出版社	1985 年
91	清宮軼事	鄭逸梅	紫禁城出版社	1983 年
92	中國歷史大事年表	沈起煒	上海辭書出版社	1983 年
9.3	中日歷史大事年表	凌風桐	黑龍江教育出版社	1988 年
94	科技檔案管理學	王傳宇	中國人民大學出版社	1998 年
95	杭州史地叢書上函			
96	杭州史地叢書下函			
97	第二次中日戰爭史	吳相湘		
98	第二次中日戰爭史	吳相湘		
99	抗日戰爭第七卷	章伯鋒等	四川大學出版社	1997 年
100	滿州開國史（中華學術叢書）	孟森	上海古籍出版	1992 年

			社	
101	中日關係史資料匯編	汪向榮等	中華書局	1984 年
102	中日關係史文獻記考	張豈之	岳麓出版社	1985 年
103	藝術與人類心理	童慶炳	北京十月文藝出版社	1992 年
104	中日學者對談錄 — 盧溝橋事變五十周年中日學術討論會文集	中國人民抗日戰爭紀念館	北京出版社	1990 年
105	韓國近代史	韓・姜萬吉 賀劍城等譯	東方出版社	1993 年
106	黃遵憲與近代中國	鄭海麟	新華書局	1988 年
107	比較文學論文集	朱維之等	南開大學	1984 年
108	學史入門	鄭天挺	北京中華書局	1988 年
109	淮河與盱眙-淮河文化與盱眙人文地理論文集	陳琳	政協盱眙縣文史資料委員會	2002 年
110	金史簡編	張博泉	遼寧人民出版社	1984 年
111	日本史論文集	中國日本史學會	遼寧人民出版社	1985 年
112	社會科學戰線	趙鳴歧	吉林省社會科學院	2002 年
113	社會科學戰線	趙鳴歧	吉林省社會科學院	2002 年
114	社會科學戰線	趙鳴歧	吉林省社會科學院	2002 年
115	社會科學戰線	趙鳴歧	吉林省社會科學院	2002 年
116	社會科學戰線	趙鳴歧	吉林省社會科學院	2002 年
117	海西女真史料	李澍田	吉林文史出版社	
118	先清史料	李澍田	吉林文史出版社	1990 年
119	東夏史料	李澍田	吉林文史出版社	1990 年
120	朝鮮文獻中的中國東北史料	李澍田		1995 年
121	東北文獻辭典	李澍田	吉林文史出版社	1994 年
122	韓邊外	李澍田		1995 年
123	長白山文化論說	李澍田	吉林文史出版社	1995 年
124	東疆研究論集	刁書仁	吉林文史出版社	1995 年
125	霍爾瓦特與中東鐵路	無文銜	吉林文史出版社	1995 年
126	箕子與朝鮮論集	張博泉	吉林文史出版社	1995 年
127	清實錄東北史料全集（一）	李澍田	吉林文史出版社	1988 年
128	清實錄中朝關係史料摘編	李樹田	吉林文史出版社	1995 年
129	東疆史略	李澍田	吉林文史出版社	1990 年
130	琿春副都統衙門檔案選編（上）	李樹田	吉林文史出版社	1995 年
131	琿春副都統衙門檔案選編（中）	李樹田	吉林文史出版社	1995 年
132	琿春副都統衙門檔案選編（下）	李樹田	吉林文史出版社	1995 年
133	朝鮮三一運動史稿	楊昭全	吉林文史出版社	1995 年
134	舊滿州檔案研究	劉厚生	吉林文史出版社	1995 年
135	近三百年東北土地開發史	刁書仁等	吉林文史出版社	1994 年

136	漢鐵史資料第四卷煤鐵篇第一分冊	解學詩	吉林省社會科學院	
137	漢鐵史資料第四卷煤鐵篇第二分冊	解學詩	吉林省社會科學院	
138	漢鐵史資料第四卷煤鐵篇第三分冊	解學詩	吉林省社會科學院	
139	漢鐵史資料第四卷煤鐵篇第四分冊	解學詩	吉林省社會科學院	
140	清代全史第一卷	李洵等	遼寧人民出版社	1991 年
141	清代全史第二卷	王戎笙	遼寧人民出版社	1991 年
142	清代全史第三卷	郭松義	遼寧人民出版社	1991 年
143	清代全史第四卷	王戎笙	遼寧人民出版社	1991 年
144	清代全史第五卷	韋慶遠	遼寧人民出版社	1991 年
145	清代全史第六卷	喻松青等	遼寧人民出版社	1991 年
146	清代全史第七卷	龍盛運	遼寧人民出版社	1993 年
147	清代全史第八卷	宓汝成	遼寧人民出版社	1993 年
148	清代全史第九卷	童守義等	遼寧人民出版社	1993 年
149	清代全史第十卷	劉克祥	遼寧人民出版社	1993 年
150	北洋海軍資料匯編（下）	謝忠岳	中華全國圖書館文獻編微複製中心 1	
151	北洋海軍資料匯編（下）	謝忠岳	中華全國圖書館文獻編微複製中心 2	
152	北洋海軍資料匯編（下）	謝忠岳	中華全國圖書館文獻編微複製中心 3	
153	侵華日軍南京大屠殺史料		江蘇古籍出版社	1990 年
154	甲午戰爭史	戚其章	人民出版社	1990 年
155	靜晤室日記	金毓黻	遼瀋書局	1993 年
156	秦始皇陵兵馬俑博物館（論文選）	袁仲一等	西北大學出版社	
157	劉大年史學論文選集		人民出版社	1987 年
158	中國封建土地關係發展史	樊樹志	人民出版社	1988 年
159	中國近代史學史上冊	吳鋒等	江蘇古籍出版社	1988 年
160	中國近代史學史下冊	吳鋒等	江蘇古籍出版社	1988 年
161	日本漢詩發展史第一卷	肖瑞鋒	吉林大學出版社	
162	明代文化研究		中國文史出版社	1994 年
163	甲午戰爭九十週年紀念論集	戚其章	齊魯書社	1986 年
164	中國西南邊疆變遷史	尤中	雲南教育出版社	1991 年
165	日本文化的歷史蹤跡	王勇等	杭州大學出版社	1991 年
166	明史論文集（第六屆明史國際學術研討會）	中國明史學會朱元璋研究會	黃山書局	1997 年
167	帝國主義侵華史第二卷	丁名楠	人民出版社	1986 年
168	中外關係史論叢（第 1 輯）	朱杰勤	世界知識出版社	1985 年
169	中外關係史論叢（第 2 輯）	謝方等	世界知識出版社	1985 年
170	中國思想史	張豈之	西北大學出版社	1984 年
171	中國近代海軍史事日志（1860-1911）		三聯書店	1994 年

172	江西歷史名人研究	陳文華	江西省歷史名人研究會	1995 年
173	第二次鴉片戰爭（戰迹述論）	施玉森		1997 年
174	甲午戰爭百年祭	丛笑难	華夏出版社	1994 年
175	帝國主義侵華史第一卷		人民出版社	
176	重慶城市研究	隗瀛濤	四川大學出版社	1989 年
177	中國風景散文三百篇	余樹森等	華夏出版社	1992 年
178	出使美日祕日記	（清）崔國因	黃山書局	1988 年
179	曹廷杰集上冊	趙鳴歧等編	中華書局	1985 年
180	曹廷杰集下冊	趙鳴歧等編	中華書局	1985 年
181	史學語史學評論	瞿林東	安徽教育出版社	1998 年
182	甲午英烈	孫潔池	山東大學出版社	1994 年
183	日本歷史辭典	（日）竹內理三等 沈仁安等譯	天津人民出版社	1988 年
184	南京與西秦	周佛洲	陝西人民出版社	1987 年
185	霧松冰雪奇觀	李玉復等	中國廣播電視出版社	1991 年
186	中國古代戰事通覽（上卷）	張曉生等	長征出版社	1988 年
187	府兵制度考釋	谷霽光	上海人民出版社	1978 年
188	從赫爾利到馬歇爾 — 美國調處國共矛盾始末	牛軍	福建人民出版社	1988 年
189	中國的東北社會（14-17 世紀）	楊暘	遼寧人民出版社	1991 年
190	抗日戰爭研究 1	張海鵬	中日戰爭抗爭史學會	1991 年
191	抗日戰爭研究 2	張海鵬	中日戰爭抗爭史學會	1991 年
192	抗日戰爭研究 3	張海鵬	中日戰爭抗爭史學會	1992 年
193	抗日戰爭研究 4	張海鵬	中日戰爭抗爭史學會	1992 年
194	抗日戰爭研究 5	張海鵬	中日戰爭抗爭史學會	1992 年
195	抗日戰爭研究 6	張海鵬	中日戰爭抗爭史學會	1992 年
196	朱元璋與鳳陽	夏玉潤	黃山書社	2003 年
197	明史紀事本末	清 谷應泰	上海古籍出版社	1994 年
198	宋明理學史 上卷	侯外盧等	人民出版社	
199	宋明理學史 下卷	侯外盧等	人民出版社	
200	明代特務政治	丁易	群眾出版社	1983 年
201	朱熹思想研究	張立文	中國社會科學出版社	1994 年
202	神州的發現-《山海經》地理考	扶永發	雲南人民出版社	1992 年
203	古代王權與專制主義	施治生	中國社會科學出版社	1993 年
204	歷史的觀念	英.R.G.柯林武德 何兆武等譯	中國社會科學出版社	1987 年
205	明代政爭探源	鄭克晟	天津古籍出版社	1988 年

206	中國古代戰爭通覽（下卷）	張曉生等	長征出版社	1988 年
207	吳晗史學論著選集第一卷	吳晗	人民出版社	1984 年
208	盧溝橋事變與八年抗戰	張春祥	北京出版社	1990 年
209	中國通史第二冊	范文瀾	人民出版社	1986 年
210	中國通史第三冊	范文瀾	人民出版社	1986 年
211	中國通史第四冊	范文瀾	人民出版社	1986 年
212	大連歷代詩選註	吳青雲	大連出版社	1992 年
213	孟昭燕戲曲劇作選	孟昭燕	西北大學出版社	1989 年
214	李自成殉難通成資料選輯	曾步賢等	通成縣志史學會	1997 年
215	明史.日本傳	汪向榮等	巴蜀書社	1987 年
216	東北三寶經濟簡史	叢佩遠	農業出版社	1989 年
217	日本政治史（第一卷）	信夫清三郎	上海譯文出版社	1983 年
218	日本政治史（第四卷）	信夫清三郎	上海譯文出版社	1988 年
219	宋史職官志補正	龔延明	浙江古籍出版社	1991 年
220	法與中國社會	林劍鳴	吉林文史出版社	1988 年
221	中國社會科學院文學研究所藏古籍善本書目		中國社會科學院文學研究所圖書館	1993 年
222	日中兩國近代化比較研究	依田熹家	北京大學出版社	1991 年
223	日本政治史（第二卷）	（日）信夫清三郎 呂萬和等譯	上海譯文出版社	1988 年
224	日本政治史（第三卷）	（日）信夫清三郎 呂萬和等譯	上海譯文出版社	1988 年
225	史學理論與方法	王旭東	安徽大學出版社	1998 年
226	宋明理學史上卷上冊	侯外廬等	人民出版社	1984 年
227	宋明理學史上卷下冊	侯外廬等	人民出版社	1984 年
228	中國近代軍事史研究	劉子明	江西人民出版社	1993 年
229	重慶市檔案館簡明指南	陸大鉞	科學技術文獻出版社重慶分社	1989 年
230	七七事變	劉琦等編	中國文史出版社	1887 年
231	張學良傳	張魁堂	東方出版社	1991 年
232	張學良傳	張永濱	黑龍江人民出版社	1995 年
233	明史研究第 1 輯	中國明史學會	黃山書社	1991 年
234	明史研究第 1 輯	中國明史學會	黃山書社	1991 年
235	明史研究第 5 輯	中國明史學會	黃山書社	1997 年
236	明史研究論叢第六輯		黃山書社	2004 年
237	西安事變研究	叢一平	陝西人民研究所	1988 年
238	西安事變研究	楊中州	河南人民出版社	1986 年
239	四個時代的我	陳翰笙	中國文史出版社	1988 年
240	克魯泡特金傳	陳之驊	中國社會科學出版社	1986 年
214	蔣經國家事	黃龍翔	北方婦女兒童出版社	
215	第二屆明清史國際學術研討會論文集	明清史國際學術研討會論文集編輯組	天津人民出版社	1993 年
242	遣唐史	武安隆	黑龍江人民出版社	1985 年

243	中國歷史研究法	趙光賢	中國出版社	1988 年
244	理論思維概論	董英哲	西北大學出版社	1985 年
245	中國史綱要（上冊）	翦伯贊	人民出版社	1986 年
246	中國史綱要（下冊）	翦伯贊	人民出版社	1986 年
247	中國抗日戰爭史	日・石島紀之 鄭玉純等譯	吉林教育出版社	1990 年
248	中國古代史史料學	安作璋	福建人民出版社	1998 年
249	慶祝王鍾翰先生八十壽辰學術論文集		遼寧大學出版社	1993 年
250	五臺山導遊	魏國酢	中國旅遊出版社	1993 年
251	文學概論析編	章孝評	西北大學出版社	1987 年
252	中國東北史	于永玉等	吉林文史出版社	1987 年

日文圖書

序號	題　　名	作　者	出版者	出版年
1	福澤全集 1	石河幹明記	日本東京市國民圖書株式會社	大正 15 年
2	福澤全集 2	石河幹明記	日本東京市國民圖書株式會社	大正 15 年
3	福澤全集 3	石河幹明記	日本東京市國民圖書株式會社	大正 15 年
4	福澤全集 4	石河幹明記	日本東京市國民圖書株式會社	大正 15 年
5	福澤全集 5	石河幹明記	日本東京市國民圖書株式會社	大正 15 年
6	福澤全集 6	石河幹明記	日本東京市國民圖書株式會社	大正 15 年
7	福澤全集 7	石河幹明記	日本東京市國民圖書株式會社	大正 15 年
8	福澤全集 8	石河幹明記	日本東京市國民圖書株式會社	大正 15 年
9	福澤全集 9	石河幹明記	日本東京市國民圖書株式會社	大正 15 年
10	世界の歷史第 4 卷 中華帝國	增井經夫		1977 年
11	新十八史略（地の卷）		河出書房	
12	東洋文化研究所紀要 第 52 冊	東京大學東洋文化研究所		
13	中國前近代史研究		雄山閣出版刊	1980 年
14	江戶の本屋（上）	鈴木敏夫	岩波文庫	
15	古事記大鏡		岩波文庫	
16	日本人の味覺	近藤弘	中央公論社	
17	シナ思想と日本	津田左右吉	岩波文庫	
18	德川思想小史	源了圓	中央公論社	
19	鑑真	安藤更生	吉川弘文館	

20	中國善書の研究	酒井忠夫		民國 89 年
21	日本史の全貌	武光誠	青春出版社	2004 年
22	元寇と松浦黨第 3 集	松浦黨研究		
23	元寇と松浦黨第 5 集	松浦黨研究		
24	日本人が知らなかった「戰國地圖」	小澤源太郎	青春出版社	2005 年
25	南北朝內亂史論	佐藤和彥	東京大學出版會	1979 年
26	日本廣史の視點 2 中世	兒玉幸多 豐田武	日本書籍株式會社	
27	東アジアの中の邪馬台國	白崎昭一郎	芙蓉書房株式會社	
28	海外交涉史の視點（一）原始.古代.中世			
29	新教科書にあつたくわしい地理	森克己 田中健夫		1972 年
30	水野評論（第 14 號）	水野評論 編集部	協和印刷株式會社	1983 年
31	みちのく街道史	渡邊信夫	三松堂印刷 株式會社	1990 年
32	日本開國史	石井孝	吉川弘文館	
33	日本と東アジア — 國際的サプシステムの形成	P.C.ヘルマン	三晃印製	
34	紀元前の中國人 漢民族の源流を尋ねる	楊喜松	上開印刷事業 有限公司	民國 71 年
35	歷史を學ぶこと教えること	北島萬次 峰 岸純夫	株式會社理想社 印刷所	1987 年
36	平安の朝廷 — その光と影	世山晴夫	吉川弘文館	
37	東洋史のおもしろさ	岩村忍	二光印刷株式會社	
38	日本文學史通說	久松潛	有斐閣株式會社	
39	異型の白昼	森村誠一	株式會社堀 內社印刷所	
40	中國民族の特性	池田正之輔	日昇印刷株式會社	
41	海からの文化	渡邊信夫	河出書房新社	1992 年
42	元寇	仲小路彰	戰爭文化研究所	
43	平家物語	永積安明	日本評論社	
44	鄉土の歷史	仙台市產業 局觀光課	佐佐木東北堂印 刷製本所	
45	歷史に輝く人人	岡本光生	日本教文社	
46	熱帶魚の飼い方ふやし方	渡邊哲夫	日本文藝社 株式會社	
47	應仁の亂	永島福太郎		
48	古代朝鮮	井上秀雄		
49	日本史	豐田武 等	中教出版	
50	日本史概說 III	北島正元 等	岩波書店	
51	戰國大名	小和田哲男	株式會社教育社	
52	孔子	貝塚茂樹		

53	六昆王山田長政	村上直次郎	朝日新聞東京本社	
54	斑鳩の白い道のうえに	上原和	圖書印刷株式會社	1978年
55	海東諸國紀	申叔舟	岩波書店	1991年
56	西都太宰府	藤井功 龜井明德	日本放送出版協会	
57	海に書かれた邪馬台國	田中卓	青春出版社	
58	滿學五十年	神田信夫	刀水書房	1992年
59	豐川善曄選集		協友印刷株式會社	2001年
60	沖繩縣史料	沖繩縣立圖書館史料編集	有限會社サン印刷	1987年
61	沖繩近代詩集成 III　沖繩研究資料 11		法政大學沖繩文化研究所	1996年
62	沖繩近代詩集成 IV　沖繩研究資料 12		法政大學沖繩文化研究所	1996年
63	琉球國請願書集成 沖繩研究資料 13		法政大學沖繩文化研究所	1996年
64	尙家本「おもうさうし」沖繩研究資料 14		法政大學沖繩文化研究所	1996年
65	「唐旅」紀行　沖繩研究資料 15	比嘉實	法政大學沖繩文化研究所	1996年
66	琉球の方言 沖繩研究資料 21		法政大學沖繩文化研究所	1997年
67	琉球の方言 沖繩研究資料 22		法政大學沖繩文化研究所	1998年
68	琉球の方言 沖繩研究資料 23		法政大學沖繩文化研究所	1998年
69	琉球の方言 沖繩研究資料 24		法政大學沖繩文化研究所	2000年
70	琉球の方言 沖繩研究資料 25		法政大學沖繩文化研究所	2000年
71	琉球の方言 沖繩研究資料 26		法政大學沖繩文化研究所	2002年
72	新琉球史 近代編（上）	琉球新報社編集		1989年
73	新琉球史 近代編（下）	琉球新報社編集		1990年
74	琉球王國評定所文書第一卷	琉球王國評定所文書編集委員會	南西株式會社印刷	1988年
75	琉球史の再考察	嘉手納德	南西株式會社印刷	1987年
76	琉中歷史關係論文集		南西株式會社印刷	1989年
77	琉中歷史關係論文集		南西株式會社印刷	1993年
78	沖繩の歷史	北嘉春潮		
79	沖繩の歷史	東恩納寬惇		
80	那霸市史	那霸市企劃文化振興課		
81	日本の食事樣式	兒玉定子	中央公論社	
82	秀吉と文祿の役	松田毅一	中央公論社	
83	魏志倭人傳の世界	山田宗睦	株式會社教育社	1979年

84	寺檀の思想	大桑齊	株式會社教育社	1979 年
85	明治維新と現代	遠山茂樹	岩波書店	1968 年
86	明治維新と現代	遠山茂樹	岩波書店	1986 年
87	神戸事件	內山正雄	中央公論社	1983 年
88	蜻蛉日記			
89	日本現代化の思想	鹿野政直	講談社	
90	源賴朝	水原慶二	岩波雄二郎	
91	明治維新の舞台裡	石井孝	岩波新書	
92	天武朝	北山茂夫	中央公論社	
93	日本人と日本文化	司馬遼太郎	中央公論社	
94	日本人と近代科學	渡邊正雄	岩波書店	1981 年
95	日清戰爭	藤村道生	岩波書店	1985 年
96	江戸時代	北島正元　等	岩波書店	1987 年
97	倭の五王	藤間生大	岩波書店	1981 年
98	日本の南洋史観	矢野暢	中央公論社	
99	西洋と日本	增田四郎	中央公論社	
100	日本文化の歴史 1	樋口陸康	株式會社小學館	
101	日本文化の歴史 2	樋口陸康	株式會社小學館	
102	日本文化の歴史 3	樋口陸康	株式會社小學館	
103	日本文化の歴史 4	樋口陸康	株式會社小學館	
104	日本文化の歴史 5	樋口陸康	株式會社小學館	
105	日本文化の歴史 6	樋口陸康	株式會社小學館	
106	日本文化の歴史 7	樋口陸康	株式會社小學館	
107	日本文化の歴史 8	樋口陸康	株式會社小學館	
108	日本文化の歴史 9	樋口陸康	株式會社小學館	
109	日本文化の歴史 10	樋口陸康	株式會社小學館	
110	日本文化の歴史 11	樋口陸康	株式會社小學館	
111	日本文化の歴史 12	樋口陸康	株式會社小學館	
112	日本文化の歴史 13	樋口陸康	株式會社小學館	
113	日本文化史大系第六卷鎌倉時代	兒玉幸多	相賀徹夫小學館	
114	日本政治思想史研究	丸山男	東京大學出版社	1995 年
115	風濤	井上靖	豐國印刷株式會社	
116	日露關係史（1967-1875）	真鍋重忠	吉川弘文館	
117	洋學思想史論	タカハシ，シンイチ	新日本出版社	1980 年
118	日本教育史論叢	田中周二	思文閣	
119	歪んだ複寫	松本清張	光文社	
120	會社をつぶお經營者	渡邊茅幸	光文社	
121	教育の森	村松喬	每日新聞社	
122	中世倭人傳	松井章介	岩波書店	1993 年
123	古代文藝思想史の研究	今井卓爾	松崎一夫	昭和 39 年

124	日本史叢書 24 交通史	豐田武	山川出版社	昭和 45 年
125	トインビー研究	トインビ著作系列 山本新譯	文弘社	昭和 50 年
126	中國、朝鮮の史籍における 日本史料集成 清實錄之部（一）	日本史料集成編纂會	圖書刊行會株式會社	昭和 51 年
127	中國、朝鮮の史籍における 日本史料集成 清實錄之部（二）	日本史料集成編纂會	圖書刊行會株式會社	昭和 51 年
128	中國、朝鮮の史籍における 日本史料集成 清實錄之部（一）	日本史料集成編纂會	圖書刊行會株式會社	昭和 50 年
129	中國、朝鮮の史籍における 日本史料集成 清實錄之部（二）	日本史料集成編纂會	圖書刊行會株式會社	昭和 50 年
130	中國、朝鮮の史籍における 日本史料集成 清實錄之部（三）	日本史料集成編纂會	圖書刊行會株式會社	昭和 50 年
131	中國、朝鮮の史籍における 日本史料集成 清實錄之部（七）	日本史料集成編纂會	圖書刊行會株式會社	昭和 59 年
132	中國、朝鮮の史籍における 日本史料集成 清實錄之部（八）	日本史料集成編纂會	圖書刊行會株式會社	昭和 60 年
133	中世海外交涉史の研究	田中健夫	東京大學出版社	1959 年
134	倭寇	石原道博	吉川弘文館	
135	倭寇史考	呼子丈太郎	新人物往來舍株式會社	昭和 46 年
136	牧野 新日本植物圖鑑	牧野富太郎	北隆館株式會社	昭和 41 年
137	日本史要覽	日本使廣辭典編集委員會	山川出版社	
138	戰國なるほど人物事典	泉秀樹	圖書印刷株式會社	2004 年
139	日本の中世社會	永原慶二	岩波書店	1968 年
140	近代中國第一卷		嚴南堂書店	1977 年
141	地學 I	廣瀨秀雄	東京書籍株式會社	
142	圖說日本史（なるほど事典）	川原崎剛雄	實業日本社	2002 年
143	近代日本の中國認識	野村浩一	山本書店	1981 年
144	禪宗の歷史	今枝愛真	至文堂	昭和 41 年
145	中國人の視座から	許介鱗	奧村印刷株式會社	
146	倭寇〝日本あふれ活動史〞	太田弘毅	株式會社文藝社	2004 年
147	琉球處分論	金城正篤	沖繩タイムス社	1980 年
148	日本の思想家	朝日ジァーナル編集部	朝日新聞社	1980 年

149	魏志倭人傳の世界	山尾幸久	豐國印刷株式會社	昭和56年
150	倭寇（海の歷史）	田中健夫	株式會社教育社	1992年
151	中世の商業	佐佐木銀彌	致文堂	昭和41年
152	福澤全集第一卷	時事新報社株式會社	國民圖書株式會社	大正15年
153	福澤全集第二卷	時事新報社株式會社	國民圖書株式會社	大正15年
154	福澤全集第三卷 學問のすめ	時事新報社株式會社	國民圖書株式會社	大正15年
155	福澤全集第四卷 文明論之概略	時事新報社株式會社	國民圖書株式會社	大正15年
156	福澤全集第五卷 通貨論	時事新報社株式會社	國民圖書株式會社	大正15年
157	福澤全集第六卷	時事新報社株式會社	國民圖書株式會社	大正15年
158	福澤全集第七卷 福翁百話	時事新報社株式會社	國民圖書株式會社	大正15年
159	福澤全集第八卷	時事新報社株式會社	國民圖書株式會社	大正15年
160	福澤全集第九卷 時事論集第二卷	時事新報社株式會社	國民圖書株式會社	大正15年
161	福澤全集第十卷 時事論集第三卷	時事新報社株式會社	國民圖書株式會社	大正15年
162	京都府會上教育政策	本山幸彥	株式會社日本圖書センタ-	1990年
163	倭寇-商業·軍事史的研究	太田弘毅	春風社	2002年
164	清代中國琉球貿易史の研究	松浦章	榕樹書林發行所	2003年
165	第三次世界大戰	ジョン.ハケット	株式會社堀內印刷所	昭和54年
166	中國殷商時代の武器	林己奈夫	中西印刷株式會社	昭和47年
167	古代史のいぶき	上田正昭	大日本印刷株式會社	1981年
168	忘れてならぬ歷史の一頁	大久保傳藏	大日本印刷株式會社	昭和44年
169	入門日本史上卷	阿部真琴	吉川弘文館	昭和43年
170	入門日本史下卷	阿部真琴	吉川弘文館	昭和43年
171	座右の諭吉（才能より決斷）	齊藤孝	荻原印刷	2004年
172	最後の遣唐史	佐伯有清	凸版印刷株式會社	昭和53年
173	中國の傳統と現在	重澤俊郎	日中出版株式會社	1997年
174	東洋史の散步	岩村忍	塚田印刷株式會社	昭和58年
175	長崎のオラング商館	山脇悌二郎	中央公論社	昭和55年
176	世界歷史4古代4東アジア世界の形成I		岩波書店	1970年
177	世界歷史5古代5東アジア世界の形成II		岩波書店	1970年

178	世界歷史 6 古代 6 東アジア世界の形成 III		岩波書店	1970 年
179	世界歷史 9 中世 3		岩波書店	1970 年
180	世界歷史 12 中世 6 東アジア世界の展開 II		岩波書店	1971 年
181	清代史の研究	安部健夫	創文社	昭和 46 年
182	中世南島通交貿易史の研究	小葉田淳	刀江書院	昭和 43 年
183	江戸時代における唐船持渡書の研究	大庭脩	關西大學東西學術研究所	昭和 42 年
184	明史刑法志	野口鐵郎譯	風響社株式會社	2001 年
185	日本學研究 元寇の役研究		帝國法規株式會社	昭和 17 年
186	日本古代史講座 3 倭國の形成と古文獻	井上光員等	學生社株式會社	昭和 56 年
187	日本古代史講座 5 隋唐帝國の出現と日本	井上光員等	學生社株式會社	昭和 56 年
188	球陽	球陽研究會	角川書局	
189	中國古代におけろ人間觀の展開	板野長八	岩波書局	1976 年
190	明治前期政治史の研究	梅西昇	未來社株式會社	1978 年
191	筑波大學十年（その成果と課題）	筑波大學史研究會	共榮出版株式會社	昭和 58 年
192	中國の海商と海賊	松浦章	山川出版社	
193	歷史と旅（北条時宗と蒙古襲來）		秋田書店	2001 年
194	歷史讀本 決斷！運命の關ケ原		凸版印刷株式會社	昭和 56 年
195	東亞香料史研究	山田蕙太郎	中央公論社	昭和 51 年
196	太宰府小史	西高边信貞	葦書房	昭和 55 年
197	倭寇と勘合貿易	田中健夫	致文堂	昭和 41 年
198	韓愈の生涯	前野直村緒	秋山書店	昭和 51 年
199	先哲叢談	原念齋等	平凡社	1984 年
200	大日本史卷一-卷二十本記			
201	大日本史卷二十一-卷二十五 本記			
202	大日本史卷二十六-卷五十二本記			
203	大日本史卷五十三-卷七十三本記			
204	大日本史卷七十四-卷九十二列傳			
205	大日本史卷九十三-卷一〇五列傳			
206	大日本史卷一〇六-卷一			

	二九列傳			
207	大日本史卷一三〇-卷一五三列傳			
208	大日本史卷一五四-卷一八四列傳			
209	大日本史卷一八五-卷二一七列傳			
210	大日本史卷二一八-卷二四三列傳			
211	第三次世界大戰-1985 年 8月	ジョン.ハケット 清木榮一譯	二見書房	昭和 54 年
212	東洋史の散布	岩村忍	新潮社	昭和 58 年
213	文選第一卷		汲古書院	昭和 49 年
214	文選第二卷		汲古書院	昭和 49 年
215	文選第三卷		汲古書院	昭和 50 年
216	文選第四卷		汲古書院	昭和 50 年
217	文選第五卷		汲古書院	昭和 50 年
218	文選第六卷		汲古書院	昭和 50 年
219	滿學五十年	神田信夫	刀水書房	1992 年
220	日本現代文章講座		厚生閣	昭和 9 年
221	筑波大學のビジョン	福田信之	普本社	
222	蹇蹇錄	陸奥宗光	岩波書店	1988 年
223	日本帝國と中國	伊田熹家	龍溪書社	1988 年
224	中世文學と漢文學 II	和漢比較文學會編	汲谷書院	

韓文圖書

序號	題　　名	作　者	出版者	出版年
1	韓中關係研究論集	高麗大學校亞細亞問題研究所		1983 年

後記

這篇論文集的完成，要感謝太多的人。首先必須感謝文史哲的負責人彭正雄社長。二〇〇七年三月底家父驟逝，彭社長主動提出應該將家父的遺作再集結成冊，因此才有出版這本論文集的想法。

還有，必須感謝國立臺北師範學院的何義麟教授。因爲家父偶爾未將在研討會中的發表文章留底，亦或我們找不到。感謝何義麟教授在教學與研究、執行計畫等繁忙的工作之餘，仍撥冗聯繫收集家父可能的遺作，使得這本論文集的內容得以完成。

最後，感謝各界讀者對這套論文集的愛護，家父一生致力於研究，即便在病榻上仍汲汲努力於寫作。這套論文集算是家父的研究結晶之一，而這本書應算是遺作。因爲是家父過世後才完成的，可能有遺漏之憾，也敬請讀者原諒。

鄭卉芸謹識